政府主导型会展及其市场化研究

李勇军　著

南开大学出版社

天　津

图书在版编目(CIP)数据

政府主导型会展及其市场化研究 / 李勇军著. —天津：南开大学出版社，2016.11
ISBN 978-7-310-05245-5

Ⅰ. ①政… Ⅱ. ①李… Ⅲ. ①展览会－产业发展－研究－中国 Ⅳ. ①G245

中国版本图书馆 CIP 数据核字(2016)第 249681 号

南开大学出版社出版发行
出版人：刘立松
地址：天津市南开区卫津路 94 号　　邮政编码：300071
营销部电话：(022)23508339　23500755
营销部传真：(022)23508542　　邮购部电话：(022)23502200
*
天津午阳印刷有限公司印刷
全国各地新华书店经销
*
2016 年 11 月第 1 版　　2016 年 11 月第 1 次印刷
230×160 毫米　16 开本　19.875 印张　2 插页　284 千字
定价：38.00 元

如遇图书印装质量问题,请与本社营销部联系调换,电话：(022)23507125

前　言

　　中国会展业基于如下原因进入一个稳定发展的良好时期：（1）随着中国经济的不断发展，中国经济总量、贸易总量位居世界前列，会展业的发展具有非常广阔的市场前景；（2）伴随着中国国际影响力的不断提升，会展作为促进国际沟通、交易和合作的重要平台，在实现"中国梦"的进程中所扮演的角色也越来越重要。尤其是随着"一带一路"国家发展战略的不断推进，会展业的转型升级获得新的发展机遇；（3）随着中国不断加大对基础设施的投入、推动区域经济一体化发展，中国会展业发展的基础环境不断优化，随着加大对会展场馆等设施的建设，中国会展业发展的硬件设施也不断优化；（4）随着中国文化创意产业及会展产业政策的不断完善，会展产业发展有了更为完善的产业政策支持。

　　党的十八届三中全会提出，经济体制改革是全面深化改革的重点，核心问题是处理好政府和市场的关系，使市场在资源配置中起决定性作用和更好地发挥政府作用。2016 年 3 月 5 日下午，习近平总书记在参加十二届全国人大四次会议上海代表团审议时强调，深化经济体制改革，核心是处理好政府和市场的关系，使市场在资源配置中起决定性作用和更好地发挥政府作用，要讲辨证法、两点论，"看不见的手"和"看得见的手"都要用好。在这一时代背景下，会展产业的市场化改革是未来发展的必然趋势。但是，在实践中基于各种原因，在我国会展业发展中，无论是在场馆建设和运营上，还是在具体会展项目的运作上都具有很强的政府主导特征。

　　本书研究主题正是在上述宏观背景之下提出和展开的。本书主要以中国会展发展的历史背景为基础，着重探讨中国会展业发展的政治经济因素，总结政府主导型会展的运作形态、比较政府主导和市场主导组织网络关系，探讨会展产业政策发展脉络。本书努力扎根于中国会展产业自身的发展历史和具体实践，力图对中国会展业发展的政府主导原因、具体运作形态及各主体之间的关系进行系统梳理。从市场化的角度说，中国经济发展要和世界接轨，但是中国的市场化在本质上要走一条不同于西方的社会主义市场化道路。因此，对于中国会展业发展的理论要有自己的话语体系。由于中国会展产业化发展实践历史较短，一切仍在变化之中，因此本书肯定存在不足之处，恳请各位专家、同仁批评指正。

李勇军

2016 年 6 月

目 录

第一章

绪　论

第一节　问题的提出及研究意义

一、问题的提出

根据《2015 中国会议蓝皮书》，来自全国 25 个省区和直辖市、89 个重点城市的 200 多家会议酒店提供了近 18000 多个会议。根据《中国展览行业发展报告》，2014 年中国共举办展览 8009 场。从数量上看，这两项数据都居世界前列。但是，和国外相比，我国会展的市场化程度仍相对较低。根据《国务院关于进一步促进展览业改革发展的若干意见》，我国展览业发展的指导思想是：全面贯彻党的十八大和十八届二中、三中、四中全会精神，贯彻落实党中央、国务院各项决策部署，深化改革，开拓创新，充分发挥市场在资源配置中的决定性作用，更好地发挥政府作用，积极推进展览业市场化进程。坚持专业化、国际化、品牌化、信息化方向，倡导低碳、环保、绿色理念，培育壮大市场主体，加快展览业转型升级，努力推动我国从展览业大国向展览业强国发展，更好地服务于国民经济和社会发展全局。根据该《意见》，我国展览业的发展目标为：到 2020 年，基本建成结构优化、功能完善、基础扎实、布局合理、发展均衡的展览业体系。具体说来，包括如下三个方面的目标：（1）发展环境日益优化。完善法规政策，理顺管理体制，下放行政审批权限，逐步消除影响市场公平竞争和行业健康发展的体制机制障碍，形成平等参与、竞争有序的市场环境。（2）市场化水平显著提升。厘清政府和市场的关系，规范和减少政府办展，鼓励各种所有制企业根据市场需求举办展会，市场化、专业化展会数量显著增长，展馆投资建设及管理运营的市场化程度明显提高。（3）国际化程度不断提高。遵循国际通行的展览业市场规则，发挥我国产业基础好、市场需求大等比较优势，逐步提升国际招商招展的规模和水平。加快"走出去"步伐，大幅提升境外组展办展能力。在国际展览业中的话语权和影响力显著提升，培育一批具备国际竞争力的知名品牌展会。

在此之前，中国会展经济研究会组织了多次研讨会，讨论中国会展业的发展。主要包括：（1）2004年"厦门会议"。这次会议的主题是"改革与发展"，业界人士探讨了政府展会如何定位、如何运作；承办单位与协作单位的运作机制；政府主导型展会市场化的经验和面临的问题。沈丹阳对政府主导型展会提出"三效四化"转型建议。"三效"即展会转型改革的目标要明确，要提高效果、提高效率、讲求效益，"四化"是指展会转型必须市场化、专业化、国际化、信息化的基本运作路径。宁波会展办主任陈国强、长春会展办主任张凤林等提出可采用"主导—推动—逐渐退出"。（2）2006年"北京会议"。这次会议以"创新与发展"为主题。沈丹阳以"中国政府主导型展会的创新发展与会展服务的新商机"为题，做了发言。他肯定了政府主导型展会在我国现行经济体制和当前发展阶段上还有其存在、发展的必要，但必须并且只能通过改革、创新来实现发展。他还强调政府主导型会展发展的基本路径是市场、专业化、国际化、信息化。（3）2009年"杭州会议"。这次会议的主题是"历史使命观"。在这次会议上海钠会展首次发布了《中国政府主导型展会研究报告（2009年）》。

从上述会议中可以发现业界普遍的认识是，政府主导型会展扎根于中国特有的经济体制，完全停止政府办展并不现实，关键是要转型创新、扬长避短。事实上，21 世纪的前 10 年，尽管出现了大量的商业性会展，这些会展在数量上已经超过了政府主导型会展，但是 5 万平方米以上的大型会展仍是政府主导型的，并在这一时期得到飞速发展。由于会展需要庞大的前期投入、场馆及其他配套基础设施并在财务、公共安全等方面存在巨大风险，因此在中国整体市场经济体制，尤其是中国会展业市场经济体制还不完全成熟的条件下，各方还是愿意接受大型会展活动由政府主办。也正因为如此，中国并没有贸然走完全市场化的道路，而是走渐进式市场化道路。在实践中，许多政府主导型项目第一、二届由政府主导投资，到了第三四届开始加大市场化力度。例如，东北亚博览会从第三届开始有计划地逐步进行市场化改革。其一，在接待工作上，将参会的世界 500 强、央企和商协会、投融资机构、采购商等按照产业对口的原则安排给省内各大企业和各市负责接待。其二，将一部分专业的国际会议和文化活动的承办权交给专业的策划公司和文化公司，政府只负责财力支持和监管，这样大大提高了国际会议的专业程度，营造了文化活动的喜庆氛围。

在各级政府的主导下，出现了大量的诸如"广交会""高交会""东盟博览会""东北亚博览会""科博会"等品牌性会展。但是，也出现了许多经济和社会效益都很差的会展，甚至一些"政绩性会展"。在运作上，一些政府主导型会展出现了招展招商困难、定位不准、盈利能力差等问题。而且，出现了一些政府部门、事业单位、国家企业借助会展活动变相腐败的现象。党的十八大以来，中央先后出台了"八项规定""六项禁令""反四风"等举措。2013 年下发了《中央和国家机关会议费管理办法》，对会议规模、接待标准等做了详细规定。在这一背景下，从中央到地方对政府主导型会展进行了清理。例如，2013 年，国家旅游局宣布取消办了 20 年的国内旅交会。2014 年年初，北京宣布取消 47 项节庆论坛会展活动，节约经费 6701 万元。根据《中国会议蓝皮书》的统计数据变化趋势显示，企业会议大幅度增加，占到我国会议市场近 70%。有着一百多万个的事业单位会议市场，经过前几年的调整，2013 和 2014 年都维持在 10%以上。使用公款举办的政府机构的会议一直处于逐年减少的趋势，从 2010 年的 17.1%减少到 2014

年的 7.7%，下降了近十个百分点。政策对我国举办的国际会议也有一定的影响。2014 年统计报告给出了我国四大会议主办机构举办国际会议的数据，从中可以看出我国社团组织举办的国际会议从 2010 年的全部国际会议的 44%增长到 2014 年的 67%。而多数用公款举办国际会议的事业单位和政府机构 5 年中分别下降了 68.2%和 58.1%，[①]客观反映出我国会议市场的新常态，也准确反映出中央反腐倡廉的有效性。

从效果上来看，政府主导型会展对拓展城市发展空间、提升城市国内外地位起到了极其重要的作用。但是，由于不了解该模式的运作规律，盲目性很强，造成许多基础设施的闲置，有的大型会展中心的功能都发生了转变。目前全国大部分的政府主导型会展处于"彷徨""痛苦""无奈"之中。如果不转轨变型、创新发展，其生存空间只会越来越小。因此，如何发挥政府和市场各自优势，实现政府主导型会展转型是一个迫在眉睫的问题。此外，政府主导型会展转型，不仅是会展主导型会展项目的转型，从根本上说是政府管理会展职能的转型。并且，中国会展属于中国市场体系的组成部分，是中国市场体系的缩影，也是中国政府和市场治理体系的缩影。从中国治理的特征上看，政府和市场作为资源配置和国家治理的工具，共同服务于国家治理体系。在实践中，市场会展也需要政府支持，不能完全排斥政府的参与，政府会展也可以通过服务外包、公私伙伴关系等方式吸引市场参与，也不能完全排斥市场的参与。因此，两者并非一个相互对立的矛盾体。

整体而言，政府主导型会展既和政府主导型经济密切相关，也与会展自身的政治经济功能相关。作为世界第二大经济体、世界制造业大国以及消费大国，中国具有会展业发展的强大产业和市场基础。随着中国政治经济在世界政治经济中的地位的不断提升，中国政府也需要通过一些会展进行政治展示和沟通，需要通过一些会展在国际区域性合作中发挥重要作用。尤其是中国提出"一带一路"发展战略以后，更是需要通过一系列的会展来推动相关的交流与沟通。因此，从宏观

---

①李峰.中国会议蓝皮书：企业会议占 7 成并将持续增加，政府会议持续减少[EB/OL].活动家官网，2015-11-16.http://news.huodongjia.com/8242.html.

上说,政府主导型的出路既和中国整体经济体制改革的深入程度相关,也和会展自身的经济拉动效应及政治经济功能相关。进一步说,其出路包括如下几种情况:(1)一部分政府主导型会展被彻底取消,其市场完全由民营会展取代。(2)一部分政府主导型会展采用现代市场化运作理念和工具,实现融资、治理工具等方面的再造。(3)一部分政府主导型会展通过公私伙伴关系实现政府与市场合作运营。(4)通过整合地区政府主导型场馆和会展项目,统一由一个国有公司进行市场化运作。换句话说,尽管一部分政府主导型会展退出,但是一部分政府主导型会展通过市场化再造仍然会保留下来,并在中国未来会展业发展过程中发挥重要作用,肩负更为重要的历史责任,将为中国的强国梦做出更为重要的贡献。

基于上述考虑,本书将以政府主导型会展为研究对象,主要探讨如下问题:(1)会展存在的一般性政治经济功能是什么?政府主导型会展特有的政治经济功能是什么?(2)政府主导型会展项目在实践中是如何运作的?(3)市场主导型和政府主导型会展组织网络具有何种结构性特征和治理要求?(4)政府主导型会展在产业链及其融合、融资、治理工具方面如何实现市场化?(5)政府主导型会展项目如何市场化运作?(6)政府在会展管理中的职能是什么?其法律和产业政策应该如何?

二、研究意义

(一)理论意义

会展是一门新兴的交叉性学科,涉及管理学、经济学、旅游学、社会学、政治学、法学等多学科。会展业的发展进入一个关键时期,已经积累了大量的案例素材,需要学界对会展实践进行理论总结与升华。本书以会展历史演进为切入点,首先,探讨会展的政治、经济、社会功能,并在此基础上探讨中国政府主导型会展运作过程与组织模式。其次,以组织网络为分析框架探讨中国会展组织网络两种主导模式、并在深入分析会展产业价值链的基础上探讨会展产业融合以及政府主导型会展项目的市场化问题。最后，探讨政府会展职能及法律与政策问题。由此，实际上既从宏观上探讨了政府主导型会展产业的演进逻辑、组织结构和政府职能（即法律与政策），又从微观上探讨了政府主导型会展项目的运作模式和市场化路径与手段。本书的研究有助于在学理上对政府主导型会展上述问题进行系统梳理和阐释，具有较强的理论意义。

（二）现实意义

党的十八大以来，以习近平同志为总书记的党中央，紧紧围绕坚持和发展中国特色社会主义这个主题，带领全国各族人民励精图治、攻坚克难，提出了"全面建成小康社会、全面深化改革、全面推进依法治国、全面从严治党"的"四个全面"战略布局。在这一背景下，《国务院关于进一步促进展览业改革发展的若干意见》出台并对会展业市场化改革提出了明确的目标。政府主导型会展市场化转型是国家政策的基本导向这一趋势不可改变。在这一政策背景下，无论是决策层、执行层还是市场操作层都需要对政府主导型会展有一个全面深入的了解，对政府主导型会展转型成功案例与经验有一个全面的了解，对整个会展产业链、产业融合及组织网络结构有一个全面的了解，对政府主导型会展转型的路径和手段有一个全面的了解。本书通过大量的案例分析、系统的理论剖析和全面的政策分析，对于政府主导型会展及中国会展业的发展进行了较为系统、深入的分析，具有较强的现实意义。

第二节 主要概念及相关理论

一、主要概念

（一）会展

欧洲早期的研究者习惯将会展称之为 C&E（Convention and Exposition）或 M&E (Meeting and Exposition)。这是关于会展古老而狭

义的概念。美国是世界奖励旅游的发源地，一些美国学者主张将会展概括为 MICE。其中，M（Meeting）代表公司会议，I（Incentive tour）代表奖励旅游，C（Convention）代表社团会议，E（Exhibition or Exposition）。后来，这一概念被进一步拓展为 MICEE，即在 MICE 的基础上加上节事活动（Event）。但是，也有越来越多的学者认为这种称谓过于复杂，主张将会展干脆称为事件，即 Event。Getz（盖茨）的划分最具代表性，他将事件分为文化庆典（包括节日、狂欢节、历史纪念活动等）、文艺娱乐（音乐会、艺术展与授奖、表演等）、商贸及会展（展销会、交易会、博览会等）、体育赛事、教育科学事件（学术研讨、学术大会等）、休闲事件、政治政府事件、私人事件（个人庆典、周年纪念等）。[①]ICCA 官方网页、组织章程，UFI 章程和审计规则也普通使用了 Event 概念。

（二）政府主导

"政府主导"这一概念是一种政府作为责任主体引导、规划、介入、干预社会、政治、经济、文化等诸领域运作及其改革过程的描述。它是一种从宏观上对积极性政府职能的一种描述，也是在微观上对政府介入具体事务或项目的一种描述。中国特色的政治体制决定了中国改革过程是在政府主导下进行的内源式改革过程。改革开放以来，尤其是 20 世纪 90 年代以来，中国坚持政府主导的市场经济体制，政府通过控制投资方向和投资规模主导经济运行方向，通过加强供给管理统筹协调经济运行结构，通过宏观调控和微观规制克服市场缺陷；收入分配中，中国坚持市场初次分配与政府再分配相结合，兼顾公平与效率；对外经济中，中国坚持市场调节与政府调节相结合，建立自力主导型的多方位开放体系。[②]当然，和计划经济时期的大包大揽不同，社会主义市场经济时期的政府对市场行为发挥规划引导的职能。常见的政策工具包括税收优惠、财政补贴、产业扶植、培育市场主体等。

---

① Getz D.Event Management and Event Tourism[M].New York:Cognizant Communication Corporation.1997:7.

②冯新舟，何自力.中国模式中的市场和政府关系：政府主导下的社会主义市场经济[J].马克思主义研究，2015（11）：50—58.

从产业发展的角度说，政府主导模式是指通过政府发展战略、产业规划和政策来推动产业发展的模式。与此相对应的是一种市场主导型发展模式，即主要依靠市场机制来推动产业发展的模式。具体说，市场主导模式是通过价格、供求、竞争等手段的作用对资源进行合理配置，以推动产业内部的自行调节和自行均衡，使供求在不均衡—均衡—不均衡和不适应—适应—不适应的矛盾运动中实现自由发展。在这种模式中，产业主体主要是市场主体在自由竞争中实现资源配置，主要受市场这只"看不见的手"自发的发挥作用，政策的作用是间接的。对于政府主导的形态，我国有一些通俗的说法，如"政府唱独角戏""政府搭台、企业唱戏""政府搭台、全民唱戏""政府主导、协会搭台、企业唱戏"等。

政府主导型会展存在两种含义：一是从宏观层面上说，它是指政府对会展业的主导；二是从微观层面上说，它是政府对会展项目的主导，即由政府作为主办或承办方、由政府部门投资和动员组织举办的展览会。本书研究的政府主导型会展包括这两层含义。

（三）市场化

工业化和市场化是现代化在经济上的重要表现。陈宗胜认为："市场化是市场机制在一个经济中对资源配置发挥的作用持续增大，经济对市场机制的依赖程度不断加深和增强，市场体制从产生、发展到成熟的演变的过程。"[①]张曙光认为市场化的过程就是消除一切特权与歧视，确立平等契约、平等参与、平等竞争的市场规则的过程，市场化就是交易规模日益扩大，合作范围不断扩展的过程。[②]市场机制包括价格机制、供求机制、竞争机制、风险机制等，它是指通过市场竞争配置资源方式，即资源在市场上通过自由竞争与自由交换来实现配置的机制，也是价值规律的实现形式。市场化除了被运用到社会资源配置，市场化规律及市场治理工具还被运用到企业内部管理，这被称为内部市场化。在新公共管理等思潮的影响下，市场治理工具也作为政策工具被政府采用。

---

①陈宗胜.中国经济体制市场化进程[M].上海：上海人民出版社，1999：6.

②张曙光.市场化及其测度——兼评《中国经济体制市场化体制研究》[J].经济研究，2010（10）：73.

二、主要相关理论

（一）治理理论

自 20 世纪八九十年代以来，民众与学界对基于官僚制建构的"单中心"的碎片化治理、信息存在的不对称性、外部参与少的治理现状极为不满。尽管自 20 世纪 80 年代以来，出现了民营化运动、重塑政府运动、大震荡运动等促进公共管理的一系列变革，这些变革将企业管理的做法引入公共管理，促进公私合作、推动顾客导向与绩效评估、促进政府组织变革，但是，这些变革仍然不能满足人们对全球化、知识化、信息化背景下的生产与服务的多样化、及时化、差异化、个性化等方面的需求。与此同时，随着政府及跨政府、市场及跨市场、公司及跨公司、非政府组织及跨非政府组织的不断发展，社会组织化的程度不断提高，而组织自身在其内部与组织间关系上同时也出现了网络化的现象。这样一来，就出现了社会的组织化与组织的网络化的"两化"现象。与"两化"现象相应的是出现了权力的"碎片化"。与此相应的，一方面生产与流通不断突破部门、地区和领域的界线，成为一种基于价值与供应链的"组织网络式"供应局面，另一方面，政策与公共问题也大大地突破了部门、地区和领域的界线，成为一种融入不同参与者的政策与治理网络。在这种情况下，无论是市场还是公司与政府的权力不断被"碎片化"。在这种背景下，"网络联接"与"网络开放"成为弥补政策过程与治理过程空隙，成为融合多中心力量的平台。这也反映了学界以一种相对松散的、注重不同主体力量的"网络"成为整合"碎片化"的良好愿望。在这一背景下治理理论得以产生和发展。

新公共管理理论强调科学管理、效率、竞争与市场导向，以第三条道路、政府重塑等运动为阵地，为政府治理提供了一种不同于传统公共管理的新的范式。新公共行政理论"主张小政府，更直接的公民参与，政府服务契约外包和民营化，以及市场化的激励机制"[1]。

在协同学和治理理论的基础上产生了协同治理理论。协同治理强调治理主体的多元化、各子系统的协同性、他组织和自组织这种组织类型之间的协同、信任与合作等的重要性。

从本质上说，会展既是一种特殊的组织形态，也是一个多方参与的平台。从特殊的组织形态形成看，它既有主办方的精心策划和编导，存在他组织行为，也有参展商、观众超越主办方要求的自我策划和编导的行为，存在他组织。从多方参与的角度说，会展涉及主办方及其供应商、参与商及其供应商、采购商、行业协会、观众、媒体、政府等多方主体，会展活动的最终效果取决于多方主体共同参与的效果。因此，是否存在一个有效的组织网络与政策网络对会展最终的治理起决定性作用。

（二）产业链理论及新兴产业理论

产业链是产业经济学中的一个概念，其最早思想来自于17世纪中后期的西方古典经济学家亚当·斯密关于分工的论断。产业链的实质就是产业关联，而产业关联的实质就是各产业依据前、后向的关联关系组成的一种网络结构。[2]产业结构是20世纪50年代中期日本用来概括产业之间关系的新概念。虽然，后期的一些经济学家对产业结构的含义有所争议，但一般而言，产业结构是指国民经济的各产业的构成及各产业之间的联系和比例关系。[3]各个国家在发展过程中总会出现一些瓶颈产业制约着地区经济的快速协调发展，因此一些国家产业政策的一个重要内容就是调整产业结构。

格申克龙在研究后发国家现代化过程中指出，后发优势主要体现在两个方面，一是后发国家能够从发达国家学习先进的成果来加快自己的发展，并从错误中吸取教训；二是后发国家的领导人和知识分子均具有落后的意识，从而为国家发起的现代化提供保证。后发理论对发展中国家实施产业政策提供了支持。尽管落后的现状会激发相对落

---

①乔治·弗雷德里克森.公共行政的精神[M].张成福，译.北京：中国人民大学出版社，2004：39.
②魏然.产业链的理论渊源与研究现状综述[J].技术经济与管理研究，2010（6）：141—142.
③王俊豪.产业经济学[M].北京：高等教育出版社，2008：9—10.

后地区加快推进工业化进程并通过对技术与制度等引进、模仿、学习，可获得后发利益，从而具有后发优势。但是，落后地区变为发达地区只是一种可能性，要把可能转变成为现实需要地方政府立足实际，发挥资源禀赋与比较优势，选择正确的产业政策与发展路径。①

为避免 2008 年起源于美国的金融危机而演变成为全球经济危机，世界各国把发展新兴产业当作推动经济增长和实现经济复兴的突破口，并把新兴产业看成是抢占新一轮国际经济制高点和主导新一轮国际经济竞争的核心产业。Porter（波特）将新兴产业定义为新建立的或是重新塑型的产业，其出现原因包括科技创新、相对成本结构的改变、新的顾客需求，或是因为经济与社会上的改变使得某项新产品或服务具备开创新事业的机会。②Claude（克劳得）认为新兴产业要符合四个特征：（1）与突破性创新（Disruptive Innovation）相关联；（2）创新需要发展的核心能力；（3）对应于产业生命周期的前期；（4）具有高不确定性。③赫希曼将主导产业与战略产业视为同一概念，指出战略产业是对经济发展起带头作用的先导性产业部门。战略性新兴产业的"战略性"所体现的经济学性质主要体现在以下两个方面：一是产业所基于的主导技术的未来性和突破性；二是产业所面向的现实和潜在的市场需求规模巨大。第一个特征决定了主导技术的投资具有长期性和不确定性，因而需要更加"耐心"的投资和更加多样化的高强度学习及探索；第二个特征决定了战略性新兴产业的发展绩效涉及一国发展的深层次经济利益。④林学军指出战略性新兴产业具有以下发展特性：指向性、外部性、创新性、风险性、地域性。其中指向性是指战略性新兴产业代表未来科技、产业的发展方向；外部性是指战略性新兴产业能对其他产业具有促进作用；创新性是指战略性新兴产业一般都是

---

① [美]格申克龙.从历史的角度看经济落后[M].载于谢立中，孙立平.二十世纪西方现代化理论文选，上海：上海三联书店，2002：828—848.

② PORTER M. Competitive Strategy Techniques for Analyzing Industries and Competitors[M]. New York：Free Press，1980：120-125.

③ Claude G V. Dynamic Competition and Development of New Competencies [M]. Charlotte：Information Age Publishing，2003.

④ [美]赫希曼.经济发展战略[M].曹征海，潘照东译，北京：经济科学出版社，1991：57—58.

创新型的高新技术产业；风险性是指战略性新兴产业的技术、需求、市场反应等都存在不确定性而带来较大风险；地域性强调战略性新兴产业发展应因地制宜，从自身资源或条件来选择发展战略性新兴产业。①

会展产业是通过举办大型国际会议和展览来带动当地的旅游、交通运输、饭店及相关服务业的一种新兴产业。许多省份将会展作为推动战略新兴产业发展的重要手段。常见的手段包括两种：一是通过举办与战略新兴产业相关的会展，以此推动相关产业的发展。例如，中国国际服务外包合作大会，通过举办高峰论坛、展览展示等活动，对宣传推介江苏良好的投资环境和发展前景，促进省内外、国内外国际服务外包企业的交流与合作发挥了积极作用。二是组织企业出国（境）参加专业展会。例如，江苏省生产光伏产品的高能硅原料90%依赖进口，且光伏产品80%的市场在国外，为此，2011年省贸促会开发了美国、德国、西班牙等国的一系列太阳能专业展会，带领江苏省的企业开拓国际市场，有力促进了太阳能新兴产业的发展。

（三）政府职能理论

有学者认为西方国家政府职能理论经历了如下五个阶段②：

第一阶段，从17世纪开始到17世纪末，该时期是政府职能基本理论的萌芽，标志是英国重商主义的产生。从严格的意义来说，此时期还没有形成真正意义上的政府职能基本理论，但是重商主义已经开始重视政府在经济社会生活中的职能问题，提出了借助政府的力量建立新型的市场秩序和开辟世界市场的主张。

第二阶段，从18世纪开始到20世纪20年代，其标志是自由主义思想家提出的"有限政府理论"。斯密、洛克等自由主义思想家从各自的视角论述了政府只能充当"守夜人"的必要性和可能性，主张政府职能和权限仅在于为国民的自由、财产、人身等提供保障，提出政府不能干预经济活动。

第三阶段，在20世纪30年代，为解决西方世界的普遍"市场失

①林学军.战略性新兴产业的发展和形成模式研究[J].中国软科学，2012（2）：27—33.

②包洪涛，马庆胜.论西方政能理论对我国转变政府经济职能的启示[J].军事经济学院学报，1999（1）：35—40.

灵"现象，"政府干预理论"应运而生。这一理论的倡导者凯恩斯认为，"看不见的手"本身存在资源配置盲目性等诸多弊端，而这些弊端从其内部是不可能克服的，只有通过政府干预才能解决。因此，必须开启政府的经济职能，让政府涉足经济领域，鼓励政府刺激投资和消费，实行赤字财政。

第四阶段，在 20 世纪 70 年代，从 30 年代以来实践的"政府干预理论"的负面效应出现了，这就是我们通常所说的"政府失灵"现象，为解决这一难题，政府职能基本理论中的"公共选择理论"由此产生。该理论认为，当前西方政府遭遇的"滞胀"是由政府的过度干预政策导致的，政府在干预经济的过程中必然存在缺乏竞争、效率低下等一系列的问题，因而，主张把政府基本职能定位在维护市场的秩序和正常运转上，实行自由放任的不干预政策。

第五阶段，20 世纪 90 年代以来，面对"公共行政合法性危机"，新型的政府职能理论逐步形成，代表性的有"新公共行政""新公共管理""政府再造"。在这种背景下，世界上绝大多数国家都要求对政府的职能进行改革。人们在"告别官僚制""超越官僚制""无缝隙政府""创建高绩效的政府组织""公共部门的民营化、市场化"等思潮的影响下，要求政府把公共事务，特别是公共物品和公共服务民营化；推进社区主义，建立理想的政府、市场、社区三足鼎立的公民社会。

从我国政府职能转变的角度说，第一阶段是改革开放以来至 1992 年之前，我国开启了以精简机构和放权为主要内容的政府职能转变。其中，放权主要是向地方政府放权、向企业放权和向社会放权。转变政府职能主要是通过机构撤销合实现，"重点是同经济体制改革关系极为密切的经济管理部门，特别是其中的专业管理部门和综合部门内的专业机构"①。

第二阶段是自 1992 年党的十四大召开到 2002 年党的十六大召开之前。1992 年召开的党的十四大确立了建设社会主义市场经济的改革目

①李鹏. 政府工作报告——1988 年 3 月 25 日在第七届全国人民代表大会第一次会议上［EB/OL］.中国人大网.http://wwwnpcgovcn/wxzl/ gongbao/ 2000-12/06/ content _5002061htm.

标，政府职能转变也是以适应社会主义市场经济发展的要求作为目标的。

第三阶段是十六大至十八大。十届全国人大一次会议通过的《国务院机构改革方案》，在强调政府对经济进行宏观调控的基础上，赋予政府社会管理和公共服务的职责和要求，"在社会主义市场经济条件下，政府职能主要是经济调节、市场监管、社会管理和公共服务"。

第四阶段是十八大以来，尤其是党的十八届三中全会以来。十八届三中全会通过的《中共中央关于全面深化改革若干重大问题的决定》把政府职能转变列为改革的重要内容，明确要求"必须切实转变政府职能，深化行政体制改革，创新行政管理方式，增强政府公信力和执行力，建设法治政府和服务型政府"。十八届四中全会通过的《中共中央关于全面推进依法治国若干重大问题的决定》，把依法全面履行政府职能确定为深入推进依法行政和加快建设法治政府的首要任务，明确指出"加快建设职能科学、权责法定、执法严明、公开公正、廉洁高效、守法诚信的法治政府"。

对于我国政府职能的讨论，围绕政府权力大小存在强政府、弱政府、有限政府的讨论。中国政府改革的方向也是从全能政府向有限政府转变。早在 2001 年习近平在福建省任省长时就提出了"有限政府"。一次省政府全体会议上，习近平说，今后政府职能转变的关键是做到有所不为，使政府成为"有限政府"，政府一定要明确自己的角色定位，既不能缺位，也不能越位。在他看来，强调"有限政府"的目的在于实现政府的"廉洁、勤政、务实、高效"。①一年之内，福建省取消省级政府审批事项 445 项。2012 年 12 月 11 日，习近平任总书记后，首次出京考察选择广东省，在深圳市莲花山向邓小平像敬献花篮，强调坚定不移地实行改革开放。2013 年 3 月，新一届中央政府产生。一个月后，中央政治局决定，十八届三中全会研究全面深化改革问题并做出决定。2013 年 12 月 30 日，中央成立了全面深化改革领导小组，习近平担任小组组长。这也意味着中国将改变原来经济体制改革"单兵突进"的现象，政治改革、社会改革、文化改革等各方面改革将统筹

---

①兰红光.习近平亲自批示改革决策过程 曾力推"有限政府"[N].新京报，2018-08-08.

考虑，全面推进。

对于中国政府职能转变后，政府发展的方向，除了提出有限政府外，还有如下目标导向。

（1）效能政府。1994 年，福建省率先在福安市开展行政效能监察试点的基础上，在全省范围内全面推行政府效能监察工作。2000 年，福建省充分吸取漳州市政府效能建设的经验做法，在全国率先成立了政府效能办，设立效能监督电话，开展政府效能建设活动，借以改变政府工作作风、提高政府行政效率。之后，重庆、广东、山东、江苏、宁夏、陕西、北京等省、自治区、直辖市先后开展了多种形式的政府效能建设。至 2010 年年底，这项活动向全国纵深方向推进，各级政府及部门积极开展以服务为宗旨、以群众满意为目标的政府效能建设，通过完善相关制度法规与重塑业务流程，推进以深化专业经济管理部门的改革为重点，优化政府组织结构、增强活力、提高效率的制度改革，致力于建立结构合理、高效廉洁、运转协调、行为规范的行政管理体制。①

（2）责任政府。姚尚建认为我国对责任政府的研究经历了三个阶段②：第一个阶段是责任政府研究的政府责任阶段（1989—1994 年）。在这一阶段许多问题涉及政府责任和责任政府问题。第二个阶段为责任政府和政府责任研究的混合阶段（1994—2000 年）。陈庆云教授的《"小政府"和"责任政府"》是比较早系统论述责任政府内涵的理论文章。王成栋《政府责任论》分析了责任政府的内涵。第三个阶段是以张成福教授的《责任政府论》为标志，我国对责任政府研究的大量论文和著作出现。责任政府最早产生于英国，源于英国早期的议会弹劾程序。责任政府除了政治责任和行政责任外，还有法律责任和道德责任方面。在现代责任建设过程中逐渐出现了对政府进行问责的问责制度、国家审计制度、国家赔偿制度等。2003 年"非典"事件后，我国中央及各级地方政府开始探索问责制度。党的十八大以来，我国开始

---

①中国行政管理学会.中国政府效能建设报告[J].中国行政管理，2012（2）：7—10.
②姚尚建.国内责任政府研究的历史和现状[J].学术交流，2006（4）：31—33.

强化党委主体责任和纪委的监督责任，落实党风廉政建设责任制度，建立权力清单制度，将责任政府推向一个新的高度。责任政府的一个内在要求就是廉洁政府。

（3）服务型政府。追根溯源，服务型政府的说法是由"服务行政"推演而来的。据考证，"服务行政"一词最早见于德国行政法学家厄斯特·福斯多夫（Ernst Forsthoff）1938 年发表的《作为服务主体的行政》一文。从 1995 年到 1997 年，大陆理论界引入和推广了这一概念。借着 1998 年政府机构改革的东风，理论界开始深入探讨中国政府机构改革的目的、方向和途径等问题，构建服务型政府的理论开始逐步成熟。有研究指出，中国学者对于服务型政府的研究大体可以归纳为四种维度[①]：第一，政府与公民关系转变的维度。第二，政府职能历史演进维度。第三，政府职能调整的维度。第四，行政机构建设的维度。国家行政学院刘熙瑞教授将服务型政府定义为"在公民本位、社会本位理念指导下，在整个社会民主秩序的框架下，通过法定程序，按照公民意志组建起来的以为公民服务为宗旨并承担服务责任的政府"。北京大学政府管理学院谢庆奎教授指出，服务型政府的提出适应了三大需要：一是经济体制改革的需要，二是社会转型的需要，三是政府改革的需要。官僚型政府发展的下一步就是服务型政府，"服务型政府要求行政体制和机制转变，也就是结构功能和运行方式的转变，强调政府为所有人服务，为一切对象服务"[②]。十八大报告提出的行政体制改革的目标要求是：深入推进政企分开、政资分开、政事分开、政社分开，建设职能科学、结构优化、廉洁高效、人民满意的服务型政府。

（4）法治政府。对于依法治国理论发展阶段，学术界存在争议。一部分学者认为，中国共产党依法治国理论发展可划分为三个阶段，一是萌芽阶段，这个阶段"以 1978 年 12 月中国共产党十一届三中全会宣布建立社会主义民主和法制为起点，到 1991 年为止"；二是快速发展阶段，"20 世纪 90 年代，以建立社会主义市场经济法律体系、张

---

①井敏.国内服务型政府研究的四种角度[J].新视野，2006（3）：38—40.

②魏爱云.服务型政府：政府改革的目标选择——专访北京大学政治发展与政府管理研究所所长、教授谢庆奎[J].人民论坛，2006（5）：18—20.

扬现代法律精神为标志"，极大地推动了中国特色社会主义法治改革；三是改革发展阶段，"以 1997 年党的十五大正式提出'依法治国，建设社会主义法治国家'的治国基本方略和奋斗目标为标志"[①]。另一部分学者认为，中国法治阶段第一阶段是从 1978 年到中国共产党十四大的召开，在这一阶段，中国共产党非常重视法治建设，因此，法治建设发展迅速；第二阶段是从 1992 年到 2002 年党的十六大召开，在这一阶段，中国共产党在社会主义市场经济全面发展的关键时期，确立了依法治国的基本方略，促进中国社会经济的快速发展；第三阶段是从 2002 年至今[②]。在实践中，中国继 1999 年颁布《关于全面推进依法行政的决定》后，2004 年中华人民共和国国务院又发布《全面推进依法行政实施纲要》，明确了建设法治政府的目标。十八大报告还将依法治国基本要求概括为"科学立法、严格执法、公正司法、全民守法和坚持法律面前人人平等"五个方面的建设目标。党的十八届四中全会是第一次专题研究法治的中央全会，是第一次对全面推进依法治国做出重大决定的中央全会，是第一次确定全面推进依法治国总目标的中央全会。这一次全会通过《中共中央关于全面推进依法治国若干重大问题的决定》指出：坚持走中国特色社会主义法治道路，建设中国特色社会主义法治体系。

第三节 国内外会展研究现状

一、国外会展研究

1951 年拉克赫斯发表的《漫谈展览会》、1954 年泰姆普莱顿写的《商人的博览会和展览会》、1961 年富兰克著的《展览会：有关国际设计的调查》等是早期关于会展操作的实务性作品。国际展览管理协会、

---

①冯玉军.中国法治改革三十年述评[J].甘肃政法学院学报，2010（1）：22—25.

②袁曙宏，杨伟东.我国法治建设三十年回顾与前瞻——关于中国法治历程、作用和发展趋势的思考[J].中国法学，2009（1）：18—29.

国际展览局、国际展览业协会、国际大会和会议协会等会展业行业协会组织致力于会展业发展的调查研究，形成了关于会展业管理的政策法规、调查报告。《博览会和展览会》《国际贸易展览会》《会议行业》等专业杂志每年刊发了大量的专业文章。

随着越来越多的大学开始开设会展专业，不同学科出身的学者开始介入会展研究领域。学术成果从早期的会展操作实务向诸多领域发展，主要涉及如下内容。

（1）从消费行为和动机的角度探讨参与会展动机。有学者将会展参与动机概括为逃避、兴奋或激情、事件新奇性、社会化和家庭团聚[①]，以及活动和机会、会议的便利性、产品、交易、文化或利益动机。[②]Nicholson（尼克尔森）和 Pearce（皮尔斯）从消费者心理学的角度，比较分析了新西兰南岛 4 个节庆活动对旅游者的吸引力，并明确提出活动特色是十分重要的影响因素。[③]

（2）目的地选址研究。有学者认为目的地选址包括可达性、地方支持、额外的会议机会、住宿设施、会议设施、信息、地点环境和其他标准。[④]研究者大多数采用描述统计、因子分析、方差分析、回归分析等，部分学者以专家评分与层次分析法相结合为分析工具，少数学者运用聚类分析、判断分析等技术。在城市自然环境和社会环境、场馆硬件设施、会展服务接待能力与安全卫生条件、城市形象与基础设施、城市可达性及标志物、城市政策支持与总体费用等诸多影响因素中，学者们在变量的分类方法上存在较大差异。[⑤]

（3）政府产业政策和机构作用研究。Bramawel（布拉玛威尔）通

---

① Crompton,J.L.,Mckay,SL.Motives of Visitors Attending Festival Events.Annuals of Tourism Research,1997,24(2).

② Severt, D. Wang,Y., Chen,P.J, Breiter,D. Examing the Motivation, Perceived Performance, and Behavioral Intentions of Convention Attendees: Evidence from a Regional Conference. Tourism Management, 2007(28).

③ Nicholson, R.E and Pearce, D.G. Why do People Attend Events:A Comparative Analysis of Visitor Motivations at Four South Island Events. Journal of Travel Research, 2001(39): 449-460.

④ Crouch, G.I, B, Ritch. Convention Site Selection Research: A Review Conceptiontual Model and Propositional Framework. Journal of Convention and Exhibition Management, 1997,1(1).

⑤叶凯.中国城市会展经济系统建构与城市发展[M].哈尔滨：哈尔滨工业大学出版社，2012：6.

过对谢菲尔德主办的 1991 年世界大学生运动会举办调查,认为谢菲尔德市的政府规划对其举办有积极影响。[1]Gnoth(格诺特)和 Anwar(安瓦尔)考察了国家开发事件旅游战略框架对事件旅游的重要性。[2]在 Wang 和 Fessenmaier(弗森麦尔)的研究中,会议观光局的网络营销的全面成功被看作是内生变量。[3]

（4）事件旅游及事件影响研究。Brunel 等对 1986—2004 年间巴塞罗那奥运会的经济影响做了全面分析,并认为,从体育运动、组织机构、经济和城市规划等多个角度看,巴塞罗那奥运会都堪称典范。[4]Belkin(贝尔金)和 Celebrezze(塞利布雷齐)在分析纽约体育会展中心举办展览会等大型活动对纽约市经济与财政的影响时,比较了分别使用地区投入—产出模型（Regional Input-output Modeling System,RIMS）和明尼苏达集团 IMPLAN 投入—产出模型分析结果,并得出这样的结论:在生产、建设、财政、硬件设施和商业服务等方面使用 RIMS 进行分析时的乘数更大,而在那些受旅游者消费行为影响较大的行业,如住宿、娱乐、餐饮、批发和零售贸易等,使用第二种模型分析时得出的乘数更大。[5]在澳大利亚等一些国家的经济影响评估领域,可计算的一般均衡模型（CGE）已经替代了投入—产出模型。Roche（罗奇）在《重大事件与现代化》（Mega-event and Modernity）一书中利用政治社会学的方法,以奥运会和世博会为例,深入分析了重大事件的政治特性、重大事件与城市及地区局部现代化之间的关系等问题。

---

① Bramwell, B. Strategic Planners Use and Evaluation of Convention and Visitor Bureaus. Tourism management,2001,1（22）.

② Gnoth, J. A New Zealand Bets on Event Tourism.Cornell and Restaurant Administration Quarterly, 2000(1).

③ Wang Y.C, R Daniel Fessenmaier. Identifying the Success Factors of Web-Based Marketing Strategy:An Investigation of Convention and Visitors Bureaus in the United States. Journal of Travel Research, 2006, 44(1).

④ Brunel, F. The Economic Impact of the Barcelona Olympic Games, 1986—2004. Source: http://www.olympicstudies.uab.es/pdf/wp084_eng.pdf, 2005.

⑤ Belkin, D and Celebrezze, R. Estimating the Economic and Fiscal Impact of the New York Sports and Convention Center [Eb/Ol]. New York City Independent Budget Office Background Paper, Source: http://www.ibo.nyc.ny.us/iboreports/stadiumBp.pdf, 2004.

（5）实体会展和虚拟会展。Governs（戈文）对通信行业与会展基础设施相结合、互联网和电子商务对交易费用的影响以及传统分销渠道的改变等问题进行了深入分析和探讨。①

二、国内会展研究

目前教育部批准的会展本科专业有两个，一是会展艺术与技术，二是会展经济与管理专业。前者属于艺术类专业，后者属于管理类专业。华南理工大学、上海大学和澳门科技大学已经培养博士研究生，中山大学、四川大学、北京第二外国语大学、上海对外经贸大学、上海师范大学、华南理工大学、广州大学、华东师范大学、华南师范大学、浙江大学、中国美术学院、中国海洋大学、哈尔滨商业大学、天津商业大学、上海应用技术大学、浙江万里学院、河南大学、北京联合大学、广东财经大学等已经开始培养硕士研究生。目前，大多数会展学院设在大学旅游学院、经贸学院、管理学院、传媒学院、艺术设计学院等。2000 年重庆工商大学成立了海钠展览研究所。此后，许多会展研究机构不断成立，如北京国际城市发展研究院展览经济研究所、商务部中国会展经济研究中心、中国会展研究会、中国贸促会—上海交通大学会展经济发展研究中心、广州会展产业研究所（依托广州大学）、中德合作贝克展览研究所、上海大学会展研究院、成都会展经济发展研究院、浙江亚太会展研究所等。《中国会展》《中外会展》《展览与市场》等会展专业刊物应运而生。随着大量的学术研究人员的加入，会展业发展报告及专业论文和著作也不断增加。中国贸促会自 1995年开始编辑出版《中国博览会与展览会》，1999 年开始编辑出版《中国展览年鉴》。2004 年起开始组织专家编辑出版《中国会展经济发展报告》。2005 年首次发布了《中国会展经济发展报告》。后来，中国贸促会还有每年发布的《中国展览经济发展报告》。商务部服务贸易司和

---

① Governs.The Asian Perspestive: Which Convention Destinations in Asia are the Most Competitive?Journal of Convention and Exhibition Management,1999（4）：37—50.

中国会展经济研究会共同发布的《中国会展行业发展报告》在业界也产生了重要影响。2011 年 11 月 13 日，《中国会议蓝皮书》在第四届中国会议经济与会议酒店发展大会期间正式推出，由中国会议酒店联盟组织编写。自 2007 年起，由龚维刚、杨顺勇编辑出版的《上海会展业发展报告》开始出版。学术性刊物如《旅游学刊》《旅游科学》《人文地理》以及其他学术刊物已经接收并发表了大量的会展研究文章。

国内早期的研究成果主要是体现在对会展的介绍性文章以及会展实务操作层面，尤其是会展教材。目前，会展教材包括会展策划、会展运营与服务、会展客户管理、会展经济学、会展文案、会展项目管理、会展旅游、会展信息管理系统、会展概论、会展营销、会展法律法规、会展场馆管理等。随着大会展概念的出现，会展课程细分的趋势越来越明显，教材也随之日益细分，出现了展览策划与组织、会议运营与管理、会议策划与组织、节事活动策划与管理、婚庆策划与管理、体育赛事策划与组织等方面的教材。

截至 2016 年 2 月 16 日，通过中国知网的统计，有关会展的论文共 16850 篇。其中，涉及会展经济的共有 2153 篇，会展产业 312 篇，会展产业链 20 篇，会展知识产权 31 篇，政府主导型会展 10 篇。目前关于政府主导型会展研究还没有博士论文，但有三篇硕士论文，分别是曹晓红（华东政法大学）的《我国政府主导型会展问题研究》、张颖（吉林大学）的《中国政府主导型展会运作模式研究：以中国—东北亚博览会为例》、曹静晨（哈尔滨商业大学）的《我国政府主导型展会运作模式研究》。

国内会展研究主要涉及如下几个方面。

（1）国外会展介绍和中外会展比较。对于国外会展介绍主要是在 21 世纪前十年，尤其是加入世界贸易组织后的四五年。例如，《中国会展》组织了一个名为"国外会展早知道"的栏目（2003—2004 年）专门介绍国外会展知识。一些学者开始进行中外会展比较，如王春雷（2006）的《中美会展产业发展系统比较研究：兼论美国会展产业发展对中国的启示》。王春雷等人著的《国际城市会展业发展理论与实践》。王先庆、戴诗华探讨了国际会展之都的特点、发展条件和影响因素、未来发展趋势等。

（2）会展与区域经济发展。学者们探讨了中国会展经济集聚带、会展与区域经济的关系。付桦（2006）的《长三角会展业的调查与思考》对长江三角洲未来的会展空间格局走势进行了分析。王春才（2015）的《基于比较优势理论的京津冀会展业协同发展研究》对京津冀会展合作意识、协调机制、发展规模等进行了探讨并提出了对策建议。庞华、黎沛权（2009）的《珠三角会展产业链研究》、刘宛洁和雷蕾（2010）的《珠三角会展都市圈构建分析》对珠三角会展产业链和城市圈构建进行了探讨。敦牧（2008）撰写的《会展与区域经济的发展：以中国义乌国际小商品博览会为例》一书，总结了"义乌模式"，即以会展经济为龙头发展区域经济的成功之路。刘松萍撰写的《会展、经济与城市发展：关于中国"广交会"的综合研究》系统探讨了品牌会展与城市经济之间的关系。

（3）会展项目管理及影响。罗秋菊、保继刚以东莞两个典型展览会为例探讨了展览会主题与终端客户效益感知的关系。[1]张宏、杨新军、赵荣等人在总结了英国伯明翰国际会议中心区建设对其环境、社会和经济影响的基础上，结合我国的实际情况指出城市大型会展旅游项目建设风险大、投资长，其论证必须科学、客观、全面，需要重点关注建设区位选择、政府政策、城市文脉延续和城市中心绿色斑块的引入等。[2]杨顺勇、徐烜基于层次分析法对会展项目成功度评估进行了研究。[3]孙元欣分析了上海世博会展期的影响因素、预测了展前参展者的分布形态，对上海世博展馆项目管理提出了有针对性的建议。[4]许春晓、柴晓敏和付淑礼以"2006杭州世界休闲博览会"为例对城市

---

①罗秋菊，保继刚.展览会主题定位与终端客户效益感知——以东莞两个典型展览会定性分析为例[J].旅游科学，2006（5）：48—53.

②张宏，杨新军，赵荣.内城旅游项目开发探索：英国伯明翰国际会议中心区的建设经验及对我国启示[J].经济地理，2005（2）：265—268.

③杨顺勇，徐烜.基于层次分析法的会展项目成功度评估研究[J].上海应用技术学院学报（自然科学版），2010（1）：34—37.

④孙元欣.上海世博会会展期参观者分布预测与应对[J].上海管理科学，2007（4）：20—23.

居民对重大事件的感知变化进行了分析。[1]戴光全撰写的《重大事件对城市发展及城市旅游的影响研究：以昆明世博园艺博览会为例》探讨了重大事件对城市旅游业发展的影响。

（4）生态会展和会展可持续性发展。蔡梅良的《基于循环经济理论的绿色会展动力机制研究》提出要构建绿色会展动力机制。剧宇宏所著的《我国会展业可持续发展研究》探讨了我国会展业可持续发展模式选择、市场化转型、法律保证等诸多问题。

（5）会展产业与其他产业互动研究。刘大可的《北京市旅游与会展互动发展》是国内较深探讨城市会展业和旅游业关系的著作。马勇、陈静分析了会展与酒店业之间的市场、组织、基础和媒介4大支撑体系，并给出了一个会展和酒店业一体化互动发展的概念模型。[2]

（6）政府会展职能与政府主导型会展。徐瑛和杨开忠的论文《会展业发展中的政府职能》、梁锐的论文《政府职能在城市会展经济发展中的创新》对政府会展职能进行了探讨。刘松萍、刘勇的《广东省会展政策类型、特征及城市关联性分析》一文通过整理近年来广东省各城市的会展政策，将政策类型分为三类——产业指导政策、行业规范政策、资金和税收政策，总结出广东省会展政策的三个特点，覆盖范围广、制定时间早、类型丰富；通过比较会展业最发达的广州、深圳、东莞三地，发现会展政策与城市具有一定关联性，政策力度与当地会展业的发展定位相关,政策侧重点与当地会展业的发展制约因素相关,政策扶持展会与当地的产业基础相关。徐爱萍、楼嘉军分析了相关政府管理部门在会展业发展过程中存在的管理失衡现象，并对形成原因进行了深入探讨，同时根据我国会展业发展趋势，从政府管理的定位、范围、制度和战略等方面提出了相应的对策和建议。[3]马勇、梁圣蓉从要素配置、市场规划、城市宣传这三个角度来阐述会展业实施政府主导

---

①许春晓，柴晓敏，付淑礼.城市居民对重大事件的感知变化研究：2006 杭州世界休闲博览会期间的纵向研究[J].旅游学刊，2007（11）：89—94.

②马勇，陈静.会展与酒店业的服务体系互动影响研究[J].江苏商论，2008（7）：30—32.

③徐爱萍，楼嘉军.我国会展业发展中政府管理缺陷及原因分析[J].北京第二外国语学院学报，2008（1）：75—79.

型发展模式的三大依据。①陈锋仪从市场化程度、国际化程度、产业网络、促销能力、服务系统等方面入手，将政府主导型会展与市场型、协会型和政府市场型会展进行比较。王小兵以青岛市为例对城市会展业发展模式及政策选择进行了分析，建议采取"政府主导+市场运作"模式。②邬国梅指出政府主导型会展发展模式的缺陷有资源的浪费、定位不当、造成不公平竞争、缺乏专业的会展管理人才等。③辜应康、楼嘉军、唐秀丽的《节事旅游市场化运作：以上海旅游节为例》一文主张引入市场机制，考量投入与产出，避免单纯因为办节而办节。

在和会展密切相关的旅游领域，"政府主导型"的提法首见于1996年国家旅游局访问以色列、土耳其代表团的总结汇报中。邝玉春的研究表明：1989年到2000年间，研究旅游产业发展中政府作用的文献仅有5篇；2001年到2010年10年间，相关研究文献明显增多，达到167篇。其中，2005年是一个分水岭，后6年的研究文献占总数量的比例为75%。④对于为什么要发展政府主导型旅游，学者一是从旅游产业外部性、信息不对称、公共产品、市场失灵等角度进行解释。二是从旅游业发展的时代背景、环境特色等角度进行解释，在著作上，熊元斌等人所著的近42万字的《旅游业、政府主导与公共营销》一书对政府主导型旅游模式、产业政策、体制创新、市场监督、区域合作、公共营销等问题进行了系统阐述。

探讨政府主导型会展的专门成果不如探讨政府主导型旅游的成果多。但是，在中国会展经济研究会组织的多次研讨会上，政府主导型会展及其市场化一直是会议讨论的焦点问题之一。在讨论中，业界和学界从会展产业及中国会展业发展的背景角度肯定了"政府主导"对会展粗放式发展的作用，但是也都意识到会展主体和项目的日益增加，中国会展发展需要走到精细化、规模化、品牌化和市场化发展的道路上来。

---

①马勇，梁圣蓉.会展业实施政府主导发展模式的依据与策略创新[C].中国会展经济研究会学术年会，2007：46—49.

②王小兵.城市会展业发展模式及政策选择[J].青岛科技大学学报，2010（3）：38—42.

③邬国梅.政府主导型会展的运作模式研究[J].企业经济，2009（3）：126—128.

④邝玉春.近年来国内关于政府对旅游发展影响研究综述与启示[J].旅游纵览，2011（3）：54—56.

第四节 研究方法、思路与框架

一、研究方法

1. 定性分析和定量分析相结合的方法

定性的研究主要涉及会展功能、会展产业链、政府主导型会展、政府职能等概念、模式的界定和价值分析。定量分析主要是通过对一些客观数据的科学分析对会展业发展的进程、结构、差距等做进一步剖析。本书收集了大量的会展经济发展报告、展览行业发展报告、国内外一部分会展公司数据、部分会展项目参展商及交易数据、会展场馆数据。通过定性和定量相结合的方式，可以对我国政府主导型会展现状、运作状态及变化等有一个更为全面的了解。

2. 案例和政策文本研究法

本书收集了广交会、世博会、东盟博览会、东北亚博览会、中国—亚欧博览会、义博会等会展项目作为政府主导型会展项目运作分析的案例，收集了北京、上海、广州、浙江、天津等地政府主导会展业发展方面的案例和政策文本。本书也收集了一些关于市场化工具、网络会展等方面的微观案例。通过案例分析可以对政府主导型会展的具体运作形态、场馆和项目市场化、会展管理体制等进行充分分析和阐述，并对其未来的发展进行深入反思。通过系统梳理国内外会展法律、中央和地方会展发展和管理政策文本，可以对中国相关政策的整体结构、不足及未来发展方向有一个全面的了解和反思。

3. 历史和比较分析

本书对中外会展发展的演进历史进行分析，通过这种分析可以了解中外会展发展的不同历史脉络，从而对中国会展发展的制度演进路径有一个更深的了解。本书对改革开放前后的中国政府主导型会展模式进行了比较分析。在会展政策和政府管理方面也和国外进行比较分析。

二、研究思路与框架

本书综合运用了治理理论、产业及产业链、政府职能等理论，通过定性和定量相结合、案例和文本、历史和比较分析等方法，结合理论与实践，对我国政府主导型会展进行了深入研究。首先通过对会议、展览和活动演进的历史进行分析，在此基础上探讨了会展政治、经济功能，紧接着对政府主导型会展项目类型、优缺点、组织模式与特征等进行了深入分析，然后围绕会展主体对会展组织网络、会展产业链及产业融合进行了分析，并在此基础上探讨了政府主导型会展的市场化问题，最后对国内外会展法律、中国会展产业政策进行分析，并在基础上探讨了中国政府会展的职能问题。

本书共八章，第一章是绪论，第八章是结论

第一章提出了问题，探讨了关键概念并简要分析了涉及的主要理论，对国内外会展研究进行了综述。结论对本书的主要观点做了一个概括性总结并对未来进行了展望。

第二章首先探讨了会议、展览、仪式和节庆活动的演进历史，在此基础上进一步探讨了会展产业的产生和发展过程。然后从政府与会展关系的角度探讨了我国会展业发展的历史，尤其是比较分析了 1949—1977 年、1977 年以后我国会展业的发展历史。最后在上述历史演进分析的基础上，进一步探讨了会展的政治、经济和社会功能。这一章既从世界会展业演进的历史中探讨了会展的实质、产业化的条件，也从中国特有的历史文化环境和政治体制角度探讨了政府主导体制下会展和政府的关系。在这一章，我们将会展业发展的历史和政治组织、企业组织、非营利性组织发展的历史相联系，将会展看作是人类社会组织化过程的产物，也将会展视作各组织及组织间运作的特有组织形态。因此，这一章对于理解会展的组织本质及与政府之间的关系非常重要。

第三章首先探讨了会展项目的一般运作过程，然后分析了我国政府主导型会展项目的类型、政府主导的优缺点，接着着重探讨了我国政府主导型会展项目组织运作的典型模式，最后探讨了政府主导的政策工具。这一章将会展项目一般性运作过程、我国政府主导的特有组织过程和政策工具放在一起进行分析，并比较了国外政府在会展项目运作过程中的作用。这一章对我国不同历史时期的典型政府主导型会展项目运作的组织过程进行了深入分析。通过这种分析既能看到政府主导的一般性特征和手段，也能看到不同项目之间的一些区别。

第四章首先探讨了会展组织者、参展商、观众、会展企业及行业协会、媒体等主体的法律和利益关系，以及它们在会展活动中的角色地位。然后，分析了会展组织网络的基本构成及主要原则。接着分别探讨了市场主导型和政府主导型会展组织网络的结构性特征，并在此基础上比较分析了两者在网络治理效果方面的不同。会展的形成既有组办方的编导作用，也有参展商、观众的自组织作用，同一展会之间的竞争在本质上是其网络与网络之间的竞争。

第五章首先探讨了产业划分的一般理论，并在此基础上着重探讨了会展的产业划分和产业属性。然后探讨了我国产业经济带和会展产业经济带。接着重点探讨了会展产业价值链的构成和会展产业的融合途径。会展和产业的紧密联系不仅体现在其自身是一种新兴产业并具有跨界产业的特征，而且还体现在它自身的存在是以一定的产业为基础。离开了其他产业，会展自身不能称其为产业，它是其他产业沟通、交流、交易和展示的一种特殊平台。因此，会展策划和创意需要以产业链、产业分布和产业政策为基础。当然，会展作为一种跨界产业、平台经济，能够和其他产业融合发展。因此，对于会展产业的发展既要延伸会展产业价值链，打造会展产业经济带，也要和旅游、文化等产业融合发展。这一点无论是对于会展市场化还是对于会展产业规划都需要格外注意。

第六章首先分析了会展的一般收入来源和融资市场化，然后探讨了场馆建设和经营市场化的实践做法，接着着重探讨了政府主导型会展项目的市场化治理工具，最后在上述分析的基础上总结了政府在市场化中的责任。这一章我们结合了大量实践案例，探讨我国政府主导会展市场化中的做法、经验和不足，并为未来市场化发展提供了方向。

　　第七章首先探讨了国外会展法律，然后系统地分析了我国会展通用法律和会展法规的发展情况，接着对我国会展产业政策进行了系统梳理，最后比较分析了我国政府主导型会展中政府职能及管理体制演变情况和存在的不足，并在此基础上提出了相应的对策建议。从根本上说，对于会展业的发展不是为了市场化而市场化，需要理清政府和市场的关系，界定好政府的职能。政府主导型会展市场化离不开完善的法律保障和科学的会展产业规划和产业政策支持。

第二章

会展演进历史及其政治、经济、社会功能

第一节 会展演进历史

一、会议演进历史

（一）政治会议

会议作为人与人之间经由沟通而商讨和解决问题的组织形态，产生的历史相当悠久。而其发展则和人类社会的组织化密切相关。在古代社会，部落及宗族、政治军事、宗教组织是其主要组织类型，氏族会议、政治会议和宗教会议是这些组织解决其内部及组织间争议与问题的主要方式。因此，会议的产生和政治及宗教权力密切相关。在人类社会初期，氏族社会是最为主要的社会组织单位。约5500年至4000年前，人类处于母系氏族社会。所谓母系氏族，就是每个氏族的全体成员都有一个共同的老祖母，他们是以母系血缘为纽带联结在一起的。在母系社会中，妇女对财产的支配权大于男子，氏族家庭是以女子为中心建立起来的。约5500年至4000年前，母系氏族社会为父系氏族

社会所取代。在氏族社会，氏族会议是氏族解决问题的主要组织形态。氏族长拥有主导权，因此逐渐演变为长老会议。随着人类社会的进一步发展，出现由若干宗族、氏族组成的部落。由此产生了部落议事会及部落首领会议。例如，公元前 2198 年大禹在浙江绍兴会稽山召集部落首领庆功封爵并商讨全国的财政问题。进入原始公社后期，因各种战争的日益频繁，最终导致了血缘联系逐渐被地域联系所取代，出现了由若干部落的解体并结合而成的部落联盟，成为原始公社瓦解的开始和新的民族共同体部族或民族出现的前提。

美国文化人类学家塞维斯在《原始社会的组织》(Primitive Social Organization) 和《国家与文明的起源》(Origins of the State and Civilization) 中认为，人类社会的政治组织经历了四个连续发展的阶段，即游群、部落、酋邦、国家。[①]在酋邦会议中，酋长虽然可以具有重大的影响力，但是参与或者影响决策的，通常并非酋长一人。在中国，一般认为夏朝是多个部落联盟或复杂酋邦形式的国家。根据史书记载，禹传位于子启，改变了原始部落的禅让制，开创了中国近四千年世袭的先河。世袭产生了王权，并形成了王朝或王权的"正统"意识和"正统"观。夏朝共传十四代（夏朝统治者在位时称"后"，去世后称"帝"），延续约 471 年。[②]商朝是中国第二个朝代。商朝灭亡之后，西周依靠全新的分封治国理念成为中央集权的分封制国家。秦始皇平定六国、一统中原，中国演变成了中央集权的君主专制封建国家。

中国古代称臣见君为朝，君见臣为会，合称朝会。相应的，君主临朝听政为"视朝"。古代朝会有两种，一为大朝，指皇帝于元旦、冬至及大庆之日御正殿受群臣朝贺；一为常朝，指皇帝于平时召见文武官员，处理政务。前者属于礼节庆贺性质，后者属于日常公务性质。常朝中因御殿的时间不同而有早朝、午朝之分；因觐见的人员身份不同而有皇太子、诸王朝、诸司朝觐、藩属来朝等区别。[③]

大朝会是始于西周的一种礼仪规格最高的朝仪，秦汉直至明清，

① Elman R. Service .Origins of the State and Civilization: The Process. WW Norton & Co,1988.
②中国全史编委会.中国全史（第 1 册）[M].长春：吉林大学出版社，2011：35.
③何本方，岳庆平.中国宫廷知识词典[M].北京：中国国际广播出版社，1990：4—5.

历代承袭不衰。在周代，天子接见诸侯、百官的政治目的是"图天下之事"，同时询问地方的治理情况，谓之"图考绩"。大朝会一般在岁首召开。秦始皇统一全国后颁令以十月为岁首，而大朝会时间则定在十月初一举行，并修建起富丽堂皇的朝宫前殿（即阿房宫）为大朝会举办地。此后，凡大秦重大国事，如议帝号、立郡县、车同轨、书同文等均在此朝堂前殿颁布。西汉前期沿用秦朝旧历，亦以十月为岁首。朝会地点初在长乐宫，后改未央宫。大朝会时，百官自诸侯王以下至六百石官吏皆依次奉贺（贡献礼物）。汉武帝时改易正朔，以正月为岁首，以正月初一为大朝会时间。此后，历代沿袭。宋代之后，各王朝仍仿效前朝行"大朝会"之礼。明代"大朝会"则由锦衣卫陈设卤簿仪仗，教坊司陈列大乐，礼仪司陈列诸国文书、贺表、贡物，还设纠仪御史纠察百官，监督那些站久了爱打瞌睡或交头接耳私聊的。待时辰一到，皇帝升座，鼓乐齐鸣，百官跪拜致贺，行礼如仪。礼毕则群呼万岁、万万岁。清代的大朝会仪制大体如明代，在太和殿举行。

　　秦人开会还处于"廷议"阶段①，基本就是君王面前，有事说事，没有要求定期召开会议，更没有形成制度。从西汉孝宣帝定下了五日一听事的制度，从此朝议变得相对稳定。②汉武帝时，朝议分为中朝和外朝。中朝，又称内朝，皇帝常将重大机密问题交由身边的幸臣——中朝官讨论。中朝官一般是大司马，左、右、前、后将军，侍中，常侍，散骑。外朝议的官员就是以丞相为首的政府官员，上至三公，下至六百石的议郎、谏大夫、博士。列席会议者还有中朝官员以及特邀人士，如待诏、学者、致仕大臣等。外朝议的主持者一般是丞相、御史大夫。有时，皇帝也会亲临廷中裁决或主持或指派中朝官等特使前往监议。东汉刘秀勤于政事，"每旦视朝，日仄乃罢，数引公卿郎将议

---

　　①一般分为三种情况，一是君主主持的君臣共同协商的会议，一般是国家大事。这种形式的会议，参与人员相对固定。二是遇紧急情况，由君主召集进行，人员由君主根据事件性质固定。三是朝廷一时无主的情况，由大臣们自己发起的集议。这种情况极少发生。汉初沿袭了秦朝廷议制度，史书记载为"廷争"或者"廷辩"。

　　②常朝的实施和皇帝的勤政与否相关，没有明确的五日一朝的常朝时间间隔，具有随意性。

论经理，夜分乃寐"。①元朝实行由中书省、枢密院、御史台等大臣参与的御前奏闻。元代的御前奏闻具有时间、场所多变不定的特点。明朝规定，文武官员每天拂晓到奉天门（太和门）早朝。清朝大体仿明制。但是，在实践中，常制和皇帝的勤政和执政风格相关。例如，明万历皇帝 28 年不上朝，主要依赖内阁首辅及官僚体系治理国家。清朝顺治皇帝亲政后，坚持每天上朝的制度，康熙、雍正、乾隆仍遵此制，有特殊活动除外。

"集议"则由大臣主持，皇帝一般不参加。集议实际上是应皇帝的要求或同意才开的，其规模可大可小，参会者的范围比朝会复杂。除了"朝会"和"集议"这样的形式外，还有一种"谏议"制度。所谓"谏"的本义就是规劝君主，谏议自然就是给皇帝行为和决策提意见，专挑毛病和不足。谏议既有会议形式，也可个人约谈，有时还会与集议混在一起，但与集议明显的不同是，谏议多有"提案"。

欧洲封建社会之初，古代日耳曼王国的主要国家法兰克王国、伦巴第王国和盎格鲁撒克逊王国，存在民众大会与贵族会议。罗马史学家塔西陀在《日耳曼尼亚志》中对当时的部落会议制度做了描述："日耳曼人中，小事由酋帅们商议；大事则由全部落决议。人民虽有最后决议之权，而事务仍然先由酋帅们彼此商讨。""在这种会议上，也提出控诉或宣判死刑。轻罪也有着各种规定的刑罚，他们还在这种会议上选举一些长官，到各部落和村庄里处理诉讼事件；每一个长官都有 100 名陪审者，他们是从人民中选举出来作为他的顾问的。"②

在古希腊，会议包括元老会议、公民大会、五百人议事会议、十将军会议。元老会议这一机构可能是由氏族中的长老会议演变而来，由卸任的执政官组成，起初拥有广泛的权力。古希腊公民大会起源于公元前 11 至前 9 世纪的荷马时代，当时称人民大会。公民大会是雅典的最高权力机构，是雅典公民讨论战争及选举等重大事务的场所。一

---

① 范晔，后汉书·光武帝纪下[M].北京：中华书局，2012：445.

② [古罗马]塔西陀：日耳曼尼亚志[M].马雍，付正元译.北京：商务印书馆，1962：60—61.

切成年的雅典男性公民皆有权参加公民大会。①五百人议事会是古希腊城邦雅典的民主政制的核心，它的职责是落实公民大会的决策，是一个总司一切事务的行政组织，为西元前6世纪晚期克利斯提尼改革时创立的机构，此机构一直延续到西元前3世纪。五百人会议每日在雅典城中亚哥拉市集中的大会堂内召开会议，除了节日及凶兆日子外，会议皆会举行。五百人会议握有的最重要权力，是安排公民大会的所有议程，包括向公民大会起草议案（称作 probouleumata）及预先审查提交公民大会的议案。他们也负责某些外交事项，如接待外交使节，而会议最重要的责任是执行公民大会的决议。

十将军会议是古希腊雅典的最高军事机构，约创于公元前6世纪末雅典首席执政官克利斯提尼改革时期。每年从10个部落中各选1名将军组成，可连选连任。公民大会常以表决方式规定各将军的职权，各将军要向公民大会汇报工作并受其监督。公元前5世纪上半叶，十将军会议在希波战争中的作用逐渐增强，取代了原来执政官的权力，成为雅典奴隶主民主政治的重要机构。公元前5世纪下半叶，伯里克利连续15年当选为首席将军，握有最高军事和行政实权，成为事实上的国家元首。

在盎格鲁—撒克逊时期，贤人会议是英国的一种重要的政治会议机制。它是一种由国王主持召开的、会期不定、人数不等的高层会议，与会者主要有被称为"贤者"或"智者"的高级教士和世俗贵族，包括国王的近臣、王族宠幸和地方长官等。据记载，在931年3月召开的贤人会议中，有坎特伯雷和约克两个大主教、威尔士的两个亲王、十七个主教、五个修道院院长、十五个地方官和五十九个塞恩，共一百零一人。934年的温彻斯特贤人会议中，有大主教和主教十九人、修道院院长四人、威尔士贵族四人、地方官十四人和五十二个塞恩，共八十一人。贤人会议拥有行政、立法和司法权力，参与国家税收、外交、防务和分封等重大决策活动。贤人会议是国家的最高法庭，有权审理各种讼案，包括涉及王室和达官显贵的要案、地方法庭不能判

---

①根据梭伦的立法，年收入达500麦斗以上的为第一等级，年收入达300麦斗的为第二等级，年收入达200麦斗的为第三等级，年收入在200麦斗以下的为第四等级。前三个等级以上的才能参加公民大会。

决的疑难案件，以及涉及地方官员的案件。1066 年威廉征服英国后，以御前会议取代贤人会议，但是其组成和职权仍在一定程度上承袭了贤人会议。会议由国王主持，参加的有宫廷大臣、高级僧侣、封建贵族以及郡官和邑官，其职权是开征赋税，调解和裁决领主之间的争端，就重大事件听取大贵族的意见和建议，管理各郡事务并以国王名义发布令状，组成或指派专门委员会或专员处理地方行政事务。这样的会议每年仅开 3 次，参加人数较多，故称大会议。国王为处理朝政随时召集亲近官员商议国事，称小会议。

在亨利一世（1100—1135 年）期间，发展出一个叫咨议会的封建组织，由全体大佃主或国王认可的一些大佃主组成，其主要功能是承认国王所要求的赋税，协助供给所需的资料以作为规定税额的根据，监督各郡和各市筹措款项；同时，议会成员也替所在地人民呈送请愿书并帮助政府考核地方官员的行为。这被认为是英国议会的起源。到了约翰时期（1199—1216 年），约翰由于战争失利不得不签下诸侯们制订的《大宪章》，《大宪章》规定不得对商人任意课税；宣称"除按照同等人民的合法裁判和按照国家的法律外，不得对自由人加以逮捕、监禁、强取财产、逐出境外或任何方式的杀害"。《大宪章》还在组织上做了一项重要安排，设立由二十四位诸侯组成的常设委员会，以监督约翰对《大宪章》的承诺，使议会的形成又往前推进了一步。1257年，亨利三世要求咨议会提供金钱用于战争，诸侯拒绝出钱，咨议会成立了各种委员会，负责处理政府的具体事务；咨议会还要求得到最高法官、大臣和其他官吏及各郡郡守的任命权。由此，咨议会不仅有了议会的名称，而且其权力也得到扩张。1264—1265 年期间，爆发内战，结果亨利三世被西门等诸侯领导的军队打败。随后召开了咨议会，参加者除了高级教士、男爵和骑士外，还邀请各自治市的两名市民代表参加，咨议会的组成由此发生了变化，不再单纯是一个封建团体，这被认为是英国议会制度的开始。1327 年，由于对苏格兰的战争失败，诸侯通过议会将爱德华二世废黜，又开创了一个重要的先例。爱德华三世期间，为筹集资金应付英法百年战争，爱德华三世同意让议会选举财政大臣，以监督所拨付款项的支出情况，审查国王的账目，这大体上等于承认议会不但有停止拨款之权，而且含混地承认议会对于款项的用途及相应的政策具有间接控制之权。以前议会开会由大诸侯支配，爱德华三世期间，议会开始发生变化，分成三"院"：诸侯、骑士和市民。大诸侯在一起开会，形成上议院的形式；而代表小地主的骑士与城市商人的代表一起开会，就形成下议院的形式。1688年，民权党和王权党与奥兰吉王威廉联合起来，威廉军队登陆英国，詹姆斯二世逃走。随即，一个宣布自己为议会的协商会议召开，会议请威廉、玛丽共同继位，同时向他们提出了一个作为君主制存在条件的"权利宣言"，内容包括：国王不得控制军队和审判官，不得未经议会同意停止任何法律的效力；财政管理权永久属于议会……威廉、玛丽在接受了这些条件后即位。至此，确立了议会君主制（又称立宪君主制），国家的重要权力由王室转移至议会。18世纪初，内阁制开始形成。在这之前，议会止于通过法律，通过或否决预算案，把执行权留给王室。现在，控制议会的政党从王室那里接收了实际的行政管理权，国王对内阁通过的决定不再否决。内阁表面上受到议会的控制，实际上，只要一个政党在议会里占据多数，内阁就能控制议会。[1]

英国议会制的形成对现代民主制度和政治会议制度产生重要影响。从民主制度的角度说，它奠定了代议制民主的基本形态，即议会制。从政治会议的角度说，它奠定了立法性会议和行政性会议两种基本形态。后者除了内阁会议外，还有总统会议以及其他形式。

新中国成立以后，中国形成党委、人大、政府、政协四大领导班子，由此形成党委会议、人大会议、政府会议、政协会议。

党的代表大会包括党的全国代表大会，党的省、自治区、直辖市、设区的市、自治州、县（旗）、自治县，不设区的市和市辖区的代表大会，党的基层代表大会。党章规定：党的最高领导机关，是党的全国代表大会和它所产生的中央委员会。第一次中国共产党代表会议出席代表12人，代表党员50多人。到了中共七大（1945年），出席代表755人，代表党员121万人。中共十八大代表共有2270人，代表党员8200多万

---

①袁传旭.英国议会制的起源和形成[J].书屋，2013（9）：77—82.

人。党的全国代表大会与中央委员会、中央委员会与中央政治局之间是选举与被选举、授权与被授权的关系。党的全国代表大会选举产生中央委员会、中央委员会选举产生中央政治局。在全国代表大会闭会期间，中央委员会执行全国代表大会的决议，领导党的全部工作，对外代表中国共产党。在中央委员会全体会议闭会期间，中央政治局和它的常务委员会行使中央委员会的职权。党的全国代表大会由中央委员会召集，每五年举行一次；中央委员会全体会议由中央政治局召集，每年至少举行一次。党的全国代表大会召开时，要听取和审查中央委员会的报告，讨论决定党的指导方针、路线和政策以及其他重大问题，同时选举新的中央委员会。中央政治局及政治局常务委员会在中央委员会全体会议（"中全会"）闭会期间，行使中央委员会职权，政治局会议及常委会会议由中央委员会总书记负责召集并主持。一般情况下，政治局会议每月都会召开一次，时间多选在月末的时段。省、自治区、直辖市、设区的市和自治州的委员会，每届任期5年。其委员和候补委员必须有5年以上的党龄。县（旗）、自治县、不设区的市和市辖区的委员会，每届任期 5年。中国共产党地方各级委员会全体会议，每年至少召开两次。 党的地方各级委员会在代表大会闭会期间，执行上级党组织的指示和同级党代表大会的决议，领导本地方的工作，定期向上级党的委员会报告工作。党的地方各级委员会全体会议，选举常务委员会和书记、副书记，并报上级党的委员会批准。党的地方各级委员会的常务委员会，在委员会全体会议闭会期间，行使委员会职权；在下届代表大会开会期间，继续主持日常工作，直到新的常务委员会产生为止。除了各级党的代表会议、委员会会议、常委会议外，还由党的各级领导人、职能机构、领导小组召开的各种会议，包括各种工作会议、扩大会议、座谈会、学习会等。

政府会议包括政府全体会议、政府常务会议、行政首长办公会议等。人大会议包括人大代表全体会议和人大常委会。而政协会议也包括政协代表全体会议和政协常委会会议。此外，还有党政联席会议。

（二）宗教会议

在教会历史中，教会治理基本上有三种模式：主教制（Episcopal）、长老制（Presbyterian）、会众制（公理制教会的治理模式，Congregational）。

"主教制"的治理模式，采用教会等阶制度，包括主教（又名监督）、大主教、教皇等。主教各自掌权管理一些地方教会，而大主教则管理这些权位较低的主教们，所以主教们都比地方教会的领袖拥有更高的权柄；最后，由一位教皇（例如天主教）、主教长（例如东正教）、教会元首或是君王（例如圣公或安立甘教会）凌驾于所有教会之上，拥有全教会最终最高的权柄。"会众制"不接受任何等阶制度，坚持不可有任何领袖处于地方教会之上，地方教会的会友拥有一切治理权柄；甚至地方教会的牧师、长老、执事的决定，在本质上也不过是建议性的推荐，需要教会会员大会同意。同样，各地方教会所组成的联会，也没有权柄在各地方教会之上。长老制的特征是众长老带领治会；同一区域的各个地方教会，彼此联合成为长老区会；区会彼此联合成为总会（宗派）。

（三）宗族会议

宗族是基于血缘关系形成的社会群体。它不只是血缘关系的简单结合，而是人们有意识的组织，血缘关系是它形成的先决条件，人们的组织活动才是宗族形成的决定性因素。①宗族组织由以下四个方面构成：（1）族谱。它是一种以表谱形式，记载一个家族的世系繁衍及重要人物事迹的书。皇帝的家谱称玉牒，如新朝玉牒、皇宋玉牒。（2）宗祠。它是供奉祖先和祭祀场所，是宗族的象征。最早建于殷商，到周代完善，天子七庙，诸侯五庙，平民百姓只在家中设置牌位。汉族民间建造家族祠堂，可追溯到唐五代时期。（3）族规。它是同姓家族制定的公约，用来约束本家族成员。（4）族产。族产是宗族的公有财产。族产主要用于建祠修墓、纂谱联宗、办学考试（又称义学或儒资）、迎神赛会、门户应役、兴办公益事业（如修水利、修路桥、设渡口、设茶亭等）以及与外族的民事纠纷、诉讼甚至械斗。宗族会议是由宗族族长、房长等召开的商讨宗教重要事项或执行族规的会议。

（四）商业和行业协会会议

商业会议和商业组织形态密切相关，作为商业组织内部及组织间商讨问题的组织形态。在公司出现以前，个人独资企业是最典型的企

---

①冯尔康.宗族制度、谱牒学和家谱的学术价值[M].北京：中华书局，1997：2.

业形式；与独资企业并存的是各种合伙组织，当时的合伙组织中最典型的就是家族经营团体。在中国古代除了以血缘为纽带的家庭企业，还存在以乡土亲缘为纽带，拥有会馆办事机构和标志性建筑的商业集团。清朝时以晋商、徽商、潮商、秦商、山东商帮、苏南商帮、浙江商帮、闽南商帮、珠三角商帮、河南商帮等十大商帮为主。此后，还存在以商业运输为纽带形成的马帮和漕帮。马帮，就是按民间约定俗成的方式组织起来的一群赶马人及其骡马队的称呼。马帮是大西南地区特有的一种交通运输方式，它也是茶马古道主要的运载手段，面对险恶而随时变化的环境、生死与共的特殊生存方式形成马帮自己严格的组织和帮规，有自己帮内的习俗禁忌和行话。漕帮因漕运而来，一直处于半灰色的尴尬地位。在雍正初年取得合法地位，在取得合法地位后迅速发展壮大，改组后又转入地下。

在古罗马，国家、地方自治团体、寺院等宗教团体、养老院等公益慈善团体都取得了法人的地位。到了中世纪，有一些贸易团体取得了法人的资格，尤其是其中从事海外贸易的组织。在中世纪的英国，这样的组织享有相对合伙更大的独立性。最早产生的公司是无限公司。但是，无限公司与合伙没有本质上的区别，只是取得了法人地位的合伙组织而已。有关无限公司的第一个立法是 1673 年法国路易十四的《商事条例》，在当时被称为普通公司。在 1807 年的《法国商法典》中又改名为合名公司。两合公司是由 15 世纪出现的康曼达组织演变而来的。在康曼达组织中，一部分人出资，但是承担有限责任；一部分人出力，但是承担无限责任。后来，康曼达组织发展为两种企业形式，一种是隐名合伙（有限合伙），一种是两合公司。在股份有限公司出现以后，两合公司还演变出了一种新的形式——股份两合公司。但是最终由于股份有限公司和有限责任公司的出现，两合公司也没有得到很大规模的发展。1555 年，英国女皇特许与俄国公司进行贸易，从而产生了第一个现代意义上的股份有限公司。一般认为，股份有限公司起源于 17 世纪英国、荷兰等国设立的殖民公司，比如著名的英国东印度公司和荷兰东印度公司就是最早的股份有限公司。1807 年，《法国商法典》第一次对股份有限公司做了完备、系统的规定。到现在，股份有限公司已经成为西方资本主义世界占统治地位的公司形式。有限责任公司最早产生于 19 世纪末的德国。有限公司基本吸收了无限公司、股份有限公司的优点,避免了两者的不足,尤其适用于中小企业。最早的有限责任公司立法为 1892 年德国的《有限责任公司法》。之后,1919 年的法国、1938 年的日本也相继制定了《有限公司法》。[①]

西方国家最早的行业协会起源于欧洲中世纪的基尔特(Guid),是由同行业的商人组织起来的自治团体。1599 年法国马赛商人组织起来了西方国家的第一个商会。工业革命导致许多手工业及其协会解体,产生了工业行业协会。行业协会已成为现代市场经济体系中一个重要的组成部分,甚至有人把它看作是除国家、市场、企业、社区之外的第五种社会制度,或者是公共部门(公域)和私营部门(私域)之外的第三种力量(第三域)。

1814 年 9 月到 1815 年 6 月召开的维也纳会议,是现代会议的始祖。每位代表都由服务人员和陪伴人员组成。会议协会使会议作为一种产业而存在。在国外,公司会议、社团会议是会议市场的重要组成部分。在我国,随着中央八项规定的出台和实施以及反腐败力度的不断加强,政府会议、事业单位的会议在下降,会展市场结构发生了变化。据第五届中国国际会议产业周发布的相关报告透露:2013 年我国会议市场结构,企业会议占 68.7%,事业单位会议占 12.3%,政府会议占 9.8%,社团会议占 9.2%。2010—2013 年企业会议占市场比例由 41.9% 增长到 68.7%,事业单位、社团组织的会议都在下降,其中下降幅度最大的是政府会议。

会议业的发展对于提升城市形象和旅游具有重要作用。表 2.1 为 ICCA 2012 年世界国际会议[②]排名前二十的国家和城市情况。

---

①赵旭东. 公司法学[M].北京:高等教育出版社,2012:33—34.

②根据 ICCA 对国际会议的评定的标准是:至少 5 国以上代表参加的固定性会议,至少在 3 个国家轮流举行,与会人数至少在 50 人以上,外国与会人士占全体与会人数的 25% 以上,会期 1 天以上。UIA 对国际会议的定义包括:(1)由国际组织所主办或赞助的会议,这些组织主要是出现在 UIA 国际组织年鉴和 UIA 国际大会日历名单上的非政府组织和国际间组织者;(2)其他明显具有国际特征的会议,特别是那些由国家组织或国际组织在当地分支机构所组织的会议,符合以下标准:至少 5 国以上代表参加,与会人数 300 以上,外国与会人士占全体与会人数的 40% 以上,会期 3 天以上。中国大陆的规定为:参加会议的国家(含主办国)至少在 2 国以上,与会人数 50 人以上,外国与会人数占全体与会人数的 20% 以上。

表2.1 2012年国际会议排名前二十国家和地区

排名	国家	会议数	排名	城市	会议数
1	美国	833	1	维也纳	195
2	德国	649	2	巴黎	181
3	西班牙	550	3	柏林	172
4	英国	477	4	马德里	164
5	法国	469	5	巴塞罗那	154
6	意大利	390	6	伦敦	150
7	巴西	360	7	新加坡	150
8	日本	341	8	哥本哈根	137
9	新西兰	315	9	伊斯坦布尔	128
10	中国	311	10	阿姆斯特丹	122
11	奥地利	278	11	布拉格	112
12	加拿大	273	12	斯德哥尔摩	110
13	澳大利亚	253	13	北京	109
14	瑞士	241	14	布鲁塞尔	107
15	瑞典	233	15	里斯本	106
16	韩国	229	16	曼谷	105
17	葡萄牙	213	17	赫尔辛基	100
18	阿根廷	202	18	首尔	100
19	比利时	194	19	布宜诺斯艾利斯	98
20	丹麦	185	20	布达佩斯	95

二、展览业演进历史

通常认为集市是展览的初级形态。集市在实质上是人们商业交易的场所。货币的出现大大推动了人类商业活动的发展。集市作为古代商业活动的主要场所，具有几乎和商业活动一样久远的历史。中国古代商业产生于先秦时期，初步发展于秦汉时期，到了隋唐时期有了进一步的发展。《周礼》中就记载了先秦时期的"三时之市"，也就是说，在一天中只能到市场上交易三次：早晨为朝市，主要是让商人之间从事批发交易；中午为大市，城市中的普通消费者可以去市场上购买一些日用品；傍晚为夕市，贩夫贩妇从事交易买卖。

集市既可能是自发形成，也可能受到官方管制而成。前者多发生在官方控制力量更为薄弱的农村地区，后者多是发生在城市地区（尤其是王城）。王城主管市场的官员是司市。货物进出要凭司市所发玺节（凭证）方可通行。市场有胥吏执刑具和标准量具守门，纠察伪诈。市场内货物分类陈列在划定区域，并设肆长。此外还有司稽之类官员负责市场治安，贾市负责市场物价。汉代初期的商业几乎不用缴纳什么税费，连铸造货币的权力也下放到地方，商业获得发展的很大空间。汉在长安及其他一些大城市（如宛市、成都、临淄、吴市、平阳、邯郸）设市作为商业区。其中，长安设东市和西市。长安东西两市设"市令"，其他城市设"市长"管理市场。市场治安由都尉负责。汉武帝采用桑弘羊的建议实行盐铁国家专营。唐代的商业被限制在一定的时间地点范围内：在中午的时候，有专门人员击鼓二百下表示可以进入市场进行交易了；到了下午，这些人员敲锣三百下提示商人和消费者要离开市场了。唐在京城设市令，下辖丞各二人、录事一人、府三人、史七人、典事三人、掌固一人。较小城市设市令一人，史二人。[1]北宋时期的政府对商人交易的时间不再限制，商人除了可以在白天进行交易，夜晚也可以交易。政府对商品交易场所也不再限制，临街大小店铺到处都是，比方说开封城里，大小商店繁多，交易活动十分活跃，这说明市场交易场所不再被圈定，政府也不再设定固定的市场范围，商业成为一个单独的领域。政府一旦不再直接管理商业，商业内部就会出现自治组织的管理办法，那就是在同业商人之间组建行会组织，行会组织是为了保证同行的利益，避免恶性竞争，但是行会组织本身

---

[1]林成西.中国古代城市商业管理[J].文史杂志，2006（4）：31—33.

则要受到政治的管理和支配。明清时期的商人自治组织日益发展，出现了地域性与行业性的行帮、会馆、公所等，商人外出经商往往受到当地商人的排挤和欺诈，外地商人为了自身利益也会建立一些商业组织，比如建立同乡同业的行帮组织。尽管数量不多，但是中国古代还是出现了一些由官方举办的展览。例如，隋大业五年，隋炀帝在张掖举办由西域各国参加的展览会；唐代曾收集各地收割用的农具，陈列于殿堂，以供官员参观，倡导农具革新。

欧洲集市除了商品交易外，还交易奴隶。在古奥林匹克时期，希腊有了常规的集市，并和奥林匹克运动会同时举行。公元 630 年由达格伯一世创立的巴黎圣德尼斯集市，在每年的 10 月 3 日后举行 4 周，其目的是纪念圣德尼斯。欧洲中世纪集市的繁荣期是 12 世纪以后。例如，在西班牙，1150—1310 年共建立集市 67 个，1350—1499 年共建立 88 个。意大利的西西里、那不勒斯、阿布卢奇－莫里斯、普格利亚、卡拉布里亚、卢卡尼亚以及卡拉布里亚的北部沿海地区分布着大批密集的集市。其中，1392—1499 年间，西西里新设了 50 个集市，此外原有的 69 个获得了王室的继续承认。15 世纪，那不勒斯新设立了 29 个集市，加上原有的，共有 113 个。英格兰的情况和欧洲大陆有所不同。在黑死病出现前，英格兰新设立的集市多于欧洲大陆。1200—1349 年，英格兰国王允许设立的集市超过了 1500 个。黑死病出现后，英格兰的集市数目减少了数百个，新设立的集市也较少，而一些特权被赐予了原有的集市，大多集市设在大城市周围。中世纪末，随着商业的复兴，集市的性质也逐渐发生改变，其不再是短暂的商人聚会的场所，一些大型集市开始向长期的、固定的、综合的交易所转变，尤其是大型集市。①

欧洲集市往往是在国家、公爵、教皇、主教授权下在一定时期（多和宗教节日相关）进行的。并且，集市具有展示和交易多重功能。例如，安特卫普集市属于布拉班特省，早在 1296 年，布拉班特公爵以提供安全保卫、关税减免和建立独立的司法机关等条件来吸引英格兰商人。安特卫普集市一年举行两次，分别在圣灵降临节和圣巴韦斯节举

①宁凡.15—16 世纪欧洲集市的转变：以尼德兰集市为例[J].史学集刊，2012（2）：118—124.

行。和许多集市一样，安特卫普集市开放两周，前一个半周的时间用于展示商品，后几天用于交易和结算。1240 年法兰克福获得神圣罗马帝国的授权举办第一届秋季博览会，并被当时的德国皇帝正式下诏命名为会展城市，参展客商也受到保护。1268 年，莱比锡获得特许权，可以每年举行 3 次展贸会。1507 年，神圣罗马帝国皇帝下诏，规定莱比锡周围 15 德里的范围内享有集市优先权。

18 世纪，展览会开始从西欧向北美传递和扩散。1765 年，美国第一个展览会在温索尔市诞生。1791 年捷克在首都布拉格首次举办了只展不卖，以宣传展出新产品为目的的展览会。1792 年加拿大尼亚加拉联邦一个农业组织举办了加拿大第一个展览会。1851 年万国工业博览会成为了全世界第一场世界博览会。此次博览会有世界各地的 1400 多个展出者参加了展览。这一次博览会一方面较全面地展示了欧洲和美国工业发展的成就，另一方面也暴露了工业设计中的各种问题，从反面刺激了设计的改革。世博会圆满结束，主办方宣布博览会获得 186437 英镑的利润。此次博览会在运作上高度专业化、规模化，并且产生了赢利，和旧贸集市存在很大不同。1894 年莱比锡举办的第一届国际工业品博览会被看作是现代意义展览诞生的一个重要标志。其转变主要表现在如下几个方面：（1）参展商由以贸易商为主转向以产品厂家为主；（2）按照样品看样订货；（3）按照国别和专业划分展台；（4）参展商除了展示产品，也进行宣传推广。

第二次世界大战以后，尤其是自 20 世纪中后期以来，展览业获得飞速发展，并日益呈现出如下发展趋势。

（1）大型化和集团化的趋势。由于市场对会展的要求越来越高且竞争越来越激烈，因此小型展览公司往往力不从心，被大型展览公司兼并，形成了展览公司大型化和集团化的趋势。表 2.2 列出部分世界上知名的展览公司。其中，德国展览公司势力最强，在全球性排名中有 5 至 6 家公司经常能够进入前十。为寻求全球发展，国际展览业巨头通过资本运作，寻求低成本扩张，进入展览业相对落后的发展中国家市场。例如，美国卡尔顿通公司以 12.6 亿美元的高价购下拉丁美洲约 40 个大型贸易展览会和相关的刊物杂志，德国汉诺威展览公司就直接收购了上海一个较有名气的地面装饰展览会。另外，它们充分利用广泛的业务网络，将一些名牌展览移植到他国举办。

（2）专业化。尤其是第二次世界大战以后，产生了许多具有明确市场和品牌定位的专业展。例如，德国科隆国际体育、露营和户外用品展览会，杜尔多夫的国际印刷、包装展，旅游城市纽伦堡的玩具展，香港的珠宝、玩具展，意大利米兰的国际服装展等。

（3）信息化。信息技术被广泛运用于展示过程、展示营销、客户管理、安保。信息技术也被运用于虚拟展，并与实体展相结合，构成线上和线下展无缝连接。

表 2.2 世界知名会展公司示例

国家	公司中文名	公司英文名	国家	公司中文名	公司英文名
德国	法兰克福国际展览公司	Messe Frankfurt Exhibition	英国	励展博览集团	Reed Exhibitions
	德国汉诺威展览公司	Deutsche Messe AG, Hannover		蒙歌玛利展览有限公司	Montgomery
	德国杜塞尔多夫展览公司	Messe Düsseldorf	意大利	米兰国际展览公司	FMI
	德国科隆展览有限公司	Koelnmesse		米兰博览会集团	Fiera Milano S.P.A
	德国慕尼黑国际展览集团	Messe MünchenInternational		博洛尼亚展览集团	Bologna Fiere Gruppo
美国	美国芝加哥展览公司	Chicago exhibition company	法国	法国爱博集团	GROUP EXPOSIUM
	美国克劳斯公司	E.J.KRAUSE & ASSOCIATE,INC		法国巴黎展览集团	COMEXPO Paris
日本	CMP 日本集团	CMP Japan Group		新加坡会展服务私人公司	SINGAPORE EXHIBITION SERVICES PTE LTD
	日本杰科姆会展服务公司	JTB COMMUNICATIONS,INC		新加坡国际展览集团	Singex Group
阿拉伯联合酋长国	迪拜展览公司	Dubai exhibition company	荷兰	荷兰皇家展览集团	VNU Exhibitions

数据来源：作者整理所得。

（4）展览新军突起，日益呈现"多极化"。随着当今国际经济全球化的进一步发展，近些年来，中国内地，还有香港地区、日本、韩国以及新加坡的展览业迅速崛起，逐渐打破了欧美国家的垄断地位。

（5）生态化。随着人类发展理念的变化，可持续发展、包含性发展等生态发展理念越来越受到关注，并反映到展览业之中。2011年，世界展览工程委员会于英国牛津举行，来自32个国家的近80名代表呼吁会展活动要与"低碳、环保、绿色、生态化"的趋势相吻合。

三、仪式与节事活动演进历史

尽管物质资源的分配和使用对人们的政治及世俗生活非常重要，但是人们的政治及世俗生活的意义通过象征来表达，并且物质分配和使用过程本身受到象征手段的影响。象征是意义的"浓缩形式"或多种意义的联想，象征通过符号、仪式及其道具予以表达，并通过媒介、活动予以传播。象征起源于人类劳动与交往实践之中。在劳动与交往实践过程中，人类逐渐基于本能性需求向社会性需求转变，并在群居性社会交往实践中产生了观念。尤其是实现了个体性观念向群体性集体性观念转变。这种观念转变随着人类由氏族→部落、部落联盟→民族、国家→国际社会等演进路径而日益复杂化。人类语言及逻辑能力的不断发展，日益提升了人类的象征表达的能力，借助艺术、神话、科学、宗教等日益专业化的精神活动，人类创造了一个不同于物质世界的另一个世界，这个世界是一种充满幻象、理想、符号、仪式和身份认同的世界。在政治世界中，当权力者的权力来自于"他们所操控的象征时，这些象征就会反过来建基于它们所引发的一整套相关之物之上"，并且"象征的权力是无与伦比的。人能支配思想，但象征能够支配人"①。当希特勒手法熟稔地操纵着象征鼓动德国人民参战时，丘吉尔、罗斯福和其他人也有力地构建出一套不同的象征来动员人们

---

① Leaner Max.Ideas for the Ice Age.New York:Viking,1941.

反对希特勒。①在世俗世界中，象征同样赋予人们生活的意义、鼓励人们行动、阐明个体自身的意义。象征具有三种重要特征：意义的凝聚性、多义性和模糊性。其中，凝聚性是指单个的象征代表和整合了丰富的多重意义。多义性是指同一种象征具有多种不同的意义。②对于个体而言，凝聚性指的是这些不同意义的互动以及它们聚合成新的意义，多义性关注的是另一个方面：不同的人实际上会以不同的方式理解同一种象征。在缺乏共识的情形下运用仪式构建政治与团结时，这种特征就显得尤为重要。

符号是指具有某种代表意义或性质的标识。一切自然符号都是信号，信号与其表示的事物之间具有一对一的固定性，自然信号和人工信号都具有这种性质。象征符号是人口符号，是人类社会的创造物，它内含于一定的文化之中，通过传统或学习得到继承，并通过人为传播而拓展，它和指代事物之间不需要必然关系。仪式是"受规则支配的象征性活动，它使参加者注意他们认为有特殊意义的思想和感情对象"③。从仪式和象征的关系上看，仪式是一定文化中的规范性、重复性的象征性行为。借助仪式，可以认识、强化甚至改变人们对世界的信仰，借助仪式我们可以理解世界及世界和个体、组织之间存在的联系，借助仪式人们可以获得某种身份、权力的认同，借助仪式人们可以获得对自己行为、生存及生活的意义的认同。仪式提供了一种方式，让人们参与到戏剧之中，并看到自己扮演的角色。仪式的戏剧性质并不只是界定角色，它还唤起情感反应。仪式将过去和现在以及现在和将来关联在一起，从而为人们社会和社会共同体提供一种连续性和稳定性。

在人类社会早期，由于科学、认知和生产能力有限，因此对自然物和自然势力存在崇拜和敬畏心理，尤其是崇拜和敬畏那些和自己生活密切相关或依附性很强的物体。祭祀活动作为人类展示其崇拜和敬畏的最为重要的活动，在对自然物进行崇拜的过程中，总是将某种愿

---

① Duncan Hugh D .Communication and the Social Order.New York:Bedminister Press,1962.

② [美]大卫·科泽.仪式、政治与权力[M].王海洲，译.南京：江苏人民出版社，2015：15.

③ [美]保罗·康纳顿.社会如何记忆[M].纳日碧力戈，译.上海：上海人民出版社，200：49.

景、超自然力量、神性等象征赋予了自然物。除了对自然物的敬畏和崇拜，还有对生死和祖先的敬畏和崇拜。由此形成一种对鬼神信仰和祖先崇拜的祭祀文化。据《尚书·甘誓》，在夏启时，有"赏于祖""戮于社"的声明，说明在中国已有国家一级的"祖""社"的宗教活动。"祖"即祖庙，"社"即社神，说明当时已有祖先崇拜和地神崇拜。周人以小邦战胜了大邦殷商使他们对"天命靡常"有了格外的警惕，并将其和人的道德属性尤其是民意相联系。《泰誓》指出："天矜于民，民之所欲，天必从之。"传统天命观在西周"民意论"的转向中有着不容轻视的重大意义与影响。民意论的思想显示，在西周的政治思想中，天意已经被民意化，天命在信仰形态上虽然仍具有神学特征，但在内容上则反映了政治民本主义，使得西周政治开始远离神权政治。①后来，经由道家、儒家和佛家思想丰富和发展，形成了"天人合一"的思想。在儒家看来，天是道德观念和原则的本原，人心中先天具有道德原则，但是后天受到各种名利、欲望的蒙蔽，不能发现自己心中的道德原则，因此需要修身养性自觉履行道德原则。而对于统治者来说，也需要遵循天意、民意、行王道和以德治国。

通过符号神话、圣德形象、政治仪式象征了天命王朝的合法性。在中国古代，有关于帝王的各种神话，包括：（1）感生神话。"圣人皆无父，感生而成"的信仰，意在表明神话的主人公是天之子。例如，关于汉高祖，神话表述为：其先刘媪尝息大泽之陂，梦与神遇。是时雷电晦冥，太公往视，则见蛟龙于其上。已而有身，遂产高祖。②又如关于清世祖的神话：母孝庄文皇后方娠，红光绕身，盘旋如龙形。诞之前夕，梦神人抱子纳后怀曰："此统一天下之主也。"③（2）相貌异相神话。即帝王相异于常人，象征其非凡人，系真命天子。（3）异事神话。（4）天象神话。将天命和天文异象相结合。

圣德形象往往通过诏书、石碑、符瑞神话予以传播与强化。其中，符瑞主要包括龙、麒麟、凤凰、灵龟、赤兔、神鼎等。古人认为龙有

---

①陈来.殷商的祭祀宗教与西周的天命信仰[J].中原文化，2012（4）：18—24.

②司马迁.史记[M].北京：中华书局，1959：341.

③清史稿（卷4）[M].北京：中华书局，1977：83.

代表着神灵、天、帝王、交泰等意，所以逐渐被皇家所垄断。白鹿、白虎、比肩兽、苍乌象征帝王仁爱；神马、赤熊、角兽等象征帝王法度修明、用人有方；九尾狐、象车、玄圭、同心鸟等象征帝王泽及四方，天下太平；白象、福草、白兔、斗陨精、大贝等象征帝王个人修身有道。

政治仪式包括受命仪式、圣德仪式。[①]前者包括劝进仪式、禅让仪式、登基大典、祭祀仪式。其中，劝进仪式主要是开国帝王正式登基建立新朝之前，有众人劝进的仪式。登基大典会在老皇帝死后一个月之内择吉日举行。汉代一般要等一个月左右，唐宋两代往往是先帝死后第二天就举行登基仪式，明清两代往往是半个月左右。圣德仪式包括恩赦仪式、封禅仪式等。恩赦指帝王登极等大庆时，下诏赦免罪犯。封为"祭天"，禅为"祭地"，是指中国古代帝王在太平盛世或天降祥瑞之时的祭祀天地的大型典礼。泰山千百年来一直是帝王们向往的东方乐土，而封禅泰山更是因为特殊的政治意义而成为历史上每一个皇帝都渴望的荣耀，但由于其严苛的条件限制，并不是每个皇帝都有这样的机会，只有"受命于天"的皇帝，为了答谢天帝的"受命"之恩，才能在泰山顶上积土为坛，增泰山之高以祭天，表示功归于天；然后，再到泰山之前近地祗的梁父、社首、云云等小山丘设坛祭地，表示厚上加厚，福广恩厚以报地。司马迁在《史记·封禅书》中引《管子·封禅》说："古者封泰山，禅梁父者七十二家。"封禅和朝拜泰山，载入史册的是从秦始皇开始，秦二世、汉武帝、汉光武帝、汉章帝、汉安帝、隋文帝、唐高宗、唐玄宗、宋真宗、清圣祖、清高宗等帝王，都曾到泰山登封告祭、刻石记功。

在中国，祭祀具有悠久的历史，从上古时期出现雏形，到夏商周时期基本成形，秦汉时期仪式规范化，历经魏晋南北朝、唐宋元明清等朝代而不断发展。按照祭祀内容的区别大致分为祭天、祭地、祭亡灵。对于老百姓来说，祭天主要是祈求神灵赐福避灾，而对于统治者来说，祭天还包括一种统治者对其统治合法性的一种宣示。因此，历

---

①白文刚.中国古代政治传播研究[M].北京：中国社会科学出版社，2014：50—55.

任皇帝登上皇位之前，都要举行盛大的祭天活动，以此来宣示其皇权的身份的合法性并赢得臣民的政治认同。在农业社会，人民对土地有很强的依赖性，因此祭地是祈求农作物丰收。祭地的对象有山神、水神、火神和雷神等，最为常见的是祈雨活动。祭祖将本氏族有功绩或者产生重要积极影响的亡人作为尊崇对象，定时或不定时举办祭祀活动。在民间，作为一种自发的大型会展活动，庙会的形成往往也和这种祭祀活动相关。例如，妙峰山庙会、东岳庙庙会、晋祠庙会、上海龙华庙会、泰山东岳庙会、武当山庙会、火宫殿庙会、佛山祖庙庙会、药王山庙会。庙会的祭祀对象往往和区域特定形成的传说、宗教信仰相关。

在中国古代民间，除了祭祖、祭神、婚丧等仪式外，还有开学仪式、成人仪式[①]、拜师、迎春等仪式。其中，成人礼、婚礼、葬礼、入学在中国被称为四大礼。

古代婚礼所分的六个阶段，俗称"六礼"：（1）纳采：这是议婚的第一阶段，男方请媒提亲后，女方同意议婚，男方备礼去女家求婚，礼物是雁，雁一律要活的。雁为候鸟，取象征顺乎阴阳之意，后来又发展了新意，说雁失配偶，终生不再成双，取其忠贞。（2）问名：是求婚后，托媒人请问女方的出生年月日和姓名，准备合婚的仪式。（3）纳吉：是把问名后占卜合婚的好消息再通知女方的礼仪，又叫"订盟"。这是订婚阶段的主要仪礼。古俗照例要用雁，作为婚事已定的信物。后发展到用戒指、首饰、彩绸、礼饼、礼香烛，甚至羊猪等，故又称送定或定聘。（4）纳征：是订盟后，男家将聘礼送往女家，是成婚阶段的礼仪。这项成婚礼又俗称完聘或大聘、过大礼等。后来，这项仪式还采取了回礼的做法，将聘礼中食品的一部或全部退还；或受聘后，将女家赠男方的衣帽鞋袜作为回礼。聘礼的多少及物品名称多取吉祥如意的含意，数目取双忌单。（5）请期：送完聘礼后，选择结婚日期，备礼到女家，征得同意时的仪式。古俗照例用雁，礼品一般从简，请期礼往往和过聘礼结合起来，随过大礼同时决定婚期。（6）亲迎：就

---

①成人仪式男子行冠礼（一般二十岁），女子行笄礼（一般十五岁）。

是新婚亲往女家迎娶的仪式。这项礼仪往往被看做婚礼的主要程序，而前五项则当成议婚、订婚等过渡性礼仪。吉日一到，新郎要亲自率领仪仗前往迎娶。男方至女方家迎亲，要先进雁为礼，《仪礼》中称之为"奠雁"。 花轿抵达女家门前时，女家一定大门紧闭，这叫拦门。男方在外叩门，催请新娘上轿。进门后除了特别的寒暄，男方要送上礼品，这些礼品因时代和地域的不同而存在着极大的差异，但都有喜庆的意思。娶亲的归途，必须走另一条路，表示"不走回头路"。 娶亲的花轿及仪仗回到男家门前时，男家亦照例大门紧闭，说是可以煞煞新娘的性子。大门开开之后，花轿抬进庭院，要先过火盆，送亲人和新娘的兄弟，就随着花轿进入庭院休息，男家以酒筵相款待。下轿的时辰一到，把花轿抬到大厅门口。此时新郎官先向轿门作三个揖，由送亲太太启开轿门，由伴娘搀新娘下轿。然后递给新娘一个小瓷瓶，瓶内装以五谷及黄白戒指两枚或四枚。新娘把宝瓶抱在怀里，然后由伴娘及送亲太太搀扶，姗姗而行。另由两人前后接铺红毡，使新娘脚不沾地。此时新郎已站在天地神案前，手持弓箭向新娘身上轻射三箭，借以驱除邪魔。射箭的姿势是射一箭退一步，然后新娘跨马鞍，走火盆，这些礼节过了之后，就在供案前举行结婚大典，俗语叫"拜天地"，即新郎新娘一起参拜天地、双亲、夫妻对拜。拜过天地之后，就引新娘进入洞房。新郎新娘进入洞房后，仪式也是一系列的。首先是坐帐，亦称"坐福"，新郎新娘双双坐在洞房的炕沿上或床上，新郎将自己的左衣襟压在新娘的右衣襟上，表示男人应该压倒女人一头。还要撒喜果于帐中，称为"撒帐"，一般所撒的物品有枣、栗子、花生等，利用谐音表示"早立子""花着生"。 接着的节目就是吃子孙饽饽，子孙饽饽是送亲太太从女家带来的。吃过子孙饽饽，又吃长寿面。然后是"合卺"酒，又称交杯酒。然后在大厅里又摆一桌酒席，俗语叫"团圆饭"，席间新郎新娘坐上座，其他宾客均坐陪座，表示从此成为一家一姓。最后是闹洞房。闹洞房除逗乐之外，还有其他意义，比如把洞房闹得热闹红火，驱除冷清之感，增加新婚的欢乐气氛，因而有些地方又称"暖房"。

中国古代的丧葬制度包括埋葬制度和居丧制度，居丧制度还可分为丧礼制度和丧服制度。无论是埋葬制度还是丧礼制度、丧服制度，仪式均包括：（1）停尸。病人在咽下最后一口气前，亲属们要把他移到正屋明间的灵床上，守护他度过生命的最后时刻，这叫做"挺丧"。在病人临终之前，家属必须要给他沐浴更衣。在对死者进行沐浴更衣之后，亲属要马上把尸体移到灵床上。同时还要采取一些仪式，把死者的灵魂也引到灵床上去。（2）报丧。停枢一段时间之后，诸事准备就绪，就要选日子报丧。（3）吊唁。在"做七"①的同时要进行吊唁仪式。唁是指亲友接到讣告后来吊丧，并慰问死者家属，死者家属要哭尸于室，对前来吊唁的人跪拜答谢并迎送如礼。（4）入殓。吊唁举行完毕之后，就要对死者进行入殓仪式。（5）出丧择日仪式。尸体收敛之后就要把灵枢送到埋葬的地方下葬，叫作出丧，又叫"出殡"，俗称为"送葬"。停尸祭祀活动后就可以出丧安葬。择日仪式之后便要哭丧。哭丧仪式贯穿在丧仪的始终，大的场面多达数次。而出殡时的哭丧仪式是最受重视的。（6）下葬。经过了初丧、哭丧、做七、送葬等仪式之后，最后的环节就是下葬了。②

　　在西方君主制时代，加冕是最为重要的政治仪式。新的皇帝如举行加冕仪式是皇帝亲政的象征，只有举行过加冕仪式的皇帝才正式代表掌握朝政。西方古时候基本是宗教国度，教皇是至尊无上的，包括国王也要受大主教的节制，所以西方的国王如果要得到世人的承认：你是国王的话就一定得加冕。在英国，皇室成员登基、生日、结婚、生子等都会举行仪式和庆祝活动，由此产生了经济价值，被称为王室经济学。在西方民间同样存在成人礼、婚礼、葬礼等仪式。由于是宗教国家，这些仪式往往是在教堂举行。在西方婚礼中一般包括：（1）入场（进入教堂）。伴郎从教堂大门进入，由矮到高一对一对行进。每一对之间隔3—4排的距离。接下来，伴娘进入，与最后一对伴郎保持4—5排的距离。在新娘和其父亲进入之前是戒童和花童。待这些人在通道上站好之后，新娘挽住父亲的左臂步入教堂。如果新娘穿着的是

---

①按照古代的丧俗，灵枢最少要停三天以上。据说是希望死者还能复生。三天还不能复活，希望就彻底破灭了。近代以后，灵枢一般都在"终七"以后入葬。人们认为，人死后七天才知道自己已经死了，所以要举行"做七"。

②周苏平.中国古代丧葬习俗[M].西安：陕西人民出版社，2004：99—150.

长裙裾婚纱或是有长长的头纱,可以安排两个人为其在身后拖住婚纱。在踏上地毯走进通道时,新娘一般站在左边,新郎站在右边,面对神父。伴郎站在新郎的旁边,戒童和伴郎们站在他的右边。主伴娘站在新娘旁边,其他的伴娘团成员和花童站在她的左边。(2)神父宣读圣文。(3)互许誓言。(4)退场。在仪式结束时,一对新人率先退场,身后是戒童和花童。婚礼后一般会有蜜月旅行①。

在西方,教堂葬礼只是整个葬礼的前半部分,后半部分是在墓地举行,只有死者的家属、近亲和亲密的朋友参加。

进入近现代以来,随着现代政治体制的确立,政治仪式也发生了变化。在许多国家,与天命王道、君权神授相对应的君主专制制度被现代代议制民主体制所取代。政治仪式也嵌入现代政治组织及其过程之中。作为现代国家与过去区别的重要象征,国庆成为许多国家最为重要的仪式和庆典性活动。例如,美国将每年7月4日定为纪念日,以纪念1776年7月4日大陆会议在费城正式通过《独立宣言》。《独立宣言》开宗明义地阐明,一切人生而平等,具有追求幸福与自由的天赋权利;淋漓尽致地历数了英国殖民主义者在美洲大陆犯下的罪行;最后庄严宣告美利坚合众国脱离英国而独立。1919年的《魏玛宪法》就规定了公职人员就职时必须宣誓效忠宪法。宣誓仪式起源于古代,但是在现代有了新的象征含义。如今政治领袖人物甚至国家公务人员在就职前举行宣誓仪式,已经成为一种制度安排。设计宣誓效忠宪法的制度就是各国为规范和约束国家权力、保障人权、实施宪法的重要环节。在美国,总统就职宣誓在全球具有重要影响。它被现代媒体传播成为一种世界性事件。在美国最高法院首席大法官主持下,总统于就职前,进行下列宣誓:"我将忠诚地执行合众国总统的职务,并尽我所能维护、遵守和捍卫合众国宪法。"除此之外,宪法还规定国会参议员和众议员,各州议会议员以及合众国和各州所有的法官即政府主要

---

① "蜜月"(Honeymoon)一词起源于欧洲,以前的婚姻都是在房获的情况下产生的,而且通常都会遭到新娘的拒绝,所以新郎会把他的新娘带到别人找不到的地方。而在古时候蜂蜜是生命、健康和生育能力的象征,所以在婚后的33天内或再到月圆时,他们每天都要喝由蜂蜜发酵制成的饮料,就有了"蜜月"一词,而且这种习俗也流传下来。

官员都应当宣誓就职。按照传统，当选总统需手按《圣经》宣读誓言。虽然美国宪法并无明确要求总统宣誓一定要手按《圣经》，但因美国第一任总统华盛顿开启手按《圣经》宣誓的先河，且迄今为止美国历任总统都是基督徒，所以手按《圣经》宣誓就成了一个约定俗成的规矩。

事实上，竞选也是一种高度仪式化的活动。它是一种政治候选人争取合法性的仪式之战。在美国，总统竞选需要经过预选、总统候选人提名、竞选运动、全国选举、选举团投票表决以及当选总统就职仪式，过程相当复杂，往往需要一个专业的团队对其形象、日程、演讲、电视辩论进行精心设计。不仅候选人需要时刻注意仪式及形象，清楚自己在不同场合的适当表现，而且其家庭必须在竞选之中得到仪式性的表现。从公布竞选资格的仪式到竞选之夜宣布获胜的仪式，没有伴侣在身旁的候选人会沦为政治仪式的受害者。①在外交活动中，仪式不仅象征礼貌，而且象征了对一个国家及其人们的认同、重视程度。

和前现代社会相比，现代社会高度理性化和组织化。因此，仪式被赋予了理性并被政府、宗教以外的其他类型的组织所广泛使用。现代企业都有公司宗旨、目标、企业文化、企业品牌形象等。通过理念识别系统、视觉识别系统、听觉识别系统和行为识别系统的设计，企业形成了一套复杂的符号系统。这些符号系统和企业仪式一起构成企业象征表达和传播的重要内容。企业领导人如同国家领导人一样，不断出席仪式化的会议，参加各种签字仪式、庆典仪式，出现在各种酒会等交际场所。而企业内部同样存在各种仪式，包括企业庆典仪式、表彰仪式、动员仪式等。类似地，大学、非政府组织也存在各种各样的仪式。

节日是一个民族或国家的历史文化长期积淀凝聚的产物，在各国各不相同。但是在全球化和国际化的背景下，节日日益多元化、全球化。从纵向上看，存在全球性节日、全国性节日和地方性节日，从横向上看，存在自然节日、社会节日、民族节日、历史节日、政治节日、国际节日、休闲节日、文化和经济节日。

---

① Gillespie Joanna B.The Phenomenon of the Public Wife:An Exercise in Goffman's Impression Management. Symbolic Interaction. 1980（3）：110.

四、会展作为一种独立产业的产生

尽管会议、集市及零星的陈列展示作为特殊的组织形式存在了很长的时间，但是并不能因此说它已经属于一种独立的产业。因为作为一种独立的产业，它的形成需要具备一些特定的条件：（1）有特定的市场需求；（2）有专业化的组织和人员通过生产及服务满足这些需求；（3）需求和供给要有一定的规模，而不是零星的供给和需求；（4）有专门化的生产、服务技术。当然，作为一种产业，它是多种力量汇集在一起而逐渐形成的。会展作为产业的形成和工业革命所推动的技术变革和商业化相关，并在大规模的工业产业产生以后产生的。1765 年詹姆斯·哈格里夫斯发明了珍妮纺纱机，标志着工业革命的开始。18 世纪中叶，英国人瓦特改良蒸汽机之后，由一系列技术革命引起了从手工劳动向动力机器生产转变的重大飞跃。随后向英国乃至整个欧洲大陆传播，19 世纪传至北美。工业革命推动了人类工业和消费产品的生产能力，也推动了国家和企业展示自己及其产品、生产能力的需求，即市场需求。为了满足这些需求，一些国家和城市开始建设专业性的场馆。例如，英国为第一次世界博览会建设的"水晶宫"展馆。进而，产生了一批专业从事为展览策划、运营服务的人员，即专业组织和人员。市场需求和专业组织及人员的不断增加，推动了展览数量和规模的增加。至 20 世纪初期，展览业初具规模。1924 年全欧洲有 214 个贸易展览会和博览会。随着美国经济的不断发展，美国在会议产业化方面成为先驱。1896 年，底特律会议局成立。这也意味着，会议成为美国一部分城市的产业。同时，美国也是奖励旅游商业化的先驱国家。1907 年，国际协会联合会成立，1914 年国际会议局协会成立。1924 年，国际商会在巴黎召开了国际展览会议。1925 年成立了国际展览联盟（UFI）。会展国际协会的成立意味着会展产业发展已经国际化了。

和前现代社会相比，会展在现代社会中获得了如下几个方面的发展：（1）获得高度组织化的支持。高度组织化一是表现在产生了现代法治政府、政党组织、联合国、欧盟等政治组织，二是产生了高度商业化的现代企业组织，三是产生了现代大学、科研、智库等知识生产和传播组织，四是产生了现代非赢利性组织。它们成为现代会展的组办主体，从而丰富了现代会展内容和形式，并丰富了会展过程中运用的象征、符号和仪式。（2）高度组织化和高度组织分化同时进行，导致了现代社会领域和产业处于一种分化和融合交融的状态，由此导致会展功能日益多元化。结果是不同的会展在政治功能、经济功能和社会功能上各不相同。（3）韦伯认为，现代社会的基本特征是理性化、理智化，最主要的则是"世界的祛魅"。"世界的祛魅"即"把魔力（magic）从世界中排除出去"，并"使世界理性化"的过程或行为运动。① "世界的祛魅"的过程既是一种价值重塑的过程，也是一个人的理性得以不断彰显的过程。在这一过程中，会展过程也不断理性化、理智化。但是，与此同时在多元价值社会中，会展的象征、符号和仪式化运用也日益复杂和专业化。

　　世界会展业发展的总体趋势是运作和管理越来越专业化，形成了由专业行业协会、多元化的市场主办主体、供应商、专业媒体、专业教育和培训、专业的场馆构成的专业产业构成体系。表 2.3 列出了美国会议产业的构成体系。在美国至少有 1000 多个城市有会议与观光局，会议与观光局的建立促进了会议业与旅游业之间的良好互动，在帮助策划者策划、组织会议的同时，还为与会者提供专业的城市观光旅游服务。以芝加哥会议与观光局为例，它提供的服务主要有：（1）在线会议咨询；（2）提供"芝加哥会议专业人士指南"；（3）提供特别会议场所搜索；（4）在线填写"会议服务要求申请表"，由工作人员及时提供服务；（5）协助订房、安排参观浏览及会议注册等；（6）协助考察会议场所；（7）安排方便的交通，包括安排会议车辆专用车道等；（8）协助做好会议活动宣传工作；（9）协助会议组织者增加参会代表人数；（10）帮助开展会议销售；（11）会议与观光局 18 位会议专家随时为会议组织提供及时周到的服务。②德国国家旅游局和德国会议推

---

　　① [德]马克思·韦伯.新教伦理与资本主义精神[M].阎克文，译.三联书店，1987：22.

　　②孙洁，王春雷.美国和德国会议业发展的经验及启示[M].载于王春雷.国际城市会展业理论与实践.北京：中国旅游出版社，2014：30.

广局、德国展览管理协会等机构也开展联合推广，共同促进会展和旅游产业的融合。欧洲还有的城市设立了节庆办公室。如鹿特丹节庆办公室成立于 1993 年，其职能主要体现在两个方面：（1）为节庆活动组织者和节庆概念开发提供支持，具体包括给予资金支持、提供专业建议、协助开展目标群体和间接市场分析、提供活动场所信息、开展集中营销活动、联系潜在合作伙伴等；（2）协调不同节庆活动之间的关系。[①]

表 2.3　美国会议产业的构成体系

利益主体		代表机构或企业
专业会议协会		美国会议业理事会（CIC）、国际会议组织者协会（IAPCO）、专业会议管理协会（PCMA）、国际会议专家协会（MPI）
主办单位/组织者	行业协会	美国联合商业协会（AGBA）、美国国际商业协会（UIBA）、美国汽车协会（AAA）
	公司	美国微软公司、美国友邦保险公司、美国惠普公司等
	国际组织、非营利性机构与政府	世界贸易组织（WTO）、联合国（UN）、美国各个城市会议与观光局（CVB）
服务商		会议目的地管理服务商（DMC）、会议活动服务商（FREEMAN）、会议场馆服务商（SMC）
专业媒体		《成功的会议》杂志（Successful Meetings）、《会议》杂志（Meetings & Conventions）
教育、培训		会议专业资格证书（CMP）、协会高级管理人员证书（CAE）、会议经理资格证书（CMM）
场馆		城区酒店、度假酒店、会议中心

资料来源：朱亦旸. 美国会议产业的发展及其对中国的启示[D].上海师范大学，2007.

对于城市会展产业发展来说，需要有一个产业发展系统作为支撑，包括市场需求系统、市场供给系统、市场吸引系统、产业支持系统和

[①]王春雷.大型节事活动与欧洲城市更新[M].载于王春雷：国际城市会展业理论与实践.北京：中国旅游出版社，2014：53.

行业中介系统。王春雷比较了中美会展发展系统方面的区别（如表2.4所示）。

表2.4　中美会展发展系统比较

	美国	中国
市场需求系统	需求庞大，主要是国内贸易	需求庞大，但目前展览会仍以促进出口为主导
市场供给系统	会展产业链上的上下游企业之间的合同关系清楚；企业分工明确	会展产业链上的上下游企业之间的关系不顺
市场吸引系统	整合利用城市的经济、文化和旅游等	城市的会展资源未得到充分利用；节庆、体育赛事等发展滞后
产业支持系统	行业管理体制和相关法规健全；专业教育和职业培训体制完善	行业管理中的多头审批问题严重；服务水平、政策法规等软件发展滞后，尤其是人力培养体系存在问题
行业中介系统	在会展的各个领域都有全国性的协会；各类专业代理商体系健全	迄今为止没有全国性的行业协会

资料来源：王春雷，诸大建.中美会展产业发展系统比较研究：兼论美国会展产业发展对中国的启示[M].载于王春雷.国际城市会展业理论与实践.北京：中国旅游出版社，2014：22—243.

第二节　近代以来中国会展业发展

一、清末和民国时期会展业发展情况

鸦片战争后，中国被迫卷入世界经济发展的浪潮中，出现了一些出国展，尤其是参加世界博览会。1851年，中国商人徐荣村和一些在中国经商的外国人以私人身份参加了在伦敦举行的首届世界博览会。1876年，中国政府第一次自派代表，以国家身份参加了费城世界博览会。此后，至20世纪30年代，中国官方和民间组织参加了这期间的历届世界博览会。其中，1915年，中华民国政府派员参加了在美国旧金山召开的巴拿马·太平洋万国博览会。在这届博览会上，中国展品共获1211个奖项，其中大奖章57枚、荣誉奖章74枚、金牌奖章258枚、银牌奖章337枚、铜牌奖章258枚、奖词奖227个，在全部31个参展国中独占鳌头。清宣统元年（1909年）9月至10月，武汉劝业奖进会在武昌平湖举办，这可能是中国近代史上的第一个博览会。清宣统二年（1910年）6月5日至6月29日，在江宁（今南京）由官府和商界合办了南洋劝业会，这是学习西方博览会的又一次尝试，举办的主要目的是了解产业状况，促进工商业的发展。1929年6月6日至10月10日，浙江省政府在杭州举办了第一届西湖博览会，展品约15万件，观众达2000余万人次，盛况空前。1935年11月至1936年3月，中国艺术国际展览会在英国伦敦举办，这是我国第一次出国办展，参观人数达42万人次，以至中国瓷器、绸缎、茶叶畅销一时，中餐馆生意兴隆。

总之，这一时期以出国展为主，国内展览零星出现，在规模化和产业化方面与现代会展产业存在很大差距，主要原因是国内政局不稳，会展业发展缺乏稳定的政治和经济环境。

二、1949—1977年中国会展

这一时期大致又可以分为三个时期。

（一）建国初期会展（1949—1956年）

这一时期出现了一系列展会，主要包括：（1）展示解放军军事形势和能力的展览。1949年11月在北京故宫举办了"中国人民解放军战绩展览会"，由中国人民解放军总部举办，参观的观众以部队为主。1956年在北京劳动人民文化宫举办了抗美援朝展览会。（2）配合政治运动组织的展示和会议活动。为了配合"三反""五反""镇反"等一系列政治运动，各级政府举办了一系列的展示教育活动、动员大会等。（3）出国展。1952 年 5 月，中国贸促会成立。1951 年 3 月，中国政府组团参加了民主德国举办的莱比锡博览会。同年 5 月参加了捷克斯洛伐克的布拉格博览会。（4）举办苏联建设成就展和来华展。1953 年 4 月，在北京劳动文化宫举办了"德意志民主共和国工业展览会"。这是新中国成立以来接待的第一个来华综合展览。1955 年举办了苏联建设成就展览会，北京、上海、广州、武汉建设"苏联展览馆"。1955 年 5 月接待了"匈牙利纺织试验仪器展览会"。（5）举办了少量工业展、物资交流展。1949 年大连举办了大连工业展览会。1951—1952 年，华北、华东、中南、西南、东北和西北地区举办了物资交流和土产展览会。

（二）"文化大革命"以前（1957—1966 年 10 月）

这一时期的政治性展会包括"雷锋同志模范事迹展览会"以及各种英雄事迹的交流会、宣传教育展览会。中国贸促会在这一时期先后接待了 12 个国家的 22 个来华展览会项目。北京展览馆成为主要接待地。这一时期也举办了一些经济建设成就展览会，主要包括 1958 年首届全国工业交通展览会、1959 年第二届全国工业交通展览会、1964 年全国技术新产品展览会等。1957 年举办了中国出口商品交易会（广交会）。

（三）"文化大革命"时期的展览

这一时期仍然接待了一些来华展。1972 年先后举办过意大利、瑞典、瑞士、法国等国的工业展览会和日本机床工业展览会。"文化大革命"时期广交会虽受干扰，但并未中断。在政治性展览方面，最为突出的是举办了毛泽东思想万岁展览会。

总之，在这一时期我国会展发展具有如下特点：（1）会展政治功能性强，经济功能弱。会展承担了政治展示、政治宣传和政治动员的功能，会展作为产业的经济价值未能充分发掘出来。这一时期出现了一大批政治性展览，即使是工业和技术交流展也主要承担了展示我国经济建设成就的功能。（2）会展举办缺乏市场运作，政府主导性强。会展由政府财政资金支持，由相关政府部门策划、组织和实施，并动员相关单位和人员参与和支持。参展也由各级政府、各系统、各单位统一组织实施。配套餐饮、住宿等由政府统一组织实施。同时，由于实现计划经济，行政计划和指令成为资源配置的主要手段，国有企业之间的交易性质不强。因此，参展单位的参展动员也主要是基于经验和技术交流目的。（3）国际化程度低。受当时"一边倒"外交政策以及西方国家经济封锁的影响，参加来华展的主要是社会主义国家，并且一国展居多，出国参展也是去社会主义国家。这种情况直到 1972年才有所改善。

三、改革开放至 20 世纪末我国会展业发展

（一）1977—1982 年会展发展情况

1977 年举办了全国工业学大庆会议和全国农业学大寨会议，并安排了相关的展览会。受对外开放政策的影响，自 1978 年开始，美国的克劳斯展览公司及美国机床协会、美国石油工程师协会等，纷纷来华举办各类专业展会。1978 年接待了"多国农业机械展览会"。1981 年，我国开始"六五"计划。这一计划阶段，指令性计划有所减少，指导性计划有所增加。根据经济形势发展需求，我国开始举办一些具有促销性质的展销会，主要包括 1980 年举办的上海机电产品内外展销会、1980 年举办的长沙机电产品交易会、1981 年举办的合肥农机产品订货会、1981年举办的一机部机械仪表产品扩大服务领域展览会等。

（二）1983—1991 年会展发展情况

20 世纪中国实施了如下主要改革[①]：（1）利改税。取消国有企业上缴利润的办法，税后利润归企业，探索国有企业向自主经营、自负盈亏、自我约束、自我发展的独立商品生产者发展的路子。（2）改革与完善财政体制，实行中央与地方分税制，改变由中央"统收统支"、高度集中的体制，发挥中央与地方两个积极性。（3）改革农产品购销制度，取消实行多年的主要农产品由国家统购统销的制度，缩小工农产品剪刀差，增加农民收入，调动广大农民生产的积极性。（4）改革蔬菜购销体制，取消由国家统购包销的制度，把蔬菜经营推向市场。（5）改革供销合作社体制，变官办为民办。（6）改革流通体制，变国家独家经营为多种经

---

①田纪云.八十年代经济体制改革十大措施[J].炎黄春秋，2008（3）：9—14.

济形式、多种流通渠道、多种经营方式、少环节、符合商品流向、有利商品经济发展的流通网络。（7）改革外贸体制，实行外贸企业"自负盈亏，放开经营，工贸结合，推行代理制"，打破长期实行的由国家统负盈亏、大锅饭的外贸经营体制。（8）改革工资制度，实行以职务工资为主的结构工资制，打破平均主义。（9）改革劳动制度，实行劳动合同制、双向选择和建立社会保险制度，打破长期实行的一次分配定终身的劳动制度。（10）改革物价管理体制。这些改革推动了中国由计划经济向商品经济的转型，也推动了对会展产业化的需求。

　　这一阶段举办会展的目的不仅是交流技术和经验、展示经济建设成果，会展服务于商品经济、推动国内和国外贸易的目的越来越明显。这一时期，由政府主导的会展除了广交会，还主要有 1983 年举办的全国出口商品生产基地建设成果展览会（外贸部）、1984 年机床工业新产品展览会（机械部）、1985 年对外科技交流成果展览会（国家计委）、1987 年机械工业博览会（国家机械工业委员会）、1987 年大连商品交易会（东三省和内蒙古自治区政府）、1990 年全国工业企业技术成果展览会（国家计委）、1990 年首届全国留学回国人员科技成果展览（国家教委、人事部）、1991 年中国华东出口商品交易会等。

　　1980 年 5 月，中共中央和国务院决定将深圳、珠海、汕头和厦门这四个出口特区改称为经济特区，以这四个经济特区的设立为标志，拉开了以中央政策为驱动的政府大规模招商引资的序幕。1986 年 10 月，国务院发布了《关于鼓励外商投资的规定》，对外商投资企业，特别是先进技术的企业和产品出口的企业，在税收、土地使用费、劳务费、利润分配等方面给予特别优惠。随着招商引资政策由沿海地区不断推向内陆地区，投资贸易洽谈会开始成为各地政府重要的政策工具。1987 年 9 月 8 日由福建省的厦门、泉州、漳州、龙岩四个地市联合主办的"闽南三角区外商投资贸易会"在厦门开幕，这是中国国际投资贸易洽谈会的最早发端。1991 年，国家外经贸部批准厦门作为举办口岸级贸洽会的国际招商城市之一。这样，福建投资贸易洽谈会由省内区域性的洽谈会升格为口岸洽谈会，主办单位也由福建单家扩大到数省联合。1990 年经贸部批准，黑龙江省人民政府举办了哈尔滨经贸洽谈会。

20 世纪 80 年代末 90 年代初，一些展览公司及行业组织开始尝试组织专业展，如中国机床工具协会、中汽总公司、中国印刷协会、中国邮电器材总公司及中国贸促会汽车分会、中国贸促会纺织行业分会等，纷纷联合中国贸促会及中展集团组织了机床展、车展、纺织展、通信展等。

（三）1992—2000 年会展经济发展情况

1992 年 10 月，中共十四大明确了我国经济体制改革的目标是建立社会主义市场经济体制，要求全党抓住机遇，加快发展，集中精力把经济建设搞上去。1992 年 9 月对外经济贸易部（以下简称外经贸部）发布了《关于外经贸企业股份制试点有关问题的通知》以后，股份制改革试点工作在全国外贸企业中逐渐展开。中共十四届三中全会通过的《中共中央关于建立社会主义市场经济体制若干问题的决定》进一步明确了外贸体制改革的方向，要建立适应国际经济通行规则的运行机制。1994年中国实行了分税制和以汇率为核心的外贸体制改革。1995 年 9 月中共十四届五中全会通过的《中共中央关于制定国民经济和社会发展"九五"计划和 2010 年远景目标的建议》，对国有企业改革提出了新的思路：一是转变经济增长方式；二是实行"抓大放小"的改革战略。这一时期，对于外资政策进行了新的战略调整，从政策优惠向双赢转向。对于外资一方面强调继续积极有效地利用外资，着力提高利用外资的质量，加强对外资的产业和区域投向引导，另一方面对外资实行国民待遇，规范税制，公平竞争，为中外企业创造平等竞争条件。

这一时期出现了一大批政府主导型展会，涉及题材从传统的农业、工业和贸易类拓展到科技、军工等领域。在交易会方面，除了广交会、华交会等已有的会展项目外，出现了 1993 年昆明出口商品交易会、1997年厦门对台进出口商品交易会、1998 年在昆明举办的中国国际旅游交易会（后发展成在全国各城市举办的巡回展）、2000 年青岛出口商品交易会等。在科技方面，出现了中国北京国际科技产业博览会（1998 年开始，简称为科博会）、深圳举办的中国国际高科技成果交易会（1999年开始，简称高交会）。1996 年由国防科工委、信息产业部、中国贸促会、民航总局、广东省人民政府主办，解放军各总部支持的"中国国际航空航天博览会"（简称珠海航展）在珠海举行。这一时期，在中国各地出现了大量的投资贸易洽谈会，包括乌鲁木齐经贸洽谈会（1992 年开始）、河北经贸洽谈会（1994 年开始）、兰州经贸洽谈会（1995 年开始）、中国西部经贸合作洽谈会（1997 年开始）、浙江投资贸易洽谈会（1999 年开始）等。1999 年，中国政府独自举办了世界园艺博览会，有 69 个国家、地区以及 26 个国际组织参加展出。

四、21 世纪以来中国会展发展情况

2001 年中国加入世界贸易组织，中国经济和会展进入第二个高速发展时期。2003 年至 2013 年这 11 年时间，中国实际国内生产总值增长 190.64%，平均每年增长近 10.2%[①]。2012 年、2013 年，我国国内生产总值均增长 7.7%，2014 年国内生产总值增长 7.4%，2015 年全年国内生产总值增速为 6.9%。1978 年中国全年国内生产总值为 3624 亿元，至 2015 年中国全年国内生产总值为 67.67 万亿元。

进入 21 世纪以来，中国会展业获得高速发展。"十五"期间中国展览收入以平均 20% 的速度增长，"十一五"期间中国展览收入以 24% 的速度增长。2001 年我国展览项目突破了 2000 个，2002 年超过 3000 个，2005 年约为 3800 个，2007 年为 4000 个，2008 年到 2010 年一直约为 4500—5500 个，2011 年约为 6000 个，2012 年约为 7083 个，2013 年为 7319 个，2014 年为 8009 个。[②]2011 年，中国会展业年收入 2480 多亿元人民币，吸纳就业人数 1900 多万人。随着中国经济从高速增长进入缓慢增长的新常态[③]，中国会展经济也相应进入新常态发展状态。2013

①改革开放以来中国经济高速发展的第一个阶段是从 1981 年初到 1988 年底，中国经济（国内生产总值）平均每年增长 10.6%。1989 年国内生产总值实际增长 4.1%，1990 年国内生产总值增长 3.8%。

②根据中国贸促会、中国会展行业发展报告相关年份数量汇总。

③ 2014 年 5 月，习近平在河南考察时指出：我国发展仍处于重要战略机遇期，我们要增强信心，从当前我国经济发展的阶段性特征出发，适应新常态，保持战略上的平常心态。在北京 APEC 工商领导人峰会开幕式演讲中，习近平对中国经济新常态的表象特征做了精辟的概括："中国经济呈现出新常态，有几个主要特点：一是从高速增长转为中高速增长；二是经济结构不断优化升级，第三产业、消费需求逐步成为主体，城乡区域差距逐步缩小，居民收入占比上升，发展成果惠及更广大民众；三是从要素驱动、投资驱动转向创新驱动。新常态将给中国带来新的发展机遇。"

年会展经济直接产值达到 3870 亿元人民币，较 2012 年增长 10.6%，约占全国国内生产总值 568845 亿元人民币的 0.68%，与 2012 年基本持平。[①]根据《中国会议蓝皮书 2011》数据[②]，我国每年举办各种会议多达几千万个，涵盖公司会议、政府会议、事业单位会议和社团会议四大类，会议经济产值近万亿元。

经过改革开放以来的发展，会展业已渗透到各个经济领域，从机械、电子、汽车、建筑到纺织、花卉、食品、家具等国民经济各个领域都有相关会展。党的十六大以后，文化产业受到重视。相应的产生了一大批文化产业博览会。如中国（深圳）国际文化产业博览交易会、中国义乌文化博览会、中国西部（西安）文化博览会、中国北京国际文化创意产业博览会、东北地区文化产业博览会、山东文化产业博览会等。经过发展，已经形成一批诸如国际纺织机械博览会、国际机床展览会、大连时装博览会、珠海航空博览会等一批在亚洲甚至在世界上都有一定影响力的专业化展览会。在世界商展一百强排名中，越来越多地出现了中国自主品牌展览项目。例如，2009 年 6 席、2010 年 16 席、2011 年 14 席、2012 年 16 席。

2008 年中国承办了奥运会，2010 年承办了世博会。这两个超大型活动的举办，充分体现了中国举办重大活动的能力。进入 21 世纪以来，中国承担了一批多边国家会议，如中非合作论坛部长级会议、中欧工商峰会、亚太经合组织会议（APEC）、中日韩领导人会议、金砖国家第三次领导人会晤、中国—拉美和加勒比国家共同体论坛首届部长会议。2016 年 G20 峰会在杭州举行。2001 年 2 月 27 日博鳌亚洲论坛正式宣告成立。它是一个非政府、非营利性、定期、定址的国际组织。中国海南博鳌为论坛总部的永久所在地，从 2002 年开始，论坛每年定期在博鳌召开年会。论坛的宗旨是立足亚洲，面向世界，促进和深化本地区内

---

①储祥银.中国会展业步入新常态 [EB/OL]. 中国会展网，2015-2-3. http://www.expo-china.com/pages/news/201502/88761/index.shtml。

②首度推出的《中国会议蓝皮书》汇集了全国 18 个省和直辖市、39 个城市的近百个会议型酒店的 8270 个会议信息。这次统计有一定的局限性：（1）主要是根据会议型酒店的数据进行的统计；（2）没有将全国（大陆）所有地区都统计进去。尽管如此，它仍是关于全国会议数据统计最早的一次尝试。

和本地区与世界其他地区间的经济交流、协调与合作，为政府、企业及专家学者等提供一个共商经济、社会、环境及其他相关问题的高层对话平台。通过论坛与政界、商界及学术界建立的工作网络为会员与会员之间、会员与非会员之间日益扩大的经济合作提供服务。白 2007 年开始，中国夏季达沃斯论坛开始在大连、天津轮办。它是世界 500 强企业与最有发展潜力的增长型企业、各国和地区政府间的高峰会议，在国际上具有很强的影响力。随着中国城市化进程的加快，中国城市交通、酒店、旅游业和会议基础设施逐渐发达，具备了成为会议城市的基础性条件。北京和上海已经成为世界级会议城市。

进入 21 世纪以来，中国会展教育获得了飞速发展。根据丁萍萍教授发布的《2014 中国会展教育发展报告》显示，2014 年，全国开设会展专业的高等院校为 229 所，其中高职 167 所，占 72.9%；招收新生 14293 人，其中高职 11087 人，占招生总数 77.6%。在我国高校招生总量控制的大背景下，会展招生数仍延续上升势头。近年来，全国会展专业总招生人数的年增长率为：2009 年 30.2%，2010 年 15.6%，2011 年 12.1%，2012 年 20.9%，2013 年 5.4%，2014 年 10.2%。2014 年，全国 229 所会展院校分布在 66 个城市。其中会展专业在校生人数超过 1000 人的有 12 个城市，在校生首位城市由广州替代了上海，上海退居第二。其他城市依次为杭州、重庆、天津、武汉、北京、济南、合肥、郑州、石家庄、成都。

2003 年，教育部正式批准了会展经济与管理和会展艺术与技术两个本科专业。1991 年，中央工艺美术学院设立了中国第一个展示设计专业。2004 年，上海工程技术大学、上海大学、东华大学开设了会展艺术与技术专业。展示设计或会展艺术与技术专业主要设在：（1）艺术设计学院。主要有广州美术学院、西安美术学院、南京师范大学、华南农业大学、浙江财经学院、海南师范大学、中国传媒大学、广州大学松江学院、成都理工大学、广州轻工职业学院等。（2）工业设计学院。主要有清华大学学术学院、山东工艺美术学院、湖北学术学院、北京工业大学、山东轻工业大学、武汉理工大学、沈阳航空工业学院、天津理工大学、湖南工业大学、上海大学等。（3）视觉传达或广告系。主要有天津美院、苏州工艺美术职业技术学院、中央美术学院等。

2004 年，上海师范大学和上海对外贸易学院首开会展经济与管理本科专业，并于同年 9 月开始招生。截至 2014 年，中国大陆共有 78 所大学开设会展经济与管理专业（本科），大多数集中在长三角、珠三角和京津冀地区。随着会展专业的发展，一部分院校开始重新命名所在学院，例如北京第二外国语大学成立了经贸与会展学院。上海经贸大学、河南财经政法大学等改为旅游会展学院。上海师范大学成立了上海会展学院，该学院是具有学历、非学历教育和研究功能的学院。2014 年云南财经大学中华职业学院与云南省会展行业协会合作成立了会展学院。厦门国际会展职业学院是一所经福建省教育厅批准成立的全日制民办大学，是迄今为止我国第一所以培养国际会展人才为主要目标的新型民办高等学校，也是国家高等教育学历文凭考试试点学校。作为一种新兴专业，中国会展教育正在走上国际合作的发展道路。例如，上海理工大学中英国际学院与英国哈德斯菲尔德大学合作，在国内首度开设纯英式教育的"会展经济与管理"本科学位课程。又如上海对外经贸大学与德国奥斯纳布吕克应用技术大学合作举办会展经济与管理专业。学生经考试合格可获得两个学校的毕业证书。此外，广州大学、中山大学、上海师范大学也引进国外优质教学资源，建立了国际合作途径。

第三节 会展政治、经济、社会功能

一、会展政治功能

（一）政治沟通与政治决策

作为政治传播研究的主要代表人物，Jay G. Blumler（杰伊 G. 布鲁姆勒）将这种基于新媒体的政治传播称为第三代政治传播。在他看来，第二次世界大战后，第一代政治传播以政党控制为主，主导了第二次世界大战之后的二十年。第二代政治传播始于 20 世纪 60 年代以后，覆盖全国（这里指美国）的广播网成为政治传播的主导媒介。第三代政治传播则以新媒体为重要手段，政治传播媒介向立体化发展。①在古代，集市既是贸易平台，也是包括大量政治信息在内的非正式传播渠道。在欧洲，集市贸易本身是在君主、公爵、教皇、主教授权下活动，往往和重大政治和宗教事件相关，自然会传播大量政治类信息。无论是古代还是现代社会，合法性、政治和社会权力都需要借助仪式性活动予以传播和教育。

在现代社会，存在大量的正式和非正式的国际会议，它们成为国家级正式和非正式沟通的重要平台。在冷战时期，北约和华约②为相互对抗的两大政治军事同盟。两者召开的会议决定了世界军事和政治安全的大局。组织间会议和新闻发布会是两组织政治沟通的主要形式。1991年随着苏联解体，华约也于1991年7月1日正式解散。北约不断扩张，大大压缩了俄罗斯等非北约参与国的政治空间，同时也导致了国际话语空间格局的转变，以北约为主的西方国家不仅在政治军事上具有霸权地位，在话语上也具有霸权地位。2001年6月15日，哈萨克斯坦共和国、中华人民共和国、吉尔吉斯斯坦共和国、俄罗斯联邦、塔吉克斯坦共和国、乌兹别克斯坦共和国在中国上海宣布成立永久性政府间国际组织——上海合作组织。上海合作组织成员国元首理事会第十五次会议于2015年7月10日在俄罗斯乌法举行，乌法峰会将通过关于启动接收印度、巴基斯坦加入上海合作组织程序的决议，上海合作组织扩员的大门正式打开。上海合作组织已经建立了国家元首、总理、总检察长、安全会议秘书、外交部长、国防部长、经贸部长、文化部长、交通部长、紧急救灾部门领导人、国家协调员等会议机制进行政治沟通和决策。香格里拉对话（Shangri-La Dialogue，SLD），是由英国伦敦"国际战略研究所"（IISS）和新加坡国防部协办的"亚洲安全峰会"（也

---

① Jay G. Blumler，Dennis Kavanagh. The Third Age of Political Communication: Influences and Features//In Denis McQuail(Eds), Mass Communication: II, Sage Publication, 2007: 46-48.

②北约组织或北约，是美国与西欧、北美主要发达国家为实现防卫协作而建立的一个国际军事集团组织。华约是为对抗北大西洋公约组织而成立的政治军事同盟，成员包括苏维埃社会主义共和国联盟、德意志民主共和国、波兰人民共和国、捷克斯洛伐克、匈牙利人民共和国、罗马尼亚社会主义共和国、保加利亚人民共和国、阿尔巴尼亚人民共和国。

被译作亚洲安全大会）主办。它是亚太地区新出现的多边安全合作对话机制，也是目前亚太地区安全对话机制中规模最大、规格最高的多边会议之一。时任中国国务委员兼国防部长的梁光烈于 2011 年 6 月 3 日至 5 日率团赴新加坡出席 2011 年香格里拉对话会。这是中国国防部长首次参加香格里拉对话会，也是中方历年来参会级别最高的代表团，体现了中方对维护和促进亚太地区安全的高度重视。这一会议因美国亚太再平衡战略的实施以及美国作为域外国家的强势参与而格外引人关注。

随着中国经济、政治、军事势力的不断增加以及中国国际影响力的不断提升，中国不仅需要更多参与各种多边合作对话机制，而且需要开启更多多边合作对话机制。由中国军事科学学会主办的"国际安全合作与亚太地区安全论坛"（又称香山论坛），从 2006 年起每隔两年在北京举办一次，它已经成为中外防务专家学者交流互动的一个重要论坛。一些在中国举办的经济性会展活动，如夏季达沃斯论坛、东盟博览会、东北亚博览会、亚欧博览会也承担了政治沟通的重要功能，在这些活动中，中国一般会有重要政治领导人出席会议并发表讲话。例如，东盟博览会内含多种双边、多边对话会议，包括中国—印度尼西亚能源论坛、中国—东盟金融合作与发展领袖论坛、中国—东盟智库战略对话、中国—东盟社会发展与减贫论坛等。

诸如奥运会、世博会等超大型国际活动，也是国家间外交的重要途径，一般都有国家领导人出席这些活动。而民间外交①领域会展活动在推动国家民间以及民间和官方之间的外交发挥了重要作用。中国民间外交机构主要有：（1）中国人民对外友好协会。该协会成立于 1954 年 5 月。最初使用的名称是中国人民对外文化协会，楚图南同志是首

---

①民间外交思想的形成大致分为三个时期，第一个时期，毛泽东、周恩来提出"人民外交""以民促官"思想；第二个时期，邓小平提出民间外交为经济建设服务的思想；第三个时期，以江泽民、胡锦涛、习近平为总书记的最近几届中央领导集体提出"以人为本"、开展"人文外交"、推动构建和谐世界的思想。习近平同志 2012 年 5 月在会见全国友协第十届全国理事会代表时指出，"民间外交是增进人民友谊、促进国家关系发展的基础性工作，是国家总体外交的重要组成部分"。2012 年 7 月，他还在第二届中非民间论坛开幕式讲话中指出，"要加强政府外交、议会外交、政党外交、公共外交、民间外交的有效互动，建立起中非全方位、立体化合作体系"。

任会长。到 1969 年改用现在的名称。（2）省区市友协即地方友协。中国在 20 世纪六七十年代各省市就基本上建立了地方友协。（3）大洲友协和国别友协。1949 年 10 月 5 日，新中国成立了第一个国别友协即中苏友好协会全国总会。1992 年改为中俄友协。1963 年成立中日友协。至今，中国已经和许多国家建立了国别友协。从 20 世纪 60 年代开始先后成立中国非洲友好协会和中国拉丁美洲友好协会，到 2001 年成立了中国欧盟协会和中国阿拉伯国家友好协会。友好协会通过举办双边和多边合作论坛、学术交流、展览、演出等活动开展工作。例如，北京市人民对外友好协会在 2015 年举办过中缅民间优秀艺术作品交流展、"抗日战争中的国际友人"图片展、中非产业合作专题讲座、"外国友人眼中的和谐北京"摄影活动、东盟女外交官联谊活动、北京国际风筝节、"以花会友·情系五洲"2015 年理事和外交官春季联谊活动、2015 北京国际民间友好论坛、"三山五园杯"国际友人环昆明湖长走活动等。对外友协从 1973 年开始推动国际友好城市活动，从中日之间建立最初的两对国际友好城市（天津—神户与上海—大阪），到 2003 年底已建立 1200 多对，涉及的中方城市有 200 多个，涉及的国家有 109 个。

在现代政治中，由智库、大学等组织举办的活动，成为官方、学术界、利益团体、企业之间非正式政治沟通的重要平台。许多思想分歧、意见沟通在这些活动中碰撞，形成政策思想汇集的重要渠道。

从组织的角度说，会议不仅是一种重大的决策机制，而且其自身也可能形成一种组织机制。从氏族会议、部落会议到现代社会各种政党、国家和地方政府的代表性大会，既是一种决策机制，也是一种组织机构。在中国，党的各级代表大会、委员会，人民代表大会及常委会、政协会议同样既属于一种决策机制，也是一种组织机构。部际协调会议、政府间协调会议、党政联席会议在党政组织内部、党政组织之间以及政府间决策过程中，承担着协调作用，推动中国党政组织、政府间协同治理的水平。

座谈会成为中国领导人及政治组织实施协商民主的重要机制。事实上，在中国共产党执政以前，就存在召开党外人士的座谈会。在抗战时期，中国共产党就在陕甘宁边区召开过党外人士座谈会，宣传中共的抗战主张，在边区、分区、县（市）三级政权中都有召开。当然，最著名的是 1942 年 5 月中国共产党中央在延安召开的文艺座谈会。毛泽东在这次座谈会上发表了《在延安文艺座谈会上的讲话》。这一讲话的内容成为党的文艺政策的主要内容。座谈会不像一些有制度规定的会议，对会期、会议规模、参会人员和发言人员都有明确规定，座谈会的发言相对自由。座谈会的灵活性，除了在会期、召开人员等方面灵活外，在其作用上也较灵活。它既可以为了解社情民意服务，也可以为做出重大决策之前征求社会意见服务。这种座谈会包括召开党外民主无党派人士座谈会、群众座谈会、学者座谈会、企业界人士座谈会。例如，2012 年 11 月 30 日，中共中央政治局常委、中央纪委书记王岐山在京主持召开座谈会，听取专家学者对党风廉政建设和反腐败工作的意见和建议。2016 年 1 月 25 日，国务院总理李克强主持召开座谈会，听取各民主党派中央、全国工商联负责人和无党派人士代表对《政府工作报告（征求意见稿）》和《"十三五"规划纲要（草案）（征求意见稿）》的意见建议。座谈会也可能是在党内、政府内部或单位内部召开。例如，2015 年 5 月至 7 月，习近平召开了三次有省委书记参加的座谈会，5 月 27 日在浙江召开了华东 7 省市书记座谈会，6 月 18 日在贵州召开了西部 7 省市书记座谈会，7 月 17 日在吉林召开东三省和内蒙古自治区党委书记座谈会。此三次座谈会的共性都是听取对"十三五"时期经济社会发展的意见和建议，即征求党内意见。座谈会也是党政组织开展工作的一种方式，一些座谈会还具有决策的功能。例如，1955 年 11 月 16 日到 24 日，中共中央政治局在北京召开大中城市党委负责人座谈会，由周恩来主持，会议通过了《中共中央关于资本主义工商业改造问题的决议（草案）》。清华大学张小劲教授指出，在治国理政中，座谈会能起到重要的协调作用，在过去正式的党政机构不够严谨的时代，座谈会可以起到补偿作用。①1950 年 3 月，各民主党派、无党派民主人士联合发起，由参加政协全国委员会的中国共产党、各民主党派、

---

①钱昊平. "有时起定海神针的作用"——领导人座谈会的开法[N].南方周末，2015-07-30.

各人民团体所派的代表及政协全国委员会常务委员为主体的时事政治座谈会召开了。座谈会每两周举行一次。这被称为政协双周协商座谈会。到1966年7月，全国政协共举行了114次座谈会。受"文革"影响，这种座谈会被取消。2013年9月18日，全国政协第六次主席会议审议通过了双周协商座谈会工作办法（试行）。这意味着，双周协商座谈会不仅恢复，而且制度化。

通过政治教育活动传播党的群众立场、群众工作意识和方法，密切党群、干群关系是中国共产党塑造和教育党的重要手段。在历史上包括延安整风运动、土改整党运动、新中国成立初期（1950年夏至1951年春）整党运动、1957年整风运动、"文革"整党运动、1983年全面整党、"三讲"教育活动、"三个代表"教育活动、保持共产党员先进性教育活动、深入学习科学发展实践观活动、创造争先活动、群众路线教育实践活动。

（二）政治展示

政治展示包括如下内容。

1. 象征及其符号展示

通过这种展示来获得组织内外主体对组织合法性、宗旨和目标的认同。对于国家来说，宪法、国徽、国旗等属于重要的象征，通过在不同场合，借助活动、政治仪式、媒体不断强化和传播。类似地，现代政党、企业和非政府组织也存在宗旨、组织标志、标志产品或服务，同样可以借助主办和参与各种活动、通过媒体不断强化和传播。对于所有的组织来说，这种展示和传播对内具有强化组织内认同，对外具有强化对组织使命、宗旨和目标的认同并由此获得社会对组织的认同和支持。从这个角度说，组织因此可以获得更多的社会影响力和内部权力，具有政治性。在现代社会，媒介技术高度发达，通过制造和参与事件（活动）可以更好地展示自己。而事件（活动）自身也需要宗旨、目标、标志等象征及符号，需要展示。一旦组织展示获得品牌性认同，组织自身不仅获得更多的资源支持和商业价值，也在忠诚度等方面获得更多认同。当然，对于组织与活动来说，基于其自身的性质，政治展示和商业展示的程度并不相同，有的政治展示性强，有的商业展示性强。

2. 历史展示

通过展示组织历史不仅可以获得组织合法性，而且可以获得组织成员的历史自豪感、增强身份和组织认同感。同时，通过展示组织创造人物的创造性贡献、技法，还具有教育意义。另外，历史性展示会让人们对于过去、现在和未来有更加清晰的认识。如今，国家和各地都有历史博物馆展示各地历史，联合国教科文组织对于世界物质和非物质文化遗产予以认定并倡导通过各种力量予以保护。民间也存在各种各样的保护组织和博物馆。不仅许多非营利性组织在建立自己的历史档案和纪念馆，而且许多商业组织也在建立自己的历史档案和纪念馆。基于历史性事件、人物可以策划出许多活动，这些活动包括国家性、地方性和民间性的。有些活动还涉及国家安全教育。例如，通过各种形式的历史纪念活动，如"七七事变""九一八事变"、抗日战争胜利日、南京大屠杀国家公祭日等纪念活动，唤醒民众对历史上国家安全的惨痛记忆，认识到走中国特色社会主义政治发展道路是人民的选择、历史发展的必然，从而巩固维护国家安全的历史基础。在会展活动中，通过演示产品制作的历史过程，可以唤起人们对产品更为深刻的认识。

3. 实力展示，包括硬实力和软实力

约瑟夫•奈对于软实力的界定为："它是一种依靠吸引力，而非通过威逼或利诱的手段来达到目的的能力。"[①]与依靠军事威胁或经济诱惑的硬实力不同，国家软实力主要来自于文化、政治价值观和外交政策三方面。在行为上，硬实力运用的是胁迫和诱导的手段，实质是一种对他国的命令，而软实力运用的是议程设置和吸引的手段，实质是寻求对他国的同化。在资源上，硬实力依靠的主要是军事与经济，而软实力依靠的主要是一国的制度、价值观、文化和政策。[②]通过在本国举办大型博览会、活动可以展示一个国家软实力，同样借助出国参加展览及活动也可以展示一个国家的软实力。尤其是通过策划一些具有民族和文化特色

---

① [美]约瑟夫•奈.软实力[M].马娟娟，译.北京：中信出版社，2013.
② [美]约瑟夫•奈.软实力.马娟娟，译，北京：中信出版社，2013：12—14.

的活动可以让国外各界人士了解到这个国家的文化。例如，在现代国际文化类会展活动中，有的会设立主宾国。主宾国由此也获得了一次充分展示自己国家文化软实力的机会。继 2009 年法兰克福书展中国为主宾国、2012 年伦敦书展"市场焦点"中国为主宾国活动之后，2015 年美国书展上中国再一次获得了成为主宾国的机会。其中，在 2009 年法兰克福书展中，中国为主宾国活动共 600 余场，其中作家活动 150 多场，出版活动 330 多场，演出和展览 20 多场，非物质文化遗产表演 50 多场。伦敦书展期间，中国为主宾国的主要活动内容包括：领导人出席的重大活动、高端对话、中英出版交流活动、作家学者交流活动、主宾国图书展示及销售活动、文化艺术展览等部分，涉及新闻出版、文学艺术、广播影视、社会科学、科学技术等各方面。美国书展期间中国举办了包括出版高峰论坛、出版交流活动和文化艺术系列展览在内的约 130 场主宾国系列活动。在达沃斯论坛等重大活动中，中国国家总理往往会出席并发表演讲，展示中国进一步改革发展的战略与信心。当然，软实力的展示，不一定非要通过政府，通过民间组织、大公司组织或参与的会展活动也可以实现这一目的。

（三）政治传播与教育

会展活动中，政治传播与教育主要通过：（1）媒体传播，即通过传统媒体和新媒体进行传播和教育；（2）通过人员传播，即通过参与会展活动人员口口相传的方式传播；（3）通过纪念品、吉祥物等方式传播；（4）通过围绕会展活动本身举行的研讨会、知识比赛进行传播。政治类会展可以综合上述方式进行政治传播和教育。对于大型商业类会展活动来说，适当地嵌入少部分政治人员的参与活动，并通过软新闻的方式予以传播也可以达到政治传播与教育的目的。当然，这种嵌入要自然、合理、灵活，而不是强制、生硬地嵌入，否则可能适得其反。

二、会展经济功能

（一）经济拉动功能

会展作为人高度聚集的大型活动，必然带来参与人员在交通、住宿、旅游等方面的需求。同时，无论是举办方办展还是参展商参展，都存在大量业务外包的需求。因此，会展活动存在大量的经济外部性，具有经济拉动效应。对于像奥运会、世博会、世界杯等超大型活动来说，由于存在场馆及配套设施建设问题，所以还存在推动举办城市设施升级的功能。举办科博会、工博会、文博会、航空博览会等大型展会活动有助于推动相关产业升级。因此，从广义上说，会展的经济拉动作用不仅在于推动相关产业的发展，还体现在推动相关产业升级、城市基础设施提升、促进周边经济合作等方面。图 2.1 反映了会展业对相关产业的拉动作用。

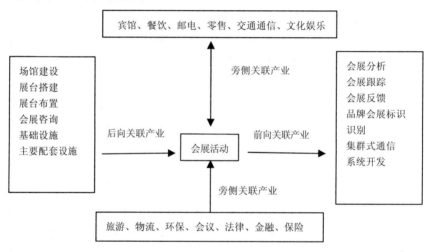

图 2.1 会展业对相关产业的拉动作用

资料来源：剧宇宏.我国会展业可持续发展研究[M].北京：中国法制出版社，2014:45.

会展经济的拉动效应是学术界关注的一个热点问题。据美国展览研究中心统计，2000 年美国举办各类展览会 13000 个，销售收入 120 亿美元，创造相关的社会综合消费 1250 亿美元，展览会的经济拉动效应为 1∶10；德国 2000 年展览会销售收入 45 亿马克，拉动参展商和参会观众直接消费 170 亿马克，创造社会综合价值 410 亿马克，产生新的就业岗位 23 万个，会展经济的拉动效应为 1∶9；香港展览业每年直接和间接收入为 80 亿港元左右；法国展会每年的营业收益达到

85 亿法郎，展商交易额高达 1500 亿法郎，参展和参观者的间接消费为 250 亿法郎左右。

胡平、杨杰以上海新国际博览中心为案例，从抽样调查和统计数据着手对上海展览业经济拉动效应所进行的实证研究的结果表明：（1）上海展览业的拉动效应为 1∶8.4，已接近发达国家的水平；（2）不同展览的经济拉动作用各不相同，参观人数多的品牌展的经济拉动作用更大；（3）展览会对展览搭建公司以及当地住宿餐饮业影响巨大。①由中国对外贸易中心（集团）和中山大学合作的"广交会区域经济拉动效益研究项目"，在 2009 年 10 月 14 日 106 届广交会新闻发布会上公布了其研究报告。根据其研究报告，以 2008 年秋季第 104 届广交会和 2009 年春季第 105 届广交会的现场调查和数据为依据，每届广交会给广州带来的直接经济效益，即境内外访客和商务机构在广州的直接消费支出为 55.25 亿元人民币。这其中，剔除长途交通费用，剔除不在广州住宿的境内外商务人士的相关消费，间接经济效应为 107.97 亿元，合计约 163.22 亿元。一年两届广交会带给广州的直接经济效益，即国内外访客和相关机构的直接消费为 110.5 亿元，间接经济效益为 215.94 亿元，直接效应与间接效应合计为 326.44 亿元。广交会销售收入与经济效益总和之比约为 1∶13.6，即广交会对广州经济的拉动系数约为 1∶13.6。②

香港旅游局在 2002 年曾做过一次调查，当年香港国际展览业创造的产值为 73 亿港元。其中，除了 19 亿港元来自于会展业本身外，其他 54 亿港元都是会展业拉动所致。这 54 亿港元收入中包括酒店业、餐饮业、运输仓储业、零售业及其他部门的收入，所占比例分别为 26%、10%、17%、23% 和 4%。③

（二）促进企业综合营销，推动经济合作与交易

对于参展商来说，参加会展不仅可以展示和营销产品，而且还可

---

① 胡平、杨杰.展览业经济拉动效应的实证研究：以上海新国际博览中心为例[J].华东师范大学学报，2006（5）：20—23.

② 钟向阳、王海军、皮泽红.广交会区域经济影响研究成果出炉[N].中国工业报，2009-10-15.

③ 阎蓓、贺学良.会展策划[M].北京：高等教育出版社，2003:4.

以密切新老客户关系，对公司进行整体营销，并能推动与其他企业的合作。以华交会为例，第一届华交会参展商数量为 617 家，没有境外参展商，成交额为 10.23 亿美元。第九届华交会开始有了境外参展商，数量为 76 家，参展商数量为 1500 家，成交额为 12.06 亿美元。从第十六届起，其展出面积开始超过 10 万平方米。这一届参展商数量为 3570 家，境外参展商 140 家，成交额为 33.21 亿美元。[①]会展作为一个人员、媒体关注的重要平台，同时也是一个宣传推广平台，具有很高的赞助价值，能够吸引合作伙伴。如图 2.2 所示，通过精心策划、组织实施和专业化的服务能够吸引更多的参展商和专业观众，由此增加会展的规模效应，而会展规模效应的增加会直接提高会展对参展商、赞助商的产品及公司的品牌推广效应。规模效应和推广效应会推动会展项目边际成本递减，由此会增加参展商收益并吸引更多的专业观众，由此进一步提升会展项目的价值，并引起更多的媒体关注，增加项目的关注度、美誉度、顾客忠诚度，最终形成品牌会展。

（三）信息聚集、分析所产生的经济功能

会展活动聚集产业技术和经营精英、营销精英、专家学者、政府官员、媒体精英、产品评定专家等，通过展台展示过程中的交流、展会相关活动以及各种形式的非正式交流，实现了信息的充分交流，有助于推动信息传播、技术推广。会展通过精心确定主题，以及围绕主题进行相关活动策划，事实上形成了一种主题文化。因此，做会展，也是做文化。会展参与者文化差异性越强，参与的积极性越高，越容易在会展过程中形成内容丰富的技术、文化盛宴，参与者参与其中，获取的信息就越多，收获就越多。

对于像达沃斯论坛这种世界级的经济论坛更是以信息的高度聚集而引人关注。以 2014 年天津夏季达沃斯论坛为例，主办方以"推动创新，创造价值"为主题。围绕这一主题，主办方精心策划出一系列的话题，详情见附录。来自全球的 1800 多位各界精英，围绕"推动创新、

---

①1991 年至 2015 年，华交会已成功举办了 25 届。在这 25 届中，第十八届成交额最高，为 36.78 亿美元。第二十三、二十四、二十五届受我国整体经济下行的影响，成交额低于 30 亿美元，分别为 28.14、27.59、25.66 亿美元。

创造价值"的主题，深入探讨了经济、产业、科技、教育、艺术、互联网未来等众多国际关注的话题，集思广益，共谋良策，提出了许多新理念、新观点、新方案。

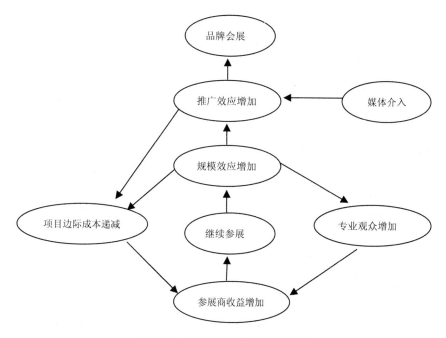

图 2.2　品牌会展效应形成关系

　　在举办会展的过程中，专业研讨会和技术交流会也是界定会展议程、产生会展信息和知识的重要平台。专业研讨会所讨论的议题一般偏重理论性的话题，如行业发展的特点、趋势、核心问题、经营与营销理念和解决思路等富有前瞻性和启发性的议题。因此，顶级会展甚至具有界定行业发展议题的功能。例如，2013 年上海国际车展举办的高峰论坛活动。该论坛以"汇聚正能量，推动合作创新"为主题，邀请到中外顶级车企高管、著名经济学家以及外国使节、商协会代表共同探讨当前全球汽车产业发展的热点问题。本届论坛分为三大板块：专题互动"品牌创新能否采取合资机制"；头脑风暴"全球化世界的合作准则——全球车企如何共舞"；企业家峰会"对中国汽车产业全球新角色的期待"。

专业研讨会的主讲人和听众一般都是专业人员。其中，主讲人往往是研究机构、大专院校、专业杂志、业界高层人员。例如，在 2013 年上海国际车展高峰论坛专题互动中，东风悦达起亚汽车有限公司销售本部副本部长蒋玉滨以及依维柯中国业务董事总经理王宁、庞大汽贸集团股份有限公司董事长庞庆华、德勤中国汽车行业服务总监吴从坚等嘉宾从多方面、多角度探讨国内车企品牌创新之道。吉利控股集团资深副总裁张爱群，杰克控股公司创始人、董事长兼执行合伙人 Jack Perkowski（杰克·潘考夫斯基），韩国汽车进口商与分销商协会执行总经理 Daesung Yoon，美国底特律电动汽车董事长林秀山，香港美银美林董事总经理 Patrick P. Steineman（帕特里克·斯特尼曼）等嘉宾在头脑风暴环节中就汽车产业在世界经济全球化发展的背景下如何建立新型国际合作准则进行热议。东风、长安、北汽、广汽的"掌门人"，以及通用汽车的高管在企业家峰会中就转型期中的中国汽车产业实施国际化，以及全球化发展战略积极建言献策。而高峰论坛的主旨演讲由国际权威杂志《经济学人》全球首席经济学家 Robin Bew（罗宾·贝）先生讲演。

与研讨会一样，技术交流会也能够丰富会展的信息功能，因此是许多组办方喜欢举行的相关活动。并且，为了更多元地呈现信息，往往是围绕主题设计出系列会议。例如，2013 年上海国际汽车展技术交流会讨论的题目包括：（1）零压迫感、防二次伤害智能安全带。（2）中国汽车安全技术的现状与展望。（3）设计工程工具与这些工具在 iShare 展示车开发过程中的应用：造型面设计。（4）iTORQ 项目中的 IDIADA 底盘开发。（5）城市移动创新概念车 iShare 的虚拟开发过程。（6）东风汽车公司新能源汽车发展，主要有新能源研发历程、新能源汽车车型、新能源汽车关键零部件、新能源汽车发展方向。（7）车辆安全：美国与欧盟市场新要求。（8）先进的虚拟车辆验证 CAE 工具。（9）经纯电动工程改造后的轻型卡车的 NVH 性能。（10）2013 上海车展同期采购配对会。（11）11.9L 发动机性能开发与 GT 仿真。（12）2013AIAG 物流委员会季度会议。（13）巴中商会采购配对会。（14）SCR 管路的全球领袖。（15）分布于中国和全球的生产网络。（16）第五届国际汽车自动变速器技术研讨会。

尽管研讨会和技术交流会对参与者有特殊要求，但是由于这两类会议在业界还是有重要影响，因此对于组办方来说可以通过授权或合作方式寻求这类会议的组织者。并且，这类会议往往可以在业界寻求到赞助商。还可以为设计人员举办类似的活动。例如，2013年上海国际汽车展成功策划了设计师之夜活动。

除了专业和技术信息，会展也是企业了解竞争对手和市场信息的重要平台。参展企业可以参观其他公司的展台了解竞争对手的信息，可以通过会展过程中的市场调研了解市场信息。当然，会展过程中设置的投资贸易洽谈活动，也为各方汇集了投资与合作方面的信息。

（四）直接经济效益

会展作为一种产业，自然存在作为主办方和服务方的直接收入，即直接经济效益。如表2.5所示，德国法兰克福会展公司收入包括销售收入和其他经营收入。其中销售收入又包括展位出租收入、大厅及其他出租收入、门票和参展费、其他服务收入。以2006年为例，该公司展位出租收入为2.49亿欧元，大厅及其他出租收入为0.337亿欧元，门票和参展费收入为0.12亿欧元，其他服务收入为0.11亿欧元。2013年该公司收入约为5.59亿欧元。和以往相比，2013年增加了存货变化方面的收入，共计1129198欧元。

表2.5　法兰克福会展公司收入　　　　单位：欧元

年份	销售收入	其他经营收入	总收入
2006	406134386.63	29567275.53	435641662.16
2007	423556764.20	15035633.18	438592397.38
2008	440165289.35	19122852.01	459288141.36
2009	423778536.21	15109922.69	438888458.90
2010	448326941.90	14326403.84	462661345.58
2011	467482933.22	12659525.81	480142459.03
2012	536866636.60	15793831.14	552660467.74
2013	544799455.34	13070455.69	558999109.03

数据来源：作者根据该公司网站公布的财务报告整理所得。

三、会展社会功能

随着社会物质生产技术的不断发展，人们对精神文化的需求也不断增加，尤其是对于审美和休闲的需求越来越迫切。1954 年，马斯洛在《激励与个性》一书中探讨了他早期著作中提及的另外两种需要：求知需要和审美需要。这两种需要未被列入到他的需求层次排列中，他认为这两者应居于尊敬需要与自我实现需要之间。①随着会展不断发展，博物馆、会展中心、体育场馆、文化商务综合体越来越成为人们下班后、假期、周末休闲娱乐的好去处。

会展具有如下社会功能。

1. 博物馆收集和保存了大量的文物、标本、样品、艺术品，具有丰富的历史、科学、艺术价值

博物馆除了固定展示，还可以通过和其他机构进行合作，以巡回展、讲座、专题或主题展等活动方式丰富人民的精神文化生活。例如，2012 年春节期间，首都博物馆推出的龙年文化系列大展包含两项内容："龙瑞彩"展示 140 件古代龙文物，以历史文物为载体，立足北京，表现都城与龙的关系，在介绍龙来源与发展脉络的同时，讲述龙与老百姓的故事；"龙行天下——获奖设计作品展"展示 100 件当代龙形设计，展品将涵盖平面、数码、装置、实用等艺术表现方式，体现当今龙文化的面貌，与文物展品产生部分空间上的并置，共同演绎出一个随着时间不断变化的展程，在不同地点产生不同的意义。两项系列展览融合了古代龙文物与当代国际化的龙形设计，全面展示中国龙的演变以及龙文化的发展传承，重新诠释文化。孔庙和国子监博物馆的"我们的节日——中国传统节日文化展"，用展板的形式展示中国传统节日文化、节日习俗及礼仪知识。中国电影博物馆则将传统与时尚结合，举办 2012 年"新春嘉年华系列活动"。由 2011 年"年度精彩海报展"和"年度精彩剧照展"两部分组成。从 2011 年在中国电影博物馆上映

---

① 刘烨.马斯洛的人本哲学[M]. 海拉尔市:内蒙古文化出版社 ，2008:35.

过的影片中精选出在内容、主题、市场以及观众中极具影响力的优秀
电影海报和剧照进行展览，"阖家欢，庆新春"系列活动由"电影灯谜"
"影博知识问答""剧照猜猜猜""民俗文化体验""贺岁影片大家看"
和"电影音乐展示欣赏活动"六部分组成。中国长城博物馆的"龙年
岁首祈福，欢天喜地过大年"春节系列活动、"欢乐游长城，喜庆元宵
节"有奖猜灯谜活动。北京艺术博物馆的"五福六寿贺新年——迎新
春文化活动"。老舍纪念馆的"春节·老舍·四合院——'这就是京味儿'
系列活动"。宋庆龄故居管理中心的"2012 首届璀璨明珠——什刹海
元宵灯会"。詹天佑纪念馆"迎新春，送春联"文化下乡活动。房山云
居寺的"大红灯笼高高挂，新春祈福到云居"等也将充分发挥各馆的
资源优势、通过各类内容丰富形式多样的活动，满足广大观众的精神
文化需要。

2. 展会中的表演、赛事活动满足了人们娱乐休闲的精神文化需求

例如，上海世博会举办期间组织者和参展者举办的演出活动近 2
万场。例如，为了配合上海世博会广西馆的"绿色家园，蓝色梦想"
参展主题，广西活动周文艺演出主题定为"壮美广西、人居天堂"，由
"民俗广西"宝钢小舞台演出、"壮美广西"宝钢大舞台演出、"欢腾广
西"庆典广场演出、"声动广西"踩街巡游四大板块构成。通过歌、舞、
乐等多种艺术形式，向世界全面展现广西独具特色的历史文化、多姿
多彩的民族风情、历史悠久的非物质文化遗产、优美宜人的自然景观、
开拓进取的发展理念，以及广西改革开放以来，特别是北部湾经济区
建设成为国家战略以来，在经济社会各个领域取得的巨大成就。1852
年，葡萄牙人阿泽维多指挥的乐队走上了街头。随着节奏明快的乐曲，
不管是黑人还是白人，也不管是穷人还是富人，男女老少都跳起来了，
整个城市欢腾起来了。阿泽维多的这一行动获得了巨大的成功，成为
里约热内卢狂欢节发展史上的一个里程碑，标志着狂欢节成了大众的
节日。如今，巴西狂欢节更是演变为世界上最大的狂欢节。

3. 随着会展和旅游、休闲、文化产业的不断渗透和融合，会展的
休闲娱乐功能也不断得到延伸

例如，自 2005 年以来，中国文化会展业从无到有，从小到大，从

弱到强。除了各种综合性的文化（创意）产业博览会、交易会，动漫游戏、网络、表演、民俗、杂技等都有相应的展览会。许多旅游目的地，也不断通过举办表演、比赛、文化活动、展览来拓展休闲旅游服务的内容。

4. 媒体的介入以及与媒体合作开发的会展活动拓展了会展的社会传播功能和观赏娱乐价值

借助现代媒介技术，会展的互动和体验价值也得到极大开发，会展休闲娱乐和教育功能得到最大的展现，娱乐和教育的大众化也得以实现。

除了能够满足人们未知、休闲娱乐、审美等精神文化方面的需求，会展的社会功能还表现在提升举办地知名度、提升举办地民众的素质、促进社会和谐等方面。更重要的是，世界上有大量的公益性慈善、社会救济、会议（论坛）、展览是以一种非营利的方式运作的。这也大大丰富了世界会展项目的类型。世界知名的会展城市不仅有大量的商业性会展活动，也有大量的有助于丰富市民精神生活、寓教于乐的会展活动。例如，美国丹佛每年要举办的节庆活动有300多个，活动主题从历史纪念到文化艺术，从电影、音乐、体育比赛到饮酒、狂欢，为市民提供了丰富的精神文化生活。著名的如里高雪节、马丁·路德·金大游行、科罗拉多州花园及家居展、史坦利电影节、樱花节、长荣爵士音乐节、铁人三项比赛、丹佛啤酒节、丹佛国际葡萄酒节、惊吓节、丹佛艺术周等。迪拜2013年共举行138次大大小小的节庆活动，著名的节庆活动有购物节、沙漠高尔夫比赛、爵士音乐节、赛马节世界杯、斋月节、国际电影节、排灯节、美食节、新娘秀。

小　结

事实上，在会展产业化以前，会展的政治和社会功能表现的比其经济功能更让人印象深刻。在古代，会展的成本也更多地由国家、宗教、氏族、家庭这些组织内部化。从本质上说，会议、仪式和节庆性活动是人们组织化活动的特殊形态，也是相对固化的组织满足解决问题、合法性象征和仪式化传播、势力展示与认同等政治需求和组织内精神文化需求的重要渠道。工业化、商业化、全球化推动了现代社会的组织化进程，由此不仅丰富了人类社会的组织形态，也进一步拓展了对会展功能更为多元化的需求。大量市场组织、非营利组织的出现推动了组织及组织间关系的复杂性，也加速了人们之间交往实践的发展，拓展了现代社会人们精神文化需求的层次，而信息技术的发展以及人类交流空间和频率的复杂性也凸显信息在人们生活中的地位。在这些复杂因素的影响下，人类对会展需求日益增加，由此在商品化和资本化等多种力量的作用下，展示与活动自身也日益商品化和专业化。从而会展产业得以产生。

在 1949—1977 年期间，会议的功能主要体现在解决问题、政治协商、经验交流、执行推动等方面，而展览的功能主要服从于政治展示、政治传播和政治教育。少量的物资交流大会、来华展、工业展主要服务于经验交流和工业成就展的目的，也带有较强的政治性。改革开放以来，会展的社会、经济功能不断得到加强，会展产业的经济价值也逐渐得到重视。在改革开放较长的一段时期内，会展作为推动出口和招商引资方面的重要渠道和平台获得政府高度重视，由此产生了一系列政府主导的贸易展和投资洽谈会。随着中国市场经济体制改革的不断推进，中国政府职能也日益向经济调节、市场监督、公共服务和社会管理方向转变，中国政府也日益向服务型、法治型、廉政型的现代政府转变。政府介入会展的方式发生了变化，一些大型会展既为经济服务也为政治服务的特征也较为明显。同时，越来越多的会展开始主要服务于公司、行业协会，会展的经济功能更为明显。

第三章

政府主导型会展项目运作

第一节 会展项目一般运作过程

一般来说，一个会展项目包括立项策划、审批和组织实施等环节。

一、会展项目立项策划

会展项目策划包括项目创意和构想、确立会展基本框架、会展基本落实计划、基本预算方案、会展危机预案，并最终形成立项策划方案。前期策划是项目的孕育阶段，对项目的整个生命期，甚至对整个上层系统有决定性的影响，所以项目管理者，特别是上层管理者（决策者）对这个阶段的工作应有足够的重视。一个好的创意可能由高层提出，也可能由中下层提出，但是最终需要由上层管理者组织策划，形成立项策划方案并通过组织决策层经由一定的决策程序最终确立。在一个完全由会展公司策划和实施的项目中，策划主要由公司内部人员完成。会展项目的策划和发起工作主要由项目开发部牵头，由财务部、信息会务部、宣传策划部、国内业务部、国际业务部等部门抽调相关人员组成项目小组共同完成。但是项目也可能是由协会，甚至公司形成项目策划，再寻找政府部门作为共同主办、承办或协办单位。

在这种情况下，具体实施方案还需要进一步涉及相关主体的共同合作完成。有些品牌性会展，如奥运会、财富论坛等，承办地需要完成这一届项目策划方案，并接受主办方考察、审批。又如，全国糖酒交易会主办方属于中国糖业酒类集团公司，但是每一次举办则在不同城市①，举办地政府需要策划具体实施方案。策划往往要成立策划小组，在有些时候一些专业性策划还要纳入专家甚至委托给专业性机构进行策划。对于影响力大、投入大的项目，往往还要组织项目论证会。很多时候，项目立项能否最后成立不仅需要董事会级的决策层通过，而且还需要获得国际性与全国性层次的协会、政府决策层的通过。在策划阶段，寻找合作伙伴支持非常重要。合作伙伴一般有三大类。第一类是政府和协会合作伙伴。有了政府合作支持，会展审批和行政许可容易得到认同，能够扩大影响并吸引媒体关注。由于我国协会和政府联系密切，因此有了协会作为合作伙伴有助于会展审批。此外，协会在招展、组展、相关活动举办等方面也有重要影响。第二类是企业合作伙伴。如果能够得到资质、声誉好以及资金实力雄厚的企业支持，那么在融资、营销、后勤保障等方面可以提升会展举办的水平和质量。第三类是媒体。

一般来说，立项策划书包括以下内容。

1. 办展市场环境与可行性分析

它包括对会展展览题材所在产业和市场的情况分析，对国家有关法律、政策的分析，对相关会展的情况分析，对会展举办地情况的分析等。尽管会展立项书中对于这部分的内容介绍是一种概括性表述。但是，对于策划人员来说，他们需要收集大量的信息并根据这些信息对会展可行性进行充分论证。

2. 会展宗旨

它是对会展所具有的社会价值和影响力的描述。它往往要从会展的区域影响力和区域价值的角度进行描述。

---

①糖酒会于每年春、秋两季举办两次。自1955年举办首届交易会以来，糖酒会已经走过了50多年的历史。成都、长春、济南、西安、哈尔滨、重庆、长沙、武汉、福州等城市都曾举办过一次以上。

3. 会展基本框架

它包括会展名称、会展举办地、主题、办展单位、展品范围、会展频率、会展规模、会展价格等。表面上看，这部分相当简单，但是实际上每一项内容都需要周密考虑。需要考虑到市场需求与定位，选择合适的时机，还应慎重选择合作单位和支持单位，赢得当地行业协会、行政部门和行业媒体的支持，选择恰当的时机和权威的部门及单位合作，能够在很大程度上增强会展的权威性和影响力，并最大限度地挖掘新客户，同时还能降低招展成本。

4. 会展宣传推广计划

它有助于相关人员对会展可能具有的影响力有一个预期。对于赞助商来说，它也是判断会展是否具有赞助价值的一个依据。尽管如此，这里所说的宣传推广计划并非是一个执行计划，而是一种概括性计划。因此，这种计划应该与会展定位、规模、市场特征等相一致。现代社会宣传推广的渠道包括媒体、同类会展推广、网络推广、公关推广、人员推广、新闻发布会等多种推广方式，宣传推广计划应该对相应推广渠道、方式、进度等有一个概括性描述。

5. 招展招商计划

对于赞助商来说，招展招商计划有助于他们对会展规模有一个进一步的预期；对于审批人员来说，它是判断会展预期规模是否可行的一个重要依据。同样，这里所说的招展招商计划也是一种概括性计划。

6. 会展相关活动方案

相关活动既有助于丰富会展的展示与传播功能，也有助于提升会展的关注度、影响力和特色。同时，相关活动也有助于拓展会展的商机与合作者。作为一个概括性计划，会展相关活动方案主要包括对相关活动时间、名称、定向人群、特殊嘉宾等进行描述。

7. 会展现场管理和后勤服务方案

它包括对现场管理的基本分工、可能的服务供应商、服务内容等进行描述。

8. 会展预算

对会展整体收支进行描述。

9. 会展危机管理方案

对会展可能出现的危机进行预测，并对可能的预防、处理机制进行描述。

二、会展项目审批

会展项目审批制度经历了以下复杂变化的过程。

（一）国内举办经济技术贸易展审批

1982 年以前，一般涉外展览要按照既有的外事管理权限管理，不涉外展览活动按行政管理范围自行办理。我国国内展览的管理部门先后由商业部、内贸部、国内贸易局等归口管理，后由国家经贸委行使管理职责，贸促会可以审批其系统举办的国内展。2002 年国务院将"全国性非涉外经济贸易展览会"改为等级制，即全国性非涉外经济贸易展已经不需要审批了，只要到相关部门登记就可以。1988 年，对外经济贸易部制定《举办来华经济技术展览会等审批管理办法》，明确对来华经济技术展览会实行审批制。1997 年，国务院颁布了《关于对在我国境内举办对外经济技术展览会加强管理的通知》。该《通知》规定：（1）展览面积在 1000 平方米以上的对外经济技术展览会，实行分级审批。如以国务院或省级人民政府的名义举办由国务院审批；由国务院部门所属单位及境外机构主办的，报外经贸主管部门审批；地方单位主办的，由所在省、自治区、直辖市外经贸主管部门审批，报外经贸部备案；以科研、技术交流、研讨为内容，由科技部审批；贸促会系统主办的，由贸促会审批并报外经贸部备案；（2）展览面积在 1000 平方米以下的对外经济技术展览会，报相应审批部门备案；（3）海峡两岸的经济技术展览会，由外经贸部会同国务院台湾事务办公室审批。2003 年国务院发布的《关于取消第二批行政审批项目和改变一批行政审批项目管理方式的决定》，对外贸易经济合作部已取消境内举办对外经济技术展览会主办单位资格的审批。2004 年，海关总署、商务部下发《关于在我国境内举办对外经济技术展览会有关管理事宜的通知》，宣布根据国务院文件的规定，取消对境内举办对外经济技术展览会主办和承办单位的资格审批。2010 年，国务院撤销了国家工商总局 1997 年颁发的《商品展销会管理办法》。2014 年，商务部修订《关于在境内举办对外经济技术展览会管理暂行办法》，并公开征求修改意见。商务部修订的《办法》，仍保留了展会分级审批制度，以及展会冠名"中国"或"国际"的审批，但不再要求实行"主承办"分离的展会组织体制。

对于出国举办经济技术贸易类会展，从 20 世纪 90 年代中期以来，形成了由贸促会协调、外经贸部审批的格局。

（二）科学技术会议和展览审批

2001 年 8 月，科学技术部、外交部、海关总署、国家工商行政管理总局联合制定了《国际科学技术会议与展览管理暂行办法实施细则》并于 2002 年 1 月颁布实施。该《细则》第九条规定，国际科技会展实行分级审批制度。具体包括如下几种情况：（1）国外代表人数在 150 人以上的国际科技会议，需由主办单位提出申请，经中国科协、科学技术部审核后报国务院审批；（2）国外代表人数在 150 人以下的国际科技会议由中国科协审批，并报科学技术部备案；（3）具备国际科技展览主办资格的单位举办国际科技展览，展出面积在 1000 平方米以上的由科学技术部审批，并抄报海关总署和主管地海关；（4）中国科协自行审批所属各学会、各单位举办与主管业务有关的面积在 1000 平方米以下的国际科技展览，审批文件抄报海关总署和主管地海关，并报科学技术部备案；（5）具有国际科技展览主办资格的单位，可自行举办面积在 1000 平方米以下的国际科技展览，需报中国科协备案。主管地海关凭主办单位的申请按有关规定办理海关手续；（6）参加国际科技会展涉及台湾地区代表或厂商（不含台商在大陆投资企业），需经中国科协报科学技术部台办审批；（7）双边交流性质的科技会议（代表来自两个国家或地区，不含港、澳、台地区并不邀请第三方人员参加），由中国科协自行审批。第十条规定，对中国科协及所属各学会、各单位举办具有以下情况的国际科技会展，经中国科协初步审核后报科学技术部，由科学技术部征求外交部意见后审批，或由科学技术部审核后呈报国务院审批。具体包括如下几种情况：（1）涉及未建交国家的问题或其他敏感议题；（2）主题或内容涉及台湾问题；（3）政府间国际组织在华举办的国际科技会展；

（4）其他重要会展。第十一条规定，中国科协授权国际部对所属各学会、各单位申请举办国际科技会展的报告进行审核。对报文内容符合本细则有关规定的，中国科协将在收到申请后 15 个工作日内给予批复，或报请上级主管部门审批。对不符合要求的，在收文后 5 个工作日内给予答复或复函退回。

（三）中央和国家机关会议审批

根据《中央和国家机关会议费管理办法》（2014 年 1 月 1 日实施），中央和国家机关会议分为四类。一类会议是以党中央和国务院名义召开的，要求省、自治区、直辖市、计划单列市或中央部门负责同志参加的会议。二类会议是由党中央和国务院各部委、各直属机构召开的。三类会议是由党中央和国务院各部委、各直属机构，最高人民法院，最高人民检察院，各人民团体及其所属内设机构召开的。四类会议是除上述一、二、三类会议以外的其他业务性会议，包括小型研讨会、座谈会、评审会等。

该《办法》规定，中央和国家机关会议按以下程序和要求进行审批：（1）一类会议。应当报经党中央和国务院批准。会议总务、经费预算及费用结算等工作分别由中共中央直属机关事务管理局（以下简称"中直管理局"）和国家机关事务管理局（以下简称"国管局"）负责。（2）二类会议。各单位应当于每年 11 月底前，将下一年度会议计划（包括会议名称、召开的理由、主要内容、时间地点、代表人数、工作人员数、所需经费及列支渠道等）送财政部审核会签，按程序经中央办公厅、国务院办公厅审核后报批。各单位召开二类会议原则上每年不超过 1 次。（3）三类会议。各单位应当建立会议计划编报和审批制度，年度会议计划（包括会议数量、会议名称、召开的理由、主要内容、时间地点、代表人数、工作人员数、所需经费及列支渠道等）经单位领导办公会或党组（党委）会审批后执行。（4）四类会议。由单位分管领导审核并报主要领导批准后执行，并列入单位年度会议计划。

2011 年，财政部、外交部发出《关于严格控制在华举办国际会议的通知》。该《通知》做了八条规定：（1）各地区各部门要按照"服务发展、确保重点、规范管理、精简务实"的原则，进一步加强在华国际会议管理，严格执行中央和省（部）两级审批制度。（2）各地区各部门要严格控制在华举办国际会议的总量，未经批准不得擅自对外申办或承诺。凡不符合规定、无实质内容的国际会议一律不得举办或承办。如无特殊需要，未经批准，原则上不搞固定年会或与外方轮流开会机制。对已经形成机制的国际会议，要由该国际会议的业务主管部门会同有关部门，对会议的重要性和可持续性等进行评估，效果不明显的，应及时调整或清理。（3）各地区各部门要认真研究确定国际会议的主题，不得在同一时间或短时间内举办主题相同或类似的国际会议。以国内议题为主的国际会议，除有专门规定外，应先按照国内会议报批和管理，再就涉外事项按规定报批。（4）各地区各部门要全面精简国际会议，严格控制会议规模，坚决纠正国际会议规模越大越好的错误认识，避免片面追求参会人数。百人以上的国际会议要慎办少办。与国际组织及外国有关团体、机构共同举办或受其委托承办的国际会议，规模原则上不超过往届。要统筹考虑会议规模、经费开支和预期效果，确保取得实效。（5）各地区各部门要严格控制邀请我党和国家领导人出席国际会议。未经批准，不得擅自对外承诺我党和国家领导人与会，不得为提高会议规格随意使用"峰会""国际论坛"等称谓。严格控制邀请外宾的规模和规格，未经履行必要手续，不得擅自邀请或对外协商邀请重要外宾来访。各地区举办国际会议或涉外活动，不得竞相抬高国内外会议代表的规格，不得相互攀比。（6）各地区各部门报送审批在华举办国际会议的请示，凡涉及申请财政拨款的，须事先会签财政部门同意；如涉及其他部门管理职能，应事先会签相关部门。应按照部门预算管理程序，在履行相关报批手续后编制会议预算，报财政部门审核。会议经费由我方全额负担或由与会各方分担的，应统一按照会议标准制定经费预算，我方负担的经费应纳入部门预算管理。（7）各地区各部门在华举办国际会议，不得擅自对外承诺提供任何免费服务。会议经费由我方支付或由与会各方分担的，应严格执行经财政部门审核的经费预算及有关在华举办国际会议财务管理办法和支出规定。承办方应当根据会议经费预算总额安排会议议程和接待服务，不得安排非会议内容的接待服务。会议经费由外方全额支付的，我方不再另外安排会议经费补助。经常举办国际会议的城市，应当实行会议定点管理。(8) 各地区各部门在华举办国际会议的支出标准，原则上参照中央级二类会议经费综合定额标准执行。要严格控制会议的住宿档次，并按照国际惯例不配备生活用品，不发会议纪念品，不赠送礼品，不组织公款游览、参观等。会议用餐以自助餐为主，可安排一次冷餐宴请，不再另外安排迎送宴请。外方参会人员除特邀代表外，其他人员往返路费及食宿费一律自理。

此外，对于文物展、航空展、食品展、医药展等特殊题材的展览还需要分别由文物局、军队食品药品监督、卫生监督等部门进行审批。此外，公安部门对于大型活动也有如下规定：（1）1000 人以上 5000 人以下，由县级公安机关审批；（2）5000 人以上需要由地市级公安机关或直辖市公安机关审批；（3）跨省、自治区、直辖市的由公安部审批。因此，我国审批实际上是一个多头审批的体制。

2010 年 7 月，国务院取消了国内展销会在工商部门备案的要求，但公安、消防、交通运营等部门按照大型群众性活动的规定，还是要求主办方提供批件；一些城市依然要求对各类会展进行审批或备案，涉及多个职能部门，程序相对复杂。此外，在会展活动中，涉及展台搭建、表演，还要到公安消防部门和文化部门办理相关手续。在实践中，场馆基于风险规避的考虑，也倾向于有"批件"的项目。在相当长的时间里，主办方为某级政府、政府主管部门、协会、贸促会、科技、媒体等更容易获得认可。此外，在政府主导型经济的总体环境下，挂靠政府或准政府组织，在办展过程中也容易获得更多的资源支持。

三、会展项目组织实施

立项策划只是形成会展的基本框架，具体实施方案需要由具体参与方进一步细化。在一些大型会展项目中，具体实施的业务往往会分包出去，各分包方需要在其分包业务内进一步策划。核心的实施方案包括组织机构设置和策划方案、宣传推广方案、招展招商方案、相关活动方案等。在一个完全由公司主导的项目中，具体到某一实施方案，往往由一两个职能部门牵头制定，再由公司中高层多次会议确定。例如，由市场部门牵头招展招商方案制定，由公关部门牵头招待方案。在一个完全由政府主导的项目中，往往由政府一两个职能部门牵头某一具体实施方案，再由组委会召开的相应会议确定。在此之前会有一个总体组织分工方案，划分各自职责。策划部门往往也是方案的主要实施部门。当然，无论是在策划还是具体实施中，往往还要涉及部门之间的分工和协调。因此，分歧需要由牵头部门和相关主管领导负责协调。在实际运作中，往往会成立相应的领导小组或组委会负责统筹和协调。例如，在2009年郑州举办的全国糖酒会中，确定了如下组织分工。

1. 综合部

责任单位：市政府办公厅。成员单位：市商务局、市会展办、郑州国际会展公司。主要职责：负责与主办单位、有关部门的综合协调工作；起草筹委会及办公室各种文字材料；负责有关活动方案的制定及各类会议的组织工作；负责筹委会及办公室决定事项的督办工作；负责综合数据和有关信息的统计、上报；印制、发放糖酒会各种证件；完成主办单位和筹委会交办的其他事宜。

2. 接待部

责任单位：郑州国际会展公司。成员单位：市接待办、市商务局、市会展办。主要职责：制订接待工作方案，并组织实施；落实已签约宾馆、酒店、饭店的履约情况；负责接待工作人员的培训工作；接待中糖公司、参会城市有关领导；安排参会代表的住宿；负责相关参会代表住宿费用的结算工作；制订参会代表参观考察、返程票务工作方案，并组织实施；完成筹委会交办的其他事宜。

3. 广告部

责任单位：市政管理执法局。成员单位：市工商局、市公安局、市园林局、市气象局、郑州国际会展公司。主要职责：制订户外广告管理办法及广告设置方案，并组织实施；负责户外广告的审批、招商、分配、发布及管理；配合执法检查部对有关广告及广告经营者进行监督检查；制订户外广告管理工作应急预案，处置有关突发事件；完成筹委会交办的其他事宜。

4. 展务部

责任单位：郑州国际会展公司。成员单位：市会展办、郑州供电公司、市自来水总公司、市燃气公司。主要职责：制订展区管理办法及展区广告、展位设置、展位搭建工作方案，并组织实施；负责展区广告、展位招商工作；负责安排入场、布展、开馆、闭馆、撤展等事宜；负责展具、设备、电源等的后勤保障；负责展览样品的接收、保管工作；制订展区有关工作应急预案，处置有关突发事件；完成筹委会交办的其他事宜。

5. 执法检查部

责任单位：市政管理执法局。成员单位：市公安局、市工商局、市物价局、市旅游局、市知识产权局、市商务局。主要职责：制订执法检查工作方案，并组织实施；打击糖酒会会场以外进行展销的行为，查处非法广告、非法展销交易活动；配合接待部检查签约宾馆、饭店的履约情况；负责会议期间全市所有宾馆、酒店、饭店的价格监控及工商管理工作；完成筹委会交办的其他事宜。

6. 卫生质检部

责任单位：市卫生局。成员单位：市质监局、市食品药品监管局、市旅游局。主要职责：制订食品卫生、食品质量检查工作方案，并组织实施；负责全市所有宾馆、酒店、饭店的卫生监督检查工作，确保参会代表食宿安全；对参展商品进行质量监督；制订食品卫生工作应急预案，负责处置有关突发事件；完成筹委会交办的其他事宜。

7. 安保交通部

责任单位：市公安局。成员单位：省机场管理有限公司、市消防支队、市交通局、郑州铁路局、市公交总公司、郑州国际会展公司。主要职责：制订交通、安全保卫工作方案，并组织实施；负责展区、大型活动场所，以及全市宾馆、酒店、招待所的治安、消防安全管理工作，确保参会代表人身财产安全；制订安全保卫工作应急预案，负责处置有关突发事件；协调、疏导参会单位宣传车辆、参会代表自带车辆通行事宜，对违反《中华人民共和国道路交通安全法》的行为进行纠正、处理；完成筹委会交办的其他事宜。

8. 宣传推广部

责任单位：市委宣传部。成员单位：市广电局、市文化局、郑州日报社。主要职责：制订糖酒会宣传报道工作方案，并组织实施；负责糖酒会宣传推广和新闻报道的统筹策划和组织实施工作；负责中央、省、市新闻单位和境内、外媒体的邀请、联络和服务工作，协调安排记者采访活动；负责准备新闻背景材料，联络和衔接新闻采访；完成筹委会交办的其他事宜。

9. 财务部

责任单位：市财政局。成员单位：郑州国际会展公司。主要职责：负责制订财务管理工作方案，并组织实施；负责糖酒会相关费用的收支工作；审核有关经济合同，对各项收支情况进行监督检查，做好收支管理工作；做好财务安全防范工作，对参会单位和代表应缴大额款项进行统一集中收取；负责编制糖酒会财务预算、决算报表；完成筹委会交办的其他事宜。

具体实施方案一般包括：（1）制定总体执行方案。主办方需要制定《会展项目总体执行方案》并准备各种报批手续，同时争取政府主管部门、权威行业协会的支持。（2）制定细化执行方案。其包括《宣传推广方案》《展商邀请方案》《观众组织方案》《现场管理方案》《安保方案》等一系列详细方案。细化实施方案往往要围绕展前、展中、展后过程进行。

展前主要包括如下工作内容：（1）宣传推广，包括制定宣传推广计划，选择相应宣传推广主体，包括广告、新闻稿、视频等，确定和监督宣传频率等。（2）展商组织，包括制定招展计划，制作招展函、招展指南、参展合同、参展承诺，建立客户数据库，确立招展代理及加强对其管理，对客户进行邀请和接洽等。（3）确立赞助商和赞助服务内容。（4）制作相关活动计划，寻找活动合作伙伴，联系相关表演单位、特邀嘉宾等。（5）制作会刊、证件。（6）确定相关运输、餐饮、搭建、礼仪等会展供应商。（7）组织与协调各参展商展台搭建工作。（8）准备会展开幕式等工作。（9）会展保险。

展中主要包括如下工作内容：（1）负责落实开幕式。（2）会展场馆管理，包括门禁管理、车辆管理、消防安全管理、保洁管理及相关配套活动等。（3）落实相关活动，包括论坛、研讨会、新闻发布会、比赛、表演等。（4）为媒体提供服务，并搞好会展宣传工作。（5）后勤服务，包括接待、咨询、餐饮住宿、会展旅游服务、会议服务等。（6）会展安保工作，包括防火、防盗、防闹展、周边治安等。（7）协助会展交易。（8）落实参展规章制度，对参展商进行管理。（9）成立知识产权保护办公室，建立知识产权投诉中心，成立检查小组，防止会展侵权。（10）落实闭幕式及撤展工作。

展后主要包括如下工作内容：（1）展后总结和评估。在国外，展会评估越来越专业，产生了一些评估公司。展后评估工作的基础数据在开展前就开始收集。基础数据包括参展商数量与构成、展位面积、招展进度、观众数量及构成、会展成交量、展后成交量、顾客满意度等。（2）客户追踪服务，包括答谢工作、媒体的跟踪报道、拜谢、参加客户活动、发布下一次会展信息、发放调查表等。

第二节　政府主导型会展项目类型

按照组办会展的政府级别，政府主导型会展项目可以分为以下两种。

一、国家级会展

组办单位为中央国家机关及其职能部门。具体说来，包括：（1）由国家承办的国际会展，如世博会、奥运会、冬奥会、亚运会、APEC会议、G20峰会等。（2）配合国家外交战略举办的国家级会展。如表3.1所示，东盟博览会、亚欧博览会和东北亚博览会分别服务于东南亚、亚欧和东北亚国家区域经济发展并推动了相关国家外交战略层面的合作。（3）由国务院批准的省部共同举办的国家级会展，如广交会、义博会。

表3.1　中国三大区域型国家级博览会

会展名称	成立年份和宗旨	组办单位	组委会
中国—东盟博览会	其成立于2004年。宗旨：促进中国—东盟自由贸易区建设、共享合作与发展机遇，涵盖商品贸易、投资合作和服务贸易三大内容，是中国与东盟扩大商贸合作的新平台。	中国—东盟博览会是由中国和东盟10国经贸主管部门及东盟秘书处共同主办。承办单位：广西壮族自治区政府。协办单位：科技部、交通运输部、国家旅游局、中国国际贸易促进委员会和香港特别行政区贸易发展局。	组委会主任：中国商务部长；东盟10国经贸部长。
中国—亚欧博览会	2010年由乌鲁木齐对外经济贸易洽谈会升格为中国—亚欧博览会。宗旨：我国与周边国家（地区）开展首脑外交的重要平台、扩大与周边国家经贸合作的重要渠道、深化与周边国家科技人文交流的重要　纽带。	主办单位：中国—亚欧博览会秘书处、商务部外贸发展事务局。协办单位：自治区经信委、农业厅、林业厅、商务厅等国内单位以及相关境外协办单位。	组委会主任:由自治区主席和商务部部长担任。
中国—东北亚博览会	2012年由中国吉林·东北亚投资贸易博览会更名升格为中国—东北亚博览会。宗旨：面向全世界，服务东北亚，谋求和平、和睦、合作与共识、共享、共赢。	主办单位:商务部、国务院振兴东北地区等老工业基地领导小组办公室、吉林省人民政府。承办单位:吉林省商务厅、吉林省发展和改革委员会、长春市人民政府。协办单位:东北亚国家有关部门和国内有关省、区人民政府。	组委会由国家商务部、国务院振兴东北地区等老工业基地领导小组办公室、吉林省委、吉林省人民政府领导和相关部门领导组成，负责东北亚博览会的组织领导工作。

二、地方级会展

这类会展包括：（1）部委作为特别支持单位，实际由省级政府及相关协会共同举办的会展。这类会展一旦部委由重点支持提升为主办单位，则会展级别也就提升为国家级会展。（2）地方各级政府主办的会展。包括地市级及其下级政府主办的会展。例如，浙江义乌 2015 年共举办各类会展活动 132 个。其中，经贸性展览 36 个，展览面积 74.5 万平方米，参展企业 12674 家，展位数 32806 个，观众数 154.95 万人次，贸易成交额 360.53 亿元。其中，义博会、旅博会、森博会、电商博览会、进口商品博览会分别荣获"中国十大政府主导型展览会大奖""中国十佳品牌专业会展""中国十大影响力展览会大奖"等荣誉。一些小地方的政府，通过结合当地资源优势，找到一个好的主题，然后找到高层级政府支持，再拉上影响力大的行业协会、国际组织，也可能获得举办或承办一些大型且有影响力的会展的机会。例如，河南平顶山承办了华侨华人中原经济合作论坛，山东济宁承接了尼山世界文明论坛，曲阜承办了孔子文化节，德州承办了世界太阳城大会。而浙江乌镇承办了世界互联网大会，湖北天门市张洪承办了花菜节，山东寿光举办的中国（寿光）国际蔬菜博览会，浙江海宁举办的海宁中国皮革博览会。其中，海宁皮革博览会和寿光蔬菜博览会展览面积分别为 50 万平方米和 30 万平方米。

根据中共中央关于改进工作作风、密切联系群众的八项规定和市委、市政府贯彻落实的具体要求，按照"三办"（办少、办精和办好）、"三减"（减少经费、批次和邀请领导）和"两提升"（提升实际效果和市场运作水平）的原则，各级坚持节俭办会，认真把关，严格遵守各项规定，统一规划和管理政府主导型会展。以天津市为例，2015 年市政府印发了《天津市大型会展论坛活动计划的通知》。该《通知》要求各项大型会展论坛活动，及早筹备，制定详细方案后报市人民政府审定。表 3.2 列出了 2015 年在天津举办的部委会展活动计划，表 3.3 列出了天津市举办的会展活动计划，表 3.4 列出了 2015 年以天津市政府

政府主导型会展及其市场化研究

名义举办的会展活动计划。

表3.2　2015年国家有关部委在津举办我市予以服务和配合的大型会展论坛活动
计划

序号	会展论坛活动名称	举办时间	主办单位	承办单位
1	全国第四届大学生艺术展演活动	2月25日至3月2日	教育部、市人民政府	市教委

表3.3　2015年天津市人民政府主办的大型会展论坛活动计划

序号	会展论坛活动名称	举办时间	主办单位	承办单位
1	2015 中国·天津投资贸易洽谈会暨 PECC 国际贸易投资博览会	5月15日至19日	商务部、市人民政府、中华全国归国华侨联合会、中国商业联会、中国外商投资企业协会、中国外经贸企业协会、中国贸促会	市商务委、市贸促会、市商联会等
2	第九届中国企业国际融资洽谈会—科技国际融资洽谈会	6月17日至18日	市人民政府、全国工商联、科技部、美国企业成长协会	市金融局
3	2015 年全国职业院校技能大赛	6月下旬	教育部、市人民政府、国家有关部委	市教委、教育部职业教育和成人教育司
4	2015 国际生物经济大会	6月26日至28日	科技部、市人民政府、国家有关部委	中国生物技术发展中心、市科委、滨海新区人民政府

98

续表

序号	会展论坛活动名称	举办时间	主办单位	承办单位
5	第八届津台投资合作洽谈会暨2015天津·台湾名品博览会	7月1日至5日	市人民政府、国务院台办、海峡关系协会、市政协市人民政府、财团法人台湾贸易中心	国务院台办经济局、市台办、市商务委、市政协外事委等市台办、市商务委、台湾贸易中心市场拓展处、台湾贸易中心北京代表处
6	2015天津国际少年儿童文化艺术节	7月25日至31日	市人民政府、中国人民对外友好协会、中国对外文化交流协会、中国宋庆龄基金会	华夏未来文化艺术基金会
7	第三届中国·天津国际直升机博览会	9月9日至13日	市人民政府、中国航空工业集团公司、总参陆航部	保税区管委会、中航工业直升机有限责任公司等
8	第六届中国（天津滨海）国际生态城市论坛暨博览会	9月15日至18日	国家发展改革委、住房城乡建设部、市人民政府、中国国际经济交流中心	滨海新区人民政府
9	2015中国旅游产业博览会	9月18日至21日	国家旅游局、市人民政府	中国旅游协会、市旅游局、市工业和信息化委、市商务委
10	2015中国国际矿业大会	10月20日至23日	国土资源部、市人民政府、中国矿业联合会	国土资源部科技与国际合作司、市国土房管局
11	第三届中国绿化博览会	8月18日至10月18日	全国绿化委员会、国家林业局、市人民政府	市绿化委员会、市林业局、武清区人民政府

表 3.4 2015 年以天津市政府名义举办的大型会展论坛活动计划

序号	会展论坛活动名称	举办时间	主办单位	承办单位
1	第七届中国·天津华侨华人创业发展洽谈会	6 月 18 日至 23 日	国务院侨办、市人民政府	市侨办、市商务委、中国侨商投资企业协会、滨海高新区管委会、今晚传媒集团
2	第六届中国金融租赁年会	10 月	市人民政府、中国银行业协会	市金融局

第三节 政府主导型会展特征、优势和劣势

一、特征

1. 会展主体关系复杂化

在政府主导型会展中，政府可以以主办方、承办方、协办方身份介入会展。例如，在津洽会中，主办方包括商务部、天津市人民政府、中华全国归国华侨联合会、中国商业联合会、中国外商投资企业协会、中国外经贸企业协会，涉及国务院的职能部门即商务部和省级人民政府即天津市人民政府。在中国（天津）国际装备制造业博览会中，主办单位包括中国机械工业联合会、中国国际贸易促进委员会机构行业分会、天津市经济和信息化委员会、天津市商务委员会以及振威展览集团，涉及天津市人民政府两个职能部门。在天津国际汽车贸易展中，主办方包括天津滨海新区、天津港保税区、中国进口汽车贸易有限公司，涉及的是天津市两个区。也就是说，即使是政府以主办方身份介

入，也往往存在不同区域政府、政府上下级之间复杂的关系。在中国东西部合作与投资贸易洽谈会（西洽会）中，主办单位共36家，包括国家发展和改革委员会、中国国际贸易促进委员会、国家工商行政管理总局、国家质量监督检验检疫总局、国务院台湾事务办公室、环境保护部、商务部，江苏、上海、天津、安徽、四川、北京、山西、吉林、黑龙江、福建、青海、内蒙古、广东、甘肃、宁夏、新疆、辽宁、湖南、山东、西藏、湖北、广西、浙江、重庆、贵州、河北、江西、陕西等省区市人民政府和新疆生产建设兵团。承办单位为陕西省人民政府和中国国际贸易促进委员会。协办单位为香港贸易发展局、香港中华总商会、香港中华厂商联合会、香港总商会、澳门中华总商会、澳门贸易投资促进局、中国信息协会、中国外商投资企业协会、中国个体劳动者协会、澳大利亚贸易委员会、中国开发区协会、中国国际投资促进会。与此同时，大多数政府主导型会展中，还存在其他一级政府或政府职能部门以承办或协办身份介入。如表3.1所示，在东盟博览会中，广西壮族自治区政府以一级政府身份承办，而科技部、交通运输部、国家旅游局和香港特别行政区贸易发展局等则是以协办身份参与。除此之外，一些具有准政府组织性质的行业协会，如中国国际贸易促进委员会，也会以主办、承办和协办身份参与。因此，在政府主导型会展中存在复杂的政府间与政府内部间的关系。

2. 政府主导型会展往往存在复杂的投融资关系

传统的政府主导型会展以政府财政拨付、补贴和借贷为主，但是随着政府主导型会展不断市场化，社会和民营资本不断被吸入政府主导型会展，投融资关系日益复杂化。

3. 政府主导型会展往往和政府主导的产业政策相关

从政府主导型会展涉及的会展题材范围上看，非常广泛，既有综合性的，也有专业性的。综合性会展如投资贸易洽谈会、文博会、工业博览会等，专业性会展如汽车展、礼品展等。但是，整体而言，会展题材与当地支柱产业、优势产业、战略支持型产业密切相关。此外，各省级政府为招商引资都举办投资贸易洽谈会，著名的有投洽会、京洽会、浙洽会、津洽会、哈洽会等。其中，投洽会是由商务部主办，福建省人民政府、厦门市人民政府和商务部投资促进事务局承办。

4. 分散化

我国政府主导型会展往往分散为不同的政府及部门，难以形成由一个组织所有，因此难以形成规模化、品牌化经营。并且，随着会展市场化推进，会展所有权性质也日益复杂。单就政府所有而言就存在如下几种模式：（1）单一级政府或政府职能部门所有。（2）多级平行政府共同所有，如华交会。（3）上级政府职能部门与下级政府共同所有。在这一基础上，可能存在如下几个混合所有情况：（1）政府+企业。（2）政府+行业协会。（3）政府+企业+行业协会。

5. 政府主导型会展在主题、相关活动选择上，更倾向于国家政策导向

例如，在政府主导型会展上，可持续发展、响应西部大开发、振兴东北、响应一带一路国家战略、新型城镇化战略等国家战略与政策往往成为大多数会展主题和相关活动安排的方向。又如，党的十六大提出"文化体制改革"的任务，十七大则将"文化软实力"写入大会报告，而十八大则明确提出要"建设社会主义文化强国，关键是增强全民族文化创造活力"。 在这个背景下，文化部、国家广电总局、新闻出版署和地方政府扶植了一大批文化会展。其中，国家级博览会和节庆活动包括中国（深圳）国际文化产业博览交易会、中国义乌文化产品交易博览会、中国北京国际文化创意产业博览会、中国东北文化产业博览交易会、中国国际动漫游戏博览会和中国洛阳牡丹文化节、中国（天津）演艺产业博览会、中国国际网络文化博览会等。文化部通过的《文化部"十二五"时期文化产业倍增计划》明确提出要实现中国文化会展业新的突破，形成3至5个覆盖全国并具有国际影响力的文化会展，逐步建立结构合理、特色明显、功能互补的文化会展业体系。文化会展产业逐渐呈现由市场细分向地方特色延伸的发展趋势。具有地方特色的节庆（如国际孔子文化节、天津妈祖文化旅游节、北京国际图书节、北京孔庙国子监国学文化节、上海桂花节、青岛国际啤酒节、烟台国际葡萄酒博览会）和具有地方特色化的会展（如中国洛阳牡丹文化节、中国义乌文化产品交易博览会、中国（莆田）海峡

工艺品博览会、海峡两岸（厦门）文化产业博览交易会）在地方政府的扶植下不断产生和发展，它们将地方文化、产业特点、区域优势、旅游资源和节庆、展览、交易相结合，形成一个地方的城市名片，在推动地方文化产业发展以及推广地方城市形象方面发挥了重要作用。

6. 政府主导型会展动员性强

在政府主导型会展中，政府可以通过行政手段直接下发招展招商指标，动员单位或观众参展，可以通过党政组织协调部门间、行业间分歧与冲突，可以通过强大的宣传系统予以宣传，可以通过专项式或综合式运动治理为会展举办提供安全保证。但是，动员具有强制性，其效果往往和动员级别、高层关注力度和时间长度相关。因此，会展级别越高，动员级别也越高，效果可能会越好。在一些强制性会展中，参展商基于政府压力可能选择被迫参展，但是如果从会展中不能达到预期目标，这种被迫式参展的可持续性往往存在问题。

二、优势与劣势

由于会展前期投入高、风险性强，具有经济的外部效应，因此政府直接介入、投入会展项目，在一定时期内不仅可以集中全国性或区域性力量，而且可以借助政府组织和权威资源在短期内建立会展项目并产生一定的影响。总体而言，政府主导型会展具有如下优势：（1）在会展审批、安保、通关（海关）、税收等方面能够更容易获得政府支持，并能够通过政府协调获得相关协会支持。（2）在会展风险防范和承担方面，政府主办会展具有更高的信任基础。人们普遍响应，一旦风险确实发生，政府会承担相应的赔偿责任。（3）政府以补贴、财政划拨、贷款担保等方式提供资金支持，可以部分解决会展前期投入动力不足的问题。尤其是在我国会展分散式经营、品牌化程度不高的情况下，许多初办会展多是亏损的。（4）在一些市场化和法治环境差的地区，会展侵权、不正当竞争等对办展造成不利影响，而政府主导更有利于管理和协调相关纠纷。（5）主导政府层级越高，在官本位文化影响下，会展规格也显得越高，受关注和动员的力度也越高。

　　一些地方政府越来越意识到会展对于推动地方产业发展、拉动经济、提升地方形象（营销城市）的效应，并将会展作为一种产业予以扶植和发展。因此，许多地方政府不仅出台扶植会展发展的政策，而且集中一定的资源争取一些有影响力的会展落户当地，直接培育和扶植一些会展项目并努力将其发展为全国性甚至世界性知名会展。还有些地方政府努力寻求将一些会展项目升格为国家级会展项目。尤其是自2000年以来，我国各级政府逐渐在五年规划中明确提出要发展会展业。在这一背景下，中央政府及其部门开始兴起直接举办会展项目。以商务部为例，由其参与主办的会展项目达几十个，其中重点扶植的会展包括广交会、中国—东盟博览会、欧亚博览会、东北亚博览会、南亚博览会、中国—阿拉伯博览会、厦门投洽会、中部博览会、京交会、上交会、加博会等。其中，除广交会外，都是2000年以后举办的。

　　但是，政府主导型会展也存在如下劣势：（1）在政府直接承办的会展中，由于缺乏相应的专业人才和运作经验，因此其办展的专业化程度受到影响。许多政府主导型会展运作团体包括会展领导小组、运作团队，均是临时班子。运作团队最高领导一般是承办部门副职，运作团队由抽调人员组成。运作团队的专业分工不够，许多运作团队既是会展组织者、管理者，也是实施者，从策展、招展，到组展、布展，所有工作都要具体承担。会展结束后运作团队即时解散，没有专门机构和人员研究总结办展经验、搜集统计数据并予以分析、建立并充实参展商特别是采购商信息库，为下一届会展进行谋划，对品牌的培育进行规划等。（2）在政府主导型会展中，会展从立项到实施都是基于行政计划或命令，在资源配置上缺乏市场的有效调节，因此会展市场化程度不高，存在重复办展的情况。（3）由于政府办展资金多来自于公共资金，因此政府办展的成本—收入约束性强，存在政府主导经济行为的一个常见弊病，即软约束预算。例如，许多政府主导型会展中，对会展的社会和上级关注度格外重视，并不惜重金投入一些形式性活动。一些政府主导型会展第一天确保开幕式顺利、尽全力接待安排好领导嘉宾；第二天展一展，销一销；第三天上午再热闹一下，就闭幕撤展。（4）受官僚主义等影响，政府主导型会展在会展服务方面不够专业、到位和细节化。会展服务包括展前、展中和展后，涉及交通、食宿、金融、电信、参观考察、接送站、贵宾礼遇、展台接待、展台记录和调研、展台咨询和谈判、展后客户追踪服务等，需要全面考虑，细致安排，周到服务，做到万无一失。（5）在分散经营的情况下，不仅难以形成专业化的经营发展趋势，而且造成各级政府、职能部门都有经营会展的情况，影响政府及其职能部门的本职工作。（6）在招展、招商过程中存在政府"摊派"，增加了相关企业和单位被迫参展压力和成本，同时有损政府形象和声誉。国内承接政府会展一般都要求会展公司先垫资举办，而且会展后付款周期少则三个月，多则一两年，因此很多中小会展公司都非常头痛。

第四节　国外会展项目运作

美国会展项目主要是由民营会展公司或协会运营，属于市场主导型模式。但是美国大型展览、会议中心多是公有的，存在三种治理方式：（1）政府管理，即地方政府成立会议观光局负责管理公有展览中心。如佐治亚州则设立了由十五人组成的董事会，其内部同样设立运营机构，通过运营盈利。（2）委员会运营模式，即地方政府成立单独的非谋利管理委员会管理公有展览、会议中心，由其负责展馆的运营，其只对政府负责。如内华达州设立一个由十人组成的州咨询理事会，由其负责管理和运营某些展馆。拉斯维加斯则成立了拉斯维加斯会议和旅游局。这种模式具有一定的独立性，在运营过程中，各种类型的展览中心都会有专业的管理公司在各种权威行业协会协助下公平参与市场竞争。（3）私人运营模式，即将展馆外包给私人的会展公司或企业，由其负责展馆的经营。[1]根据 2015 年排名，美国能够进入全球 50强的会展企业或协会有：（1）E.J.KRAUSE&ASSOCIATE，INC（美国克劳斯公司）；（2）Freeman Decorating Company（美国富瑞门集团）；

---

[1]Tony Hoger.Confrence and Conventions:A Global Industry.Elsevier Ltd.2008:108-109.

（3）IDG World Expo（爱奇会展有限公司）；（4）MAGIC（美国麦杰克国际公司）；（5）PMMI（美国包装机械协会）；（6）International Housewares Association（全美家庭用品制造商协会）；（7）Questex Media（美国 Questex 传媒集团）；（8）CEA（美国消费电子产品协会）；（9）PennWell（美国 PennWell 公司）；（10）American Gaming Association（美国博彩协会）。

英国的管理模式和美国相似。只要内容合法，商业机构和贸易机构就可以举办会展，不需要审批。对会展业没有设专门的法律法规及管理规定，会展业的行为准则多是通过行业自律的方式确定。英国会展公司都是民营的，根据 2015 年排名，能够进入全球 50 强的企业有：（1）Reed Exhibitions（励展博览集团）；（2）Montgomery（蒙歌玛利展览有限公司）；（3）ITE Group PLC（英国国际贸易与展览有限公司）；（3）IIR（英国国研会展集团）；（4）Brintex（英国 Brintex 公司）；（4）All World Exhibitions（奥伟展览集团）。

德国会展项目都是由专业化的会展公司运作。而德国会展公司又多是由城市、州政府为最大股东的具有现代公司治理结构的公司。德国会展公司一般拥有自己的场馆。根据 2015 年排名，德国能够进入全球 50 强的会展公司有：（1）Messe Frankfurt Exhibition（法兰克福国际展览有限责任公司）；（2）Deutsche Messe AG，Hannover（德国汉诺威展览公司）；（3）Messe Düsseldorf（德国杜塞尔多夫展览公司）；（4）Koelnmesse（德国科隆国际展览有限公司）；（5）Messe München International（德国慕尼黑国际展览集团）；（6）Messe Berlin GmbH（德国柏林展览公司）；（7）Messe Stuttgart（斯图加特展览公司）；（8）Messe Essen GmbH（德国埃森展览公司）；（9）Leipziger Messe（德国莱比锡展览公司）；（10）DEMAGE（德国德马吉展览公司）。例如，法兰克福国际展览有限责任公司包括法兰克福展览有限责任公司和法兰克福场馆有限责任公司。前者负责经营国内外展览活动，后者负责经营场馆设施。法兰克福市政府拥有整个公司 40%的股份，而黑塞联邦州政府拥有整个公司 60%的股份。以 2015 年为例，法兰克福国际展览有限责任公司经营的国内展览达 46 个，国外展览达 86 个，经营收入达 6.45 亿欧元。又如，慕尼黑国际展览集团成立于 1964 年，公司股份由慕尼黑和巴伐利亚州政府、慕尼黑和上巴伐利亚工业与贸易商会以及贸易和工艺品商会拥有。而德国博览会集团公司股份主要由汉诺威市政府（49.832%）、下萨莱森州（48.832%）、不来梅市政府（0.297%）、汉诺威周边地区（0.129%）持有。德国依托 AUMA（德国经济展览和博览会委员会）对会展经济进行行业协调和管理。AUMA 是由参展商、购买者和博览会组织者三方力量组合而成的联合体，主要职能有：审定年度展览计划；严格审查和评定展览会名称、内容；监督展览会服务；核查展览组织者的能力和信誉；统计调查展览后的效果；支持中小企业到海外参展。

新加坡成立了新加坡会议局（SCB）开拓国际会议旅游新市场。1980 年，新加坡会议与展览会主办及供应商协会成立并成为新加坡规范会展市场的民间组织。新加坡将会展规划纲要归入旅游规划之中。例如，在其 2015 年旅游规划中，计划将 MICE 产业收入增加到 105 亿新元。2005 年新加坡投入 1.7 亿新币，用于鼓励国内外会展业者带进更多、更大规模的商务活动，吸引更多高端新兴行业到新加坡来办商务活动，鼓励更多的国际组织把亚太总部设在新加坡。2008 年金融危机后，新加坡为了减轻会展业者的经营成本，新加坡政府专门为会展主办者特设援助资金，2009 年 3 月到 2010 年 2 月间，参加"主办 MICE 活动计划"的公司和机构可享受 70%的资金援助，筹办 MICE 项目者可享有多达 50%的额外援助，到国外进行会展项目促销者可享受 70%的促销费用资助。新加坡高度重视会展业的宣传推广但并非单纯地宣传会展这一单一产业，而是以旅游带会展，借助电视、网络、电子出版物等多种手段进行联合营销。如新加坡旅游展览会议署每年都有计划地向世界各地介绍新加坡会展和旅游方面的情况并在世界各地举办新加坡会展经济方面的研讨会，积极宣传和推广新加坡在会展和旅游方面的优势。具体表现在如下几个方面：（1）在营销主体上，政府主导与多方联合。由新加坡旅游展览会议署牵头协调多方力量如政府、行业协会、会展企业、媒体和社会组织等，共同促进产业发展和营销。（2）在营销活动上，品牌展会与主题活动相结合。（3）在营销媒介上，整合传统与新型营销手段。例如，开发的旅游目的地营销系统（DMS）是"新亚洲—新加坡"网络系统，它不仅仅是一个单纯的网络，而且还是一个复杂的多媒体旅游向导，为旅游者提供相关旅游信息以及旅游目的地形象定位，协助旅游机构的促销活动等。①尽管新加坡政府并不直接经营会展项目，但是政府上述措施对于具体会展项目的运作在宏观环境上提供了支持。

第五节　中国政府主导型会展组织运作

在政府主导型会展发展初期，政府主办、承办并协办的模式占据主导地位，但是随着中国市场经济的推进，政府主导型会展的市场化程度也得以推进，政府仅仅主办或参与主办、政府协办以及参与协办的方式也日益增加。在实践中，还存在名义主办方的情况。这种情况产生主要基于如下三种原因：一是与我国会展审批和管理体制相关。出于管理需要，早期的会展审批严格，会展主办方为政府、事业机构或社会团体容易获得审批手续。二是由于中国政府在资源配置中一直具有一种强势主导地位，因此依附于政府、事业单位或行业协会（准政府组织）能够获得更多的资源支持。三是在法治化、制度化和市场化还不健全的情况下，以政府名义参与实际上也是一种政府声誉担保，更容易获得各方认同。政府级别越高，声誉也越多，各方认同度也越高。因此，一些会展中，地方政府将中央部委拉上作为名义主办方，但实际上主要由地方政府作为实际的主办和承办方，而在另一些会展中，名义的主办方或承办方改为承办执行单位，排名在众多机构的最后。因此，在实践中，政府仅仅主办的会展占多数，而实际由政府同时主办、承办和协办的会展则越来越少。

我国政府主导型会展一般会设立组委会。它实际上是一种临时性的工作机构，不是在工商机关登记注册的法人实体。因此，组委会在

①王春雷，王晶.国际城市会展业理论与实践[M].北京：中国旅游出版社，2014:124—125.

展览会的经营中并不承担法律责任。展览会设立组委会，一方面是要
体现展览会的组织架构，一方面用以发挥和协调组委会内部各机构的
作用。前者是展览会对外宣传的需要，后者是展览会内部操作的需要。
政府主导型会展的组委会具有很强的政府色彩，体现其以行政手段自
上而下地整合并配置包括政府资源在内的相关社会资源，用以推动展
览会的组织工作。组委会中党政领导人员的层次与其成员来源的多部
门性往往既体现了会展自身的高级程度，又体现了会展自身协调的复
杂性。组委会领导成员级别越高，其成员来源越广，体现的会展级别
也越高，并且越有可能实现对会展进行强有力领导、动员更多的资源
以及更有效地协调。例如，作为国家级会展，上海世博会组委会主任
由王岐山（时任国务院副总理）担任，第一副主任由俞正声（时任上
海市市委书记）担任。其他主任委员包括韩正（时任上海市市长）、万
季飞（时任贸促会会长）、毕井泉（时任国务院副秘书长）、何亚非（时
任外交部副部长）、钟山（时任商务部副部长）。委员有三十多名，由
中宣部、中央编委、发改委、教育部、科技部、公安部、财政部、文
化部、卫生部、工业和信息化部、国土资源部、住建部、环保部、人
民银行、海关总署、工商总局、质检总局、知识产权局、旅游局等一
名领导担任。其中，除旅游局由局长担任外，其他都是由一名副部长、
副局长、副主任等副职领导担任。组委会的主要职责是：协调相关法
律法规、规章及政策的拟定和实施工作，协调、推动各地区和中央有
关部门的参展事务，推动落实中国政府邀请各国政府和有关国际组织
参展；就上海世博会筹备、举办过程中的重大事宜做出决议、决定，
确定世博会政府总代表。组委会的日常联络和协调工作由组委会联络
小组负责，具体工作由中国国际贸易促进委员会承担。上海世博会组
委会下再设执行委员会。主任是俞正声，执行主任是韩正、万季飞，
常务副主任是杨雄（时任上海市副市长），再加上两名专职副主任。上
海世博会执行委员会是上海世博会组委会的执行机构，主要职责是：
在组委会领导下，执行组委会相关决议、决定并将有关情况定期向组
委会报告，反映筹备过程中出现的问题，指导、协调上海市有关机构
开展工作；承办组委会交办事项。

大多数会展在组委会下设一个具体运作机构。典型的有[①]：（1）厦门洽谈会模式。成立一个针对某一个特定会展的、具有一定的政府行政职能和机构性质的事业单位法人作为具体运作单位。（2）东盟博览会模式。针对一类国家级会展组建一个事业法人单位，如"广西国际博览事务局"。（3）北京科博会模式。即以主办单位为名义性质，以承办单位为"组委会"形式作为常设运作机构。其承办单位是北京市贸易会。（4）华交会模式。华交会由九省市政府外贸部门共同主办，成立上海外经贸商务展览有限公司，负责对华交会项目的具体承办和操作。类似地，义博会也是由义乌国际小商品博览会有限公司具体承办与操作。具体运作机构之下一般再设办公室（或秘书处）、招展部（或参展者服务部）、招商部（或参观者服务部）、宣传推广部、活动部、现场服务部、财务部、人力资源部、知识产权办公室、媒体接待部等实施部门。

总体说来，政府介入会展程度和会展自身的性质、发展阶段、会展自身市场化程度相关。会展自身越是全国性、综合性及其政治经济功能、影响力越大，介入的一级政府及政府职能越多、介入的政府层级也越高。会展发展初期阶段，政府在资金、组织设置、具体运作等方面介入的程度越高，随着会展规模扩张，由亏损实现赢利，政府的直接资金投入会不断减少，直接干预经营也会不断减少，政府更多地体现在服务性和配套性支持上。

一、政府主导型会展组织运作：改革开放以前

1. 政治性展示组织运作

一部分政治性展示如阅兵、中国共产党成立庆祝性活动，往往会成立核心的领导小组及其执行机构，负责整个活动的策划和组织落实。例如，1949年6月，中国人民政治协商会议筹备会议决定，10月1日在天安门广场举行开国大典。中共中央成立了开国大典筹备委员会，

[①]李勇军.展会组织网络：基于两种基本组织网络的治理分析[J].华东经济管理，2012（9）：113.

周恩来任主任，朱德任阅兵司令员，聂荣臻任阅兵总指挥，二十兵团司令员杨成武任阅兵指挥所主任。开国大阅兵按照专门制订的《阅兵典礼方案》，内容包括受阅部队的选调、编组、阅兵程序、阅兵礼乐、受阅前的训练等。开国大典的阅兵按阅兵式、分列式的组织程序进行。阅兵式在静止状态下进行，全体受阅部队以天安门主席台为中心，按序列在东、西长安街列队，接受阅兵司令员的检阅；分列式在行进状态下实施，各受阅部队依次由东向西通过天安门城楼前接受检阅。受阅部队按海、陆、空三军的序列编组。受阅部队于 7 月底编组完毕进行训练。

　　一部分政治性展示是通过政府所有的博物馆进行展示。这一时期，政治性会展举办、参与和参观都是党政组织通过层层计划、指令、单位动员自上而下进行的，具有高度的组织性、动员性。

　　2. 行政套会组织运作

　　行政套会是指在行政会议的基础上，套以交流会、展览的方式进行。例如，全国糖酒会就以这一种方式演变形成。1955 年由城市服务部组织的全国供应会在西苑大旅社（原北京展览馆招待所）举行。会议期间，来自全国各地的代表针对地区间生产和需求情况，进行了大量交流，对改善工厂经营管理、减少采购的盲目性、节约费用等方面起到了明显的促进作用。在本质上，它是政府产品分配、计划衔接性会议，并非独立的商品交流会。由于会议效果突出，会议形式便被延续下来，在之后的两年里，商业部又在北京组织了全国糖业糕点专业会议，讨论经营方针，落实供应措施，同时进行小食品的交流。1958 年起，商业部在北京组织召开的全国糖业烟酒专业计划会议，首次将烟、酒纳入议程。1964 年，在上海召开的全国三类商品供应会上，首次设立了糖烟酒商品展厅，参展样品有 3500 多种，以便于第三类商品的交流采购。这样，由行政会议发展为专业性交流会议，再在交流会中套进展览。从 1966 年至 1976 年，糖酒会先后在洛阳、上海、韶山、太原、天津、武汉、石家庄、扬州、柳州、无锡、烟台等城市举行。特别是在 1972 年的石家庄会议上，糖酒会迎来了历史上的一个重要转折点，本次会议改变了行政会议套开的形式，改为真正独立举办的商品交流会。[①]

3. 物资交流大会组织运作模式

内贸性质的物资交流大会一般由内贸部门组织，而外贸性质的交流大会一般由外贸部门组织实施。前者如 1955—1956 年广东先后举行了内贸性质的"华南物资交流大会""广东省物资展览交流大会"，后者如"广州出口物资展览交流会""中国出口商品展览会"。

1956 年 9 月 6 日，经周恩来同意，国务院下发电报，同意外贸部和广东省人民政府以中国国际贸易促进会的名义，共同主办中国出口商品展览会，并要求各地区和各部门积极协助，大力支援。此后很快，中国出口商品展览会筹备委员会成立，广东省副省长古大存担任主任委员，中国国际贸易促进会副主席冀朝鼎、外贸部出口局副局长舒自清和外贸部驻广州特派员严亦峻等担任副主任委员，严亦峻兼秘书长。华润公司（当时是管理着中国共产党在香港的十余家公司，新中国成立以后归对外贸易部管辖，同时也是中国各进出口总公司在香港的总代理）被责成提供海外客商名单。华润公司成立了两个小组。一是以华润总经理张平为组长的"外商小组"，负责邀请外国商人；一是以华润副总经理何平为组长的"华商小组"，邀请港澳和海内外的华商和侨商。1956 年 11 月 10 日，中国出口商品展览会在中苏友好大厦开幕。展览区面积共一万八千平方米，分为工业品、纺织品、食品、工艺品和土特产品 5 个馆。1957 年 1 月 9 日，展览会闭幕。据《人民日报》报道，30 多个国家和地区的商人同中国的贸易代表团做了 6000 笔交易，成交商品 1000 多种，金额在 2000 万英镑以上。1957 年 3 月 4 日，外贸部发文称，根据中国出口商品展览会的经验，通过交易会当面看货、当面商谈的方式，对推销小商品很有帮助。因此，同意在广州举办一次出口商品交易会。当月，广交会常设机构——中国出口商品陈列馆成立，定为处级事业单位，隶属于外贸部驻广州特派员办事处和广东省外贸局。[②]

---

① 冯启.粮酒会的前世今生[EB/OL].佳酿网，http://www.jianiang.cn/yanjiu/1013615252015.html，2015-10-13.

② 杨敏.1956 年中国出口商品展览会[N].中国新闻周刊，2012-05-29.

4. 大连工业展览会模式

大连工业展览会自 1949 年 9 月 18 日开幕到 11 月 30 日闭幕，历时两个月 12 天。近两个半月时间，大连工业展览会参观者达 31 万人次（当时整个旅大地区人口为 100 万人，1949 年年中统计工厂工人为 10 万人）。举办之时，社会主义改造还没有完成，但是政府主导色彩强，具有中国政府主导型展会运作的典型特点。①

1948 年 11 月，大连举办了关东农业生产劳模与农业展览会。这次展览是在中共旅大地委领导下主办的政治展示和农业展示相结合的展览会，为大连工业展览会积累了经验。展览会设在大连县政府二、三楼，二楼第一部分是总展室，共有 4 个室，展示内容包括关东农业鸟瞰、1949—1950 年生产计划缩影、农作技术、积肥制肥和农村文化教育。第二部分是大连县展室，也有 4 个室，即丰收室、劳模室、政绩室和计划室。三楼是旅顺和金县的展室。关东农业展览会 11 月 25 日开幕至 12 月 22 日闭幕，历时 27 天，参观人数达 9 万 2 千多人次，平均每天有 3290 人次前来参观。农民参观农展格外踊跃，仅金县、大连县、旅顺的农民观众就达 33500 多人次。关东公署特聘农业专家对农展会的优良展览品评出等级，分别发给奖状以资鼓励。经评定，有 194 件展品获奖，其中一等 38 件，二等 81 件，三等 25 件，四等 50 件。获奖展品包括主食作物（包括苞米、高粱、谷子、豆类等），园艺作物（包括菜蔬果品等），特殊作物（包括稻、棉花、花生等），副业生产（蜂、兔、鸡等），手工业生产（筐、铺垫、粪撮、小扇、草帽、农具等）。

从组织运作的角度说，大连工业展览会具有如下特点。

1. 成立了大连工业展览会筹备委员会

筹备委员会分设秘书处、建设部、总务部、招待部、宣传部、场务部和设计委员会。筹备委员会在中共旅大区党委、旅大行政公署领导下开展工作，具有强大的组织保障。

---

①葛玉广.大连工业展览会：新中国展览会开篇之作[J].中国会展，2009（23）：49-51.此部分主要根据这一篇文章整理所得。

2. 计划性强

关东农业展览会结束以后，大连工业展览会筹备委员会聘请了 40 名委员，开始草拟计划，确定规模，选择会址，建立组织，规定制度。1949 年 5 月 28 日，中共旅大区党委、旅大行政公署联合发出《关于一九四九年大连工业展览会的决定》。[①]该《决定》要求："各企业单位党与行政、工会的组织以及有关部门，对于本年度工展筹备工作应予以充分重视，应即根据工展筹委会所拟之计划大纲，立即积极着手进行准备，按期完成展览会各馆的布置工作，并须指定专门干部，认真切实地参加这一工作的布置与进行，以保证这一重要任务之顺利完成。"

3. 以行政计划和政治要求组织参展和布展工作

1949 年 8 月 26 日，旅大行政公署下发《关于工业展览会几个具体问题的通知》。[②]旅大行政公署要求："工展筹委会及参加展览的各个单位，对于自己的布置应切实进行检查，凡有不妥之处，应即时纠正。在政治上要保证党与政府的政策在展览中能够明确地体现出来，通过这次工展，说明中国工业化的光明前途；同时，要充分表现出在我们的工业生产中党的领导作用，劳动人民的创造性与积极性，苏联的友谊帮助及劳动与技术的结合、生产恢复过程等，都应该明确地用文字、图表、照片等表现出来，并应及时布置，不得贻误时间。"旅大行政公署又提出："为宣传并推销本区之工业产品，责成商业厅在工展会场内设产品零售处，以低于市场之零售价格零售本区生产之日用品与食用品。"通知还就工展的防火防特、用电安全、外来参观者的接待等提出了要求。9 月上旬，大连工业展览会进行预展，征求意见，完善布展。

4. 由政府组织参观者接待工作

旅大行政公署要求大连市政府负责做好外来参观者的接待工作，"要保证外区参观者来到本区之后，在食宿生活等方面都能得到一定的

---

①中共旅大区党委、旅大行政公署《关于一九四九年大连工业展览会的决定》（1949 年 5 月 28 日）.

②旅大行政公署《关于工业展览会几个具体问题的通知》（总发第 1093 号秘字第 107 号 1949 年 8 月 26 日）.

便利条件，旅馆房间及伙食之等级标准与价格，要作统一的规定，而且保证其价格比平时要低"。

5. 动员性强

除了依靠计划和行政指令，大连工业展览会依靠了党的强大组织动员能力，发动群众和党的宣传机构实施组织动员。例如，大连工业展览会的场馆建设就是在党的动员下完成的。1949 年 4 月 18 日，关东公署（1949 年 4 月 27 日旅大地区第二届各界人民代表大会决定改关东公署为旅大行政公署）下发《关于组织与动员各机关团体学校企业人员参加工展筹备义务劳动的通知》。①通知指出："为发扬义务劳动热情，以集体力量完成本区各项建设工作，公署特决定组织各机关、团体、学校的公务人员、职员、教员、学生于业余时间内（每日下午 5 点至 7 点，必须严格遵守时间）参加大连工业展览的建筑筹备工作。"场馆建设耗时 5 个多月，动员人工 10 万以上。

二、政府主导型会展组织运作：改革开放以来

1. 广交会组织运作模式

改革开放以来，广交会在管理模式上不断完善，形成如下运作模式。

（1）每届广交会组成领导委员会，主任由广东省省长担任，国务院主管部门（先后为外贸部、外经贸部、商务部）一位领导任常务副主任，委员由省部相关部门的负责同志、各参展团团长、馆长出任。广东省主要负责广交会期间的馆外环境和有关服务，国务院主管部门主要负责馆内的业务洽谈成交和服务等工作。

（2）中国对外贸易中心是广交会的承办单位。它是商务部直属事业单位，同时拥有、经营亚洲最大、世界前列的现代化展馆——位于广州市海珠区琶洲岛的广交会展馆。它负责广交会的对外招商，提出

---

①关东公署《关于组织与动员各机关团体学校企业人员参加工展筹备义务劳动的通知》（总发第 514 号秘字第 57 号 1949 年 4 月 18 日）.

馆内布展的总体要求以及会展期间的综合服务。

（3）中国对外贸易中心设有广交会职能机构，主要包括：①大会秘书处。负责广交会总体协调；广交会重大活动的组织与协调；商务部领导及嘉宾到会接待工作，落实部、司领导交办事宜。负责广交会有关信息的编号、上报；广交会各机构之间的文件流转和机要、保密等文秘管理工作；统筹现场展览服务和通信、财务等配套服务；后勤保障等日常工作。秘书处日常办事机构设在外贸中心办公室。②业务办公室。组织、布置进、出口成交工作，负责外贸政策研究、形势分析，指导进、出口成交统计工作；指导广交会展览成效评估工作，研究制定广交会组展工作方案；组织开展有关广交会改革发展调研；负责有关业务信息编报（包括广交会总结等）；查处违规转让和倒卖展位以及知识产权侵权行为；联系交易团、商协会，协调有关展览工作；指导和推动信息化工作，建立完善的广交会电子政务系统、电子商务系统和信息服务系统等。业务办公室日常办事机构设在外贸中心广交会工作部。③外事办公室。负责广交会对外交往、外事活动的组织安排。包括安排广交会领导的外事活动；接待应邀来访的外国政府及经贸代表团；邀请或协助邀请外方主讲人、驻华使（领）馆官员、商会团体或公司代表等参加在广交会期间举办的相关会议。外事办公室日常办事机构设在外贸中心国际联络部。④政治工作办公室。负责广交会思想政治工作的组织、管理和协调；负责违规转让和倒卖展位的检查工作。政治工作办公室日常办事机构设在外贸中心政工部。⑤保卫办公室。负责广交会展馆和重要活动的安全保卫工作；负责对到会采购商、国内与会人员的住所及主要活动场所的安全保卫工作实行统一的组织指挥，包括制定广交会保卫方案，协调各级公安部门行动，维护广州地区的社会治安，为广交会创造安全良好的社会环境；负责展馆的防火安全；负责维护广交会展馆及其附近道路交通秩序，保障交通畅通。保卫办公室日常办事机构设在外贸中心客户服务中心保卫部。⑥新闻中心。负责广交会期间记者邀请、接待、重要采访活动的安排以及组织召开新闻发布会；负责编辑出版《广交会通讯》中文版；负责跟踪媒体报道，编辑《舆情快报》和《每日舆情摘要》；负责宣传品发放管理。新闻中心日常办事机构设在外贸中心办公室。　⑦卫生保障办公室。负责统一领导和指挥广交会卫生保障工作。与卫生行政部门保持密切联系，了解和掌握卫生动态，制定卫生保障工作方案和卫生防疫情况宣传口径；检查卫生保障措施落实情况；接受病情报告，处理卫生保障工作中的突发事件；组织、协调卫生防疫力量及相关工作；汇总广交会卫生防疫情况信息，编写简报。　卫生保障办公室日常办事机构设在外贸中心客服中心综合管理部。　⑧证件服务中心。会同外贸中心有关部门，负责广交会证件的印制、发放，采集、分析、汇总采购商信息数据；负责规划完善办证系统、培训使用办证系统和现场管理。证件服务中心日常办事机构设在外贸中心客户服务中心保卫部。⑨广交会客户联络中心。广交会客户联络中心是为与会客商提供广交会及日常展览相关信息的统一服务平台。提供与会一站式服务，可接受中、英、西、法、俄五种语言咨询。现场受理会展信息、展品导航、办证咨询、客商与会、仓储运输、审图、交通、展具预订、设备预租、宽带接入、报障、投诉等业务。

（4）广交会展位实行分配机制。长期以来，大会将展位总数大致按照出口额比例分配到各省和相关行业组织，再由各省外经贸部门层层按出口额等指标分配至基层。自第99届起按照年度出口额、国家级奖励、自主品牌海外销售渠道等多个指标对企业进行评分，对生产企业、中小企业、中西部企业给予照顾，同时还给予各省市交易团20%的机动权，照顾尚未达标，但是具有潜力的企业参展。自第73届开始实行了省市组团、按团设馆的改革，改变了以外贸总公司为主的组团的方式。自第76届起实行"省市组团，商会组团馆，馆团结合，行业布展"的方案。

（5）同外经贸易条法司、国家知识产权局、商标局、版权局及广东省、广州市有关单位合作加强知识产权保护组织工作。广交会保护知识产权工作始于1992年第71届，这一届会展，主办方组织检查出口商标使用情况，加强对出口产品商标的管理。1997年第81届，首次设立知识产权保护专门机构，统一部署查处商标、专利和版权等领域的侵权行为。1999年第85届，广交会正式设立大会投诉站，专门受理侵犯知识产权行为和在广交会上签订的贸易合同纠纷的投诉。2000 年第 88 届,邀请当地有关专利、商标和版权的行政执法部门组建专业执法队伍直接受理知识产权侵权投诉,使广交会保护知识产权工作走上了依靠专业执法队伍保护知识产权的道路。2005 年第 98 届,广交会将原"投诉站"更名为"知识产权和贸易纠纷投诉接待站",更加强调知识产权方面的维权服务。2006 年第 100 届,进一步加大对知识产权保护的宣传力度,完善相关管理办法,对涉嫌侵犯知识产权行为的处罚越来越严厉。2007 年第 102 届,广交会进一步修订《涉嫌侵犯知识产权的投诉及处理办法》,对涉嫌侵权情节严重的企业,将永久取消广交会的参展资格。2010 年第 107 届,广交会再次修订《涉嫌侵犯知识产权的投诉及处理办法》,进一步明确侵权企业的侵权责任,使之更具有可操作性。2010 年第 108 届,广交会制订和实施《〈涉嫌侵犯知识产权的投诉及处理办法〉实施细则》,进一步规范处理侵权行为。

2. 东盟博览会组织运作模式

2003 年 10 月 8 日,中国国务院总理温家宝在第七次中国与东盟(10+1)领导人会议上倡议,从 2004 年起每年在中国南宁举办中国—东盟博览会,同期举办中国—东盟商务与投资峰会。这一倡议得到了东盟 10 国领导人的普遍欢迎。其运作模式主要包括如下几个方面。

(1)组委会由中方和外方人员构成。以第七届为例,中方人员构成中王岐山为名誉主任,商务部部长陈德铭为主任,副主任包括马飚(广西壮族自治区主席)、毕井泉(国务院副秘书长)、高虎城(商务部副部长)、陈武(广西壮族自治区副主席)。秘书长是陈武。委员包括蔡名照(中宣部副部长)、胡正跃(外交部部长助理)、张晓强(国家发改委副主任)、曹健林(科技部副部长)、毕根敬(公安部警卫局副局长)、李勇(财政部副部长)、翁孟雪(交通运输部副部长)、鲁培军(海关总署副署长)、魏传忠(国家质量监督检验检疫总局副局长)、祝善忠(国家旅游局副局长)、边振甲(国家食品药品监督管理局副局长)、王国庆(国务院新闻办副主任)、于平(中国国际贸易促进委员会副会长)。广西壮族自治区政府作为承办方,也设有领导小组,组长和副组长一般由自治区政府主席和副主席构成,成员由自治区政府相关职能领导构成。

（2）广西国际博览事务局（属于事业单位）是中国—东盟博览会常设工作机构，对外称东盟博览会秘书处，主要负责：东博会的总体规划和重大活动的组织实施；统筹和组织实施东博会境内外招商招展，会展的展区规划、现场管理与服务；东博会专有品牌资源的管理和经营；东博会的整体形象设计和宣传推介工作等。内设机构除了人力资源部、财务会计部外，还包括：①综合协调部。负责草拟会展工作方案；联系会展组委会成员单位和工作部门；统筹协调会展重要活动和工作任务；督促检查各项工作的执行情况；负责文秘工作和内部工作信息的交流报送；负责档案管理、机要保密、办公自动化、法律事务、后勤服务等工作；完成局领导交办的其他事项。②研究发展部。负责研究会展发展战略，编制会展发展规划；研究中国—东盟自由贸易区的发展动态；负责同业交流和信息收集、分析、编印；负责资料室的管理；负责与业务顾问和专家学者的咨询、联络；起草领导讲话和重要文稿；完成上级交办的专题研究任务。③招商招展部。负责统筹境内外招商招展工作；制定会展招商招展工作方案；负责展位确认和展位安排；建立客商数据库，负责客户关系管理和现场专业观众登记；编印招商招展资料和会刊；汇总、统计成交情况，组织对会展效果的综合评估；组织实施国内（含香港、澳门、台湾地区）招商招展工作，并联络、协调各客商团组。④展览管理部。负责统筹管理展务工作；规划展览场地，安排展位序号；设计展区形象，设定服务功能区，搭建装修展台；负责展品运输和通关；管理展览现场和客户服务；协调会展现场的安全保卫工作，维持会展秩序；联系海关、出入境检验检疫及其他相关管理部门。⑤对外联络部。负责国外招商招展工作；负责与国外会展主管部门、商协会、代理机构及企业、外国驻华使（领）馆和我国驻外使（领）馆的联络；负责统筹外事工作，包括协助邀请或邀请和接待国外来宾、国际会议及相关活动和因公出访策划、组织和具体实施；翻译及译文的审定；联系外事主管部门。⑥宣传推介部。负责会展宣传推介业务；会展总体宣传推介的策划；发布有关会展新闻；编审出版会展宣传品；联系媒体对会展有关活动进行报道；收集整理有关会展的图文音像资料。⑦会议接待部。负责高层论坛、大型会议和相关活动的策划、组织和具体实施；统筹安排会展客商接待工作；联络政府接待部门和旅行社、宾馆等服务机构。⑧经营开发部。负责会展专有品牌等资源的管理、经营和保护；负责赞助、广告经营、资产运营等市场开发工作；会展礼品及专用产品的开发经营；管理博览局投资参股公司和合作项目。

（3）东盟博览会实际上包括中国—东盟博览会、中国—东盟商务与投资峰会。在此基础上，形成"一主多专"的运作模式。"一主"即中国—东盟博览会主展，综合、全面展示自贸区升级版建设的最新进展，是自贸区升级的试验田和风向标。"多专"即多个专业展。每季度至少举办一个专业展。专业展将选择中国与东盟之间合作意愿强、关注度高的领域，如林业、旅游等，搭建中国—东盟该领域合作最有影响力的平台。专业展包括林业展、农业展、文化展、轻工展、咖啡展。

作为国家级区域经济发展博览会，中国—亚欧博览会、中国—东北亚博览会运作模式和东盟博览会运作模式基本相同。其中，中国—亚欧博览会设立新疆国际博览事务局。它属于自治区人民政府直属相当正厅级事业单位，为中国—亚欧博览会常设工作机构，对外称中国—亚欧博览会秘书处，实行一个机构，两块牌子。它的主要职责包括：负责中国—亚欧博览会的总体策划和重大活动的组织实施；统筹协调和组织实施中国—亚欧博览会境内外招商招展，以及会展的展区规划、现场管理与服务工作；联络中国—亚欧博览会各主办方和协办方，协调落实相关工作，协调邀请重要来宾；负责中国—亚欧博览会整体形象设计和宣传推介工作；建设、管理和维护中国—亚欧博览会网站；根据中国—亚欧博览会组委会的部署，统筹协调、督促落实各项服务和保障工作；负责中国—亚欧博览会专有品牌资源的经营管理，以及展馆租赁、展位经营、广告赞助等；负责中国—亚欧博览会的经费预算及相关业务的收支核算；研究新疆会展产业发展战略，收集管理会展和客户资源信息，培育会展人才队伍；主办和承办其他各种博览会、展览会、高层论坛和国际性会议；承办中国—亚欧博览会组委会、商务部和自治区人民政府交办的其他事项。内设综合部、招商招展部、对外联络部、安保工作部、宣传工作部、展览工作部等。

中国—东北亚博览会建立了"政府主导、各部门联动、举省办会"的筹办机制，设组委会、执行会、秘书处三级筹办领导体系。组委会主任由省长担任，副主任由商务部、国家发改委和吉林省政府有关领导担任。吉林省成立执行机构，执委会主任由分管副省长担任，副主任由省政府分管副秘书长和省直属相关部门领导担任。中国—东北亚博览会设立"吉林省博览事务局"①。它作为东北亚博览会秘书处的日常办事机构，承担着博览会统筹规划、总体方案设计、会议活动策划、宣传推介、对外联络、招商招展及客户维护、督查调度及会议期间现场的统筹协调、指挥调度、接待、会议活动组织实施、会展管理等大量繁重的工作任务。

上海世博会在执委会下设有上海世博会事务协调局②，具体负责世博会的筹备、组织、运作和管理工作。上海世博会事务协调局下再设办公室、综合计划部、国际参展部、外事办公室、主题演绎部、展馆展示部、城市最佳实践局、总工程师办公室、总建筑师办公室、工程部、市场开发部、运营部、世博局参观者服务中心、世博局票务中心、安保部、新闻宣传部、世博网站、《上海世博》杂志编辑部、活动部、交通管理部、规划部、世博局参展者服务中心、信息化部、世博部信息中心、资金财务部、人力资源部、志愿者工作部、法律事务部、世博局行政中心、党群工作部、监察审计部、出入口管理部。除了上述职能部门，还有上海世博土地储备中心（上海世博土地控股有限公

---

① 2005 年 7 月 26 日，吉林省编制委员会办公室下发了《关于设立中国吉林—东北亚投资贸易博览会执委会秘书处的批复》，设立东北亚博览会执委会秘书处，是隶属于吉林省人民政府的事业单位，实行财政全额拨款。2006 年 3 月 16 日，省编办下发了《关于中国吉林—东北亚投资贸易博览会执委会秘书处加挂吉林省博览事务局牌子等事宜的批复》，确定该秘书处加挂吉林省博览事务局牌子。2008 年吉林省政府将吉林省博览事务局整建制地划归省商务厅管理，加挂东北亚博览会执委会秘书处牌子，按副厅级规格待遇。

②上海市政府新闻办公室 2012 年 4 月 14 日发布信息，随着中国 2010 年上海世博会各项后续工作基本结束，上海世博会事务协调局也顺利完成历史使命，经中共上海市委、上海市政府批准，上海世博局近日正式撤销。

司）、上海世博（集团）有限公司、上海世博会运营有限公司。上海世博土地储备中心负责世博会所需用地的储备、开发、租让、回收和后续利用。上海世博（集团）有限公司负责世博会场馆建设、会期管理、场馆后续利用。上海世博会运营有限公司主要负责世博运营期间的各项工作。

3. 西湖国际博览会组织运作模式

西湖国际博览会（简称"西博会"），创办于1929年6月。此后停办70年。1999年6月重新开办。其运作模式主要包括如下几个方面。

（1）历届西湖国际博览会组织委员会名誉主任由浙江省省长和国家有关部委领导及西湖国际博览会主办单位负责人担任，主任由杭州市市委书记担任，市长担任第一副主任。最初，为加强对西湖国际博览会的领导和协调，市委、市政府决定在组委会下设立"一办两委"，即办公室、会展工作专业委员会和会议工作专业委员会（2000年7月增设活动工作专业委员会），开展日常工作。后改为"一办十部"，即办公室下设综合秘书部、宣传推介部（西湖国际博览会新闻中心）、财务运作部、礼宾服务部、安全保卫部等。

（2）西博会实行加盟经营模式，由政府经营西博会品牌，企业操作西博会项目，市场化运作。西博会组委会负责总体策划和总体协调，进行项目管理，但不直接运作项目，所有项目都由项目责任单位运作。按照正式项目和支持项目进行分类管理，正式项目中又划分为注册项目、申报项目、引进项目。西博会的项目申报条件对举办场地、时间、人数、规模、成交以及申报方案等相关要素都进行了明确的要求，以确保西博会项目的质量。西博会的注册项目必须是由项目单位实行市场化运作、连续举办3年以上、规模和质量逐年提高并获西博会组委会2次以上表彰的具有品牌连续性的项目，经西博会组委会办公室审核同意后方可冠名，一次注册3年有效。注册项目目前有11个，分别是西湖国际烟花大会，中国（杭州）美食节，中国杭州名师名校长论坛，中国（浙江）国际家具展览会，国际有线电视技术研讨会，中国浙江国际自行车、电动车展览会，中国西湖情大红鹰玫瑰婚典，西湖艺术博览会，杭州人才交流大会，中国杭州国际汽车工业展览会。西博会项目有联合国教科文组织、各国际组织举办的，有政府部门举办的，有行业组织举办的，也有会展企业举办的，还有高等院校、科研机构和民营企业举办的，举办单位自筹资金，自负盈亏，实行市场化的运作方式。如有两个以上主体申报同类项目，优先选择规模大、效益好、承办单位实力强的项目。经评估具有同等举办资格和实力的，可采用竞争申办的方式择优确定项目举办单位。西博办对西湖国际博览会的广告资源、品牌资源、配套服务资源进行运作管理，筹集办会资金，实现"以会养会"。

2006 年杭州要举行休闲博览会，杭州市把西博会的丰富经验延伸到休闲博览会的组织工作中。2006 年 4 月 22 日，2006 世界休闲博览会和第八届西湖国际博览会联动举办，"两会"开幕式与闭幕式合一，"两会"同时开幕、同时闭幕。

4. 华交会、义博会组织运作模式

中国华东进出口商品交易会（简称"华交会"）是由中华人民共和国商务部支持，上海市、江苏省、浙江省、安徽省、福建省、江西省、山东省、南京市、宁波市 9 省市联合主办，每年 3 月 1 日—5 日在上海举行。华交会是中国规模最大、客商最多、辐射面最广、成交额最高的区域性国际经贸盛会。会展由华东 9 省市主办，起到了宏观指导与监督的作用，但纺织品进出口商会、轻工进出口商会也直接参与办展工作，在市场调研、保护知识产权、维持交易次序和出口成交分析等方面做了许多有效的工作，上海外经贸商务展览有限公司独家承办。

中国义乌国际小商品博览会（简称"义博会"）创办于 1995 年，是经国务院批准的日用消费品类国际性会展，由商务部、浙江省人民政府等联合主办，已连续举办 20 届，每年 10 月 21 日—25 日在浙江义乌举行。2002 年经国务院批准由地区性会展升格为国家级的国际性会展，是国内唯一的国家支持的县级市举办的国际性会展，也是商务部举办的继广交会、华交会后的第三大会展。以第 20 届为例，共有来自 22 个国家和地区的 2529 家企业参展，实现成交额 170.74 亿元，同比增长 2.76%。其中，外贸成交额为 17.5 亿美元，占总成交额的 62.73%，同比增长 3.21%。共吸引了来自 170 个国家和地区的 207159 名客商参会，其中境外客商达 23835 人，到会境外客商数居前五位的国家和地区是：韩国、印度、巴基斯坦、埃及、俄罗斯。

义博会最初由义乌市场管理层提议举办一个中国小商品城名优新商品展示会活跃一下气氛。这一提议得到市政府大力支持，并出台了《关于组织举办中国小商品城名优新商品博览会的通知》（义政办发[1995]5 号文件）。之后成立了由政府官员构成的组委会，下设办公室、招展组、宣传组、后勤组、市容保卫组。组委会成立以后，负责人南下东莞招展。最终招得境外 16 家企业，广东、福建、上海三地 124 家，义乌当地企业 40 家，共 348 个展位。第一届达到了预期效果，为了进一步扩大影响，经政府努力争取，和内贸部流通司、市场司达成共识，积极筹办第二届义博会。义乌政府在场地建设方面以土地成本价出让相关土地，以政府贴息方式提供建设贷款，大力建设周边配套设施，并将展场按经营性资产进行运作。从 1998 年第四届义博会开始，义乌市政府退居为协办单位。不过，后来义乌市政府和浙江省商务厅一起成为承办单位。主办单位也升格为中华人民共和国商务部、浙江省人民政府、中国国际贸易促进委员会、中国轻工业联合会、中国商业联合会。组委会下设综合业务部、展览事务部、环境卫生部、后勤接待部、安全保卫部、对外联络部。义乌小商品城展览有限公司负责展务工作的实际执行。

5. 北京奥运会组织运作模式

除了一般的组委会、执委会等领导机构外，北京奥运会还设立了北京、青岛及中央各部门迎奥委。除此之外，还设立了直接对中央和国务院负责的奥运会工作领导小组。这一领导机构的设立对于统筹奥运会中的央地关系、党政各部门之间的关系非常重要。组委会主席由北京市市长刘淇担任，国家体育总局局长、中国奥委会主席袁伟民为执行主席，北京市副市长刘敬民为常务副主席，李志坚、于再清、段世杰、蒋效愚、张茅为副主席，秘书长为王伟。

第六节　政府主导型会展政策工具

一、行政计划与指令

行政计划是指行政机关为达成特定的行政目的，为履行行政职能就所面临的问题，从实际出发，对有关方法、步骤或措施等所做的设计与规划。在纯粹的政府主导型会展中，在组委会的统一布置与协调下，首先形成会展基本框架性方案，再由各牵头部门提供具有可操作性的具体实施方案并经过层层协调、汇总，最后形成由一揽子方案构成的全部方案。在市场化程度较高的政府主导型会展中，会展总体目标、预算最终也要纳入行政计划之中。

在中国庞大的党政科层组织体制中，行政指令可以经由党政组织高层层层下达，最终落实到企事业单位、行业协会、工会、商会、社区、街道、村组织。经由行政指令而不是市场配置资源是在政府主导型会展中政府常用的政策工具。在日常管理中，存在着繁琐的审批、行政管理程序，这些程序往往让单个的会展企业非常头痛，但是当主办方中有政府、行业协会时，程序性问题就往往不再是问题了。并且，主办方存在高级别的政府组织、全国性的行业协会时，程序性问题就更容易解决。同样，组委会、执委会、安保机构也是通过行政指令形成的。

在政府主导型会展中，通过行政指令招展招商也是一种常见的做法。在计划经济时期，由于企事业单位直接隶属于行政机构，所以往往可以通过红头文件进行直接摊派，随着市场经济体制改革的不断推动，许多企事业单位经由转制后不再直接隶属于政府。在这种情况下，以电话、口头等方式动员企业参展成为常见的做法。在这种情况下，行政指令和指标往往下给政府及其相关职能部门。例如，在一个市级

125

主导的会展中，具体指标往往下到县区一级政府和市部分职能部门手中。在组展中，各县区组团参展也是市一级政府主导型会展中的常见做法。随着会展运作市场化程度的提高，专业公司成为许多政府主导型会展的实际经营者，直接摊派展位的情况大大减少了，但是当展位出租效果不理想时，通过行政指令摊派仍是一种常见的做法。

依靠政府财政长期投入来举办会展的模式难以为继，寻求赞助合作、逐步走向市场化是国际通行的做法。在一些影响力不够，传播价值低的政府主导型会展中，摊派赞助是一种常见的做法。例如，在西部某地级市连续多年举办综合性展会中，当地最大的一家国有企业每年都被要求提供赞助，动辄三五百万元。初步统计，10年间这家企业提供的赞助费竟然达到3700多万元。[①]

二、动员

动员包括政治动员和社会动员。所谓政治动员是指一定的政治权威主体通过营造舆论与压力、物质或精神诱导等手段说服、引导，甚至操控动员客体认同、支持与配合动员主体的政治倡议、行动方案、政治目标等予以实现的行为或过程。与政治动员相比，社会动员具有更为广泛的含义。一是将社会动员看作由社会进行的动员，是一种社会成员在某些经常、持久的社会因素与力量影响下，态度、观念及行为模式认同聚合的过程。这种社会动员更多地遵循一种社会自发秩序演进力量的影响，具有自组织的属性。二是将社会动员看作是一种对社会的动员，如国防动员、革命动员、救灾动员。这种动员往往离不开特定的政治权威主体自上而下的政治动员。但是，这种动员可能还包括社会自发动员。

在计划经济时期，我国的社会动员机制就是单一的党政动员，党和政府一声令下，举国上下，全民行动。改革开放以来，社会方方面

---

①张周来、刘良恒、李惊亚、李蒙.会展行业乱象丛生蕴藏巨大风险[N].经济参考报，2014-2-21-03.

面发生了很大变化，社会管理从过去以单位为主，转变为单位、社区、社会组织共同参与。具体说来，它具有如下特征：首先，政府形成了社会动员组织机构网络，各级部门、单位协调联动，并能依据灾害或事件的重大、重要程度，划定动员层级，进行不同程度的社会动员，使之更加有效和顺畅。其次，社区、社会组织实现了充分介入，利用自身紧贴群众的优势，发挥号召、组织群众的作用，使社会动员不留死角。最后，政府和社区、社会组织间建立起了有效的合作机制，能保持稳定的配合关系和成熟的沟通渠道。特别是能通过志愿者组织，充分管理好、利用好志愿者资源，引导广大群众积极参与志愿活动。例如，在北京奥运会期间，由北京市委市政府、奥组委、团中央、奥运会志愿者工作协调小组共同推动的志愿工作体制，在北京 18 个区县、82 所高校成立了志愿工作协调机构，组建了京外省区市、港澳台侨外奥运赛会志愿者招募工作机构，成立了十类专业志愿者项目工作组，形成了赛会志愿者、城市志愿者、社会志愿者、"迎奥运"志愿服务者、奥运会志愿者队伍。据不完全统计，北京奥运会期间，170 万名志愿者在各类服务领域累计服务超过 2 亿小时。[①]

三、运动式治理

运动式治理是在制度范围内，在高位推动下，依赖于党政科层组织网络就某一领域的突出问题进行集中治理。专项斗争、集中整治、专项治理等是其常见的表现形式。运动式治理常见的流程是：事态恶化→领导重视→成立专项治理小组→形成治理方案→召开动员大会→实施治理→检查反馈→总结评估。运动式治理沿用了政治运动解决问题的部分经验，具有综合多个部门解决同一问题的优势，可以弥补常态科层治理的不足。[②]一般说来，运动式治理需要高位推动更为有效。因此，高位层级越高，关注度越高与关注时间越长，治理任务越清楚，

---

①郭焕龙.话说社会动员机制[J].前线，2009（3）：63.

②李勇军.政策动员及其在中国的转向[J].云南行政学院学报，2011（3）：42.

其效果就越高。否则，运动式治理可能会流于形式。无论是运动式治理还是常规式治理都需要创新治理过程中的群众路线实现机制，以动员更多的资源、知识、价值和力量完善政策执行过程本身。

在政府主导型会展中，运动式治理主要集中于环境与公共安全。这种治理既可能发生在申办过程中，也可能发生在会展举办之前一段时间以及会展举办过程之中。会展自身的政治和国际影响力越大，采用运动式治理的级别也就越高。像世博会、奥运会、东奥会、世界杯、亚运会这种国际级的大型会展活动，对举办地的环境质量要求很高，在申办时就要有环境考察的要求。因此，举办地城市为了配合考察，会在适当时候对环境进行运动式治理。当然，更多地是在会展举办期间。像东盟博览会、东北亚博览会、亚欧博览会这种国家级会展的安保要求也很高，通常也会采取运动式治理。

例如，为了保证世博会的顺利召开，上海警方至少举行了七次"平安世博"的专项整治。在第七次行动中，共抓获违法犯罪嫌疑人 117名，破获扒窃、拎包类案件 189 起，全市扒窃拎包案件接报数同比下降 39.15%。

在北京奥运会期间，从中央国家机关到街道，成立了平安奥运行动协调领导小组，响应组委会平安奥运的要求。2008 年 4 月 28 日，中央国家机关平安奥运行动指挥协调领导小组印发《关于在中央国家机关深入开展"平安奥运行动"的工作意见》的通知。按照通知要求，中央国家机关"平安奥运行动"分三个阶段进行。

1. 清理整治阶段（5 月至 6 月）

主要任务是彻底摸清安全保卫工作底数，集中整治治安防范工作中存在的突出问题，坚决消除各类安全隐患。具体规定如下：（1）开展治安隐患排查整治行动。重点对所属办公区、自管和共管的宿舍区、地下空间和生产经营场所的电、水、气、热、油等基础设施，涉奥场馆设施和其他重点部门、要害部位存在的各类安全问题进行全面排查整改，消除安全隐患。（2）开展消防安全排查整治行动。重点对办公区、宿舍区、接待服务场所等各类电器、用火用气设备、消防设施、设备和器材进行全面检查、维护、保养，做到完好有效；清除违章堆放物品和停放车辆等障碍物，保证疏散通道、安全出口和消防车通道的畅通，消除火灾隐患。（3）开展矛盾纠纷排查化解行动。重点对影响社会稳定的突出矛盾纠纷和信访问题进行集中排查化解，对短期内难以完全化解的矛盾纠纷逐一落实严格控制措施，减少各类矛盾纠纷隐患因素，妥善处置和化解控制已发现的矛盾纠纷问题。（4）开展流动人口和出租房屋排查清理行动。在配合北京市有关部门开展以摸清底数为重点的流动人口、出租房屋大普查，以发现流动人口中重点人员为重点的大核查，以发现和排除出租房屋安全隐患为重点的大清查的基础上，重点加强对机关大院内流动人口和出租房屋的管理，减少相关各类违法犯罪现象、安全隐患和矛盾纠纷。（5）开展重点人群排查防控行动。对"法轮功"等邪教组织人员、刑释解教人员、社区闲散青少年、流动人口高危人员等重点人员集中开展排查摸底和信息更新工作，统一落实教育防范措施，有效减少各类重点人员的违法犯罪隐患。（6）开展交通安全清理督查行动。在组织开展交通安全工作自查的基础上，各部门成立交通安全工作督查组，对所属各在京单位加强交通安全工作的组织领导，完善规章制度，落实防范责任，深入宣传教育，加强机动车和驾驶员管理等情况进行督查，确保交通安全各项要求落到实处。

2. 验收巩固阶段（7月）

（1）巩固清理整治工作成果，完善奥运安全保卫工作各项制度措施，做好赛前各项安全保卫工作。具体规定如下：组织专项检查验收。各级综治办协调组织有关部门，采取联合抽查、明查暗访等形式，对各项行动的效果进行检查验收。重点检查各部门、各单位开展"平安奥运行动"指挥体系运行情况、重点人员和重点部位监控防范情况、安全隐患整改落实情况、流动人口管理服务措施落实情况、突出矛盾纠纷和问题处置情况、应急预案制定和综合演练情况等。（2）建立长效工作机制。针对各类社会治安、矛盾纠纷和安全隐患方面的问题，研究制定相应措施，加强群防群治队伍建设，加大技防建设力度，落实机关和企事业单位的治安防范任务。建立完善党政主要领导负责、综治部门协调、以群防群治力量为依托、以科技手段为支撑，专群结合，人防物防技防相结合的治安防范工作体系。固化有效工作模式，建立健全长效工作制度机制，实现经常化、规范化、长效化的监管、治理和防控。（3）组织联合测试演练。全面分析面临的不安全因素，制定应对各类事端、处置各类突发事件的有效预案。要围绕重点工作内容，动员组织各类专兼职安保人员和干部职工分层次开展联合测试演练，及时发现隐患和问题，磨合监管、治理和防控工作机制，提升防控整体效能和工作水平。

3. 严密防控阶段（8月至9月）

主要任务是严格落实各项奥运安全保卫措施，正确处置各类突发事件，确保奥运会、残奥会期间的安全稳定。具体规定如下：（1）实施全天候立体防控。联合公安、武警、保安和治安志愿者等防控力量，本着点面结合、动静结合、专群结合的原则，开展全天候、全方位巡逻防控工作，逐一落实对各类社会面控制工作对象进行防控的责任人员和责任。（2）加强应急准备和应急处置工作。各部门要认真落实各项应急预案，做好涉及奥运安全的风险预警、指挥协调、应急处置、恢复重建等准备工作，落实人力、物资、通信、运输、医疗和治安维护等方面的应急保障措施。（3）实施重点防控工作。对各类可能影响社会稳定和奥运会安全的重点人员，逐一落实专项监控防范计划。对各类重点区域，实行巡控。对重点部门，落实巡防值守措施，加强内部管理。对各类重点部位，实行定点监控、定线巡防，加强看护。对各类一时难以彻底整改的安全隐患，逐一落实力量进行监控防范。（4）落实交通安全工作。按照北京市政府的统一要求，坚决削减交通流量，停驶"黄标车"，压减道路交通违法率，严控酒后驾车、违反交通信号指示、非驾驶员驾驶机动车和不按规定安装使用号牌等严重交通违法行为，加强对所属人员私人机动车及其驾驶人的监管。

除了中央国家机关外，北京市各级政府也制定和实施了类似"平安奥运行动计划"。工商、安监、公安、消防、食品和药品监督部门、文化等职能部门也制定与实施了一系列专项和联合执法行动计划。

一些地方政府在本地区重大会展活动举办期间，也会运用运动式治理这一政策工具。例如，为防止大型活动举办期间出现各类重大治安事件或群体性上访事件，义乌警方以社会治安整治为抓手，努力消除各种安全隐患，确保社会稳定。对全市不稳定因素和重点群体、重点对象进行梳理排查，严格管控措施，及时掌控动态，严防借机滋事。高度重视大要案、暴力犯罪和群众反映较为强烈的"两抢"等案件的侦办工作，全力做到快速出击、快侦快破，并成立了"反扒队"，对公交车、公交站点及展馆内多发的"扒窃""拎包"案件实施专门打击。深入开展了枪支、管制刀具、危化物品的安全检查，对从业人员开展安全教育；对全市宾馆、娱乐场所、人员密集的公共场所进行治安、消防治理，对存有安全隐患的单位，责令限期整改或停业整顿，并指定专人跟踪落实。交警大队全警上路，积极落实机动车违法乱停乱放、城区禁止电动三轮车通行、城区禁货限行制度执行等整治措施，努力疏导缓解城区交通拥堵压力，并积极开展交通安全法规宣传，倡导绿色出行，确保了城区道路交通的安全和畅通。

由于会展往往是在特定时间内举行，因此运动式治理能够在一个较短的时间内满足这一要求。例如，在 APEC 会议期间，通过运动式治理，北京空气质量明显好转，被网民称为"APEC 蓝"。

小 结

从产权关系的角度来说，中国存在复杂的政府主导型会展项目。从举办方的产权主体来说，存在部委+地方政府+行业协会、地方政府+行业协会+公司、一级政府+职能部门+行业协会、中国政府+国外非政府组织、中国政府+外国政府等多种形式。从级别上说，存在国家级、地方级政府主导型会展项目。此外，还存在一级政府名义举办的情况。因此，中国会展项目的产权关系非常复杂，经营相当分散，不利于规模化经营。在具体运作模式上，产权复杂加上由于引入的市场化力量程度不同，所以存在复杂的组织关系模式。在业界一度强调在会展项目运作上实现政府搭台、企业唱戏的做法。在本质上，这种做法更多地是将会展部分业务外包给会展服务企业。然而，由于我国会展资源掌握在政府手里，会展服务企业自身存在规模小、业务单一、专业化程度低等问题，因此企业唱戏能力本身也存在问题。由于我国政府存在强大的组织动员力量、掌握土地、金融等核心资源，因此一旦会展项目本身纳入高层持续性关注，能够发挥出党政组织的强大动员和组织能力，会展项目举办也可能会取得成功。此外，由于会展存在前期投入大、风险高、外部性等特点，因此，在市场化和法治化环境相对不够理想的环境下，企业直接经营大型会展存在种种考虑，因此在政府主导下虽然不能保证会展业的精细化发展，但是也可以实现粗放式的快速发展。一旦会展项目自身得不到持续地自上而下的压力，会展项目也可能会存在如下问题：(1)由部门及层级划分而导致的"权威的碎片化"会影响政府的动员和组织能力；(2)科层组织在成本与收益方面的软约束也会引发浪费甚至腐败等问题；(3)会展项目的形式主义和政绩导向。

第四章

会展主体及会展组织网络

第一节 会展主体与利益相关者

一、会展主体及其法律关系

按照会展法律关系，会展主体可以做如下分类[①]：（1）按照主体在会展活动中的职能及所承担的法律责任来划分，会展主体可以分为会展管理者、会展组织者和会展参与者。会展管理者是指会展活动的主管和监管机关，对会展活动进行引导、监督和管理。在我国对会展进行审批的机关、行政管理机关（工商、公安、知识产权保护等）、直接管理机构（如会展办、博览局）都是会展管理者。会展组织者是指会展活动的主导者和运营者，负责发起和运营会展活动。会展参与者是指会展活动中会展组织者的相对方，包括参展商、观众、参会者等。（2）按照法律地位的划分，会展主体可以分为自然人、组织和国家。

（一）会展组织者

会展组织者可以分为主办单位、承办单位、协办单位和支持单位

---

①张万春.我国会展争议解决研究[M].北京:经济日报出版社，2015:15—16.

等。主办单位是指申办、发起和主管会展活动，并且对全部会展活动承担法律责任的会展主体。目前，西安、上海、南宁等地制定的会展业管理办法中对主办方进行了界定。例如，《上海展览业管理办法》第2条认为："本办法所称主办单位，是指负责制定展览的实施方案和计划，对招展办展活动进行统筹、组织和安排，并对招展办展活动承担主要责任的单位。"《河南省促进会展业发展暂行办法》第2条规定："本办法称主办单位，是指负责制定会展方案和计划，对招展办展活动进行统筹、组织和安排，并对会展承担主要责任的单位。"为了充分运用政府资源，在实践中存在挂靠行政单位举办的情况。但是，从法律责任的角度说，政府一旦挂名主办方就要承担法律责任。另外，主办方为联合主体，需要承担连带责任。

承办单位是指接受主办者委托或其他约定，承担举办或者办理具体会展业务并与主办者承担有关连带责任的会展主体。《河南省促进会展业发展暂行办法》第2条第3款规定：本办法所称承办单位，是指根据与主办单位签订的合同，负责招展办展、宣传推广、安全保卫、交通运输等具体会展事项的单位。承办单位具有如下法律特征[①]：（1）承办单位和主办单位之间存在合同关系；（2）承办单位承接全部或者部分具体活动，涉及招展招商、布展、宣传推广、安全保卫、交通运输与保险等具体工作；（3）承办单位与主办单位之间以合同责任为基础，但是对于主办单位和承办单位之外的第三方而言，二者理应就会展争议和纠纷对第三方承担连带责任。另外，承办单位有多个，对于会展责任的承担而言，也应承担连带责任。当然，不存在过错的承办单位可以向存在过错的承办方追偿。

协办单位是指接受主办者或者承办者委托，协助承担或者办理某一方面会展活动的主体。支持单位或赞助单位则是根据主办方或者承办方的合同，为会展活动提供信息、资金、宣传和公关等支持的单位。主办单位或承办单位应当与协办单位或者支持、赞助单位签订相应的会展合同，以明确彼此权利义务和相应法律责任。

---

①张万春.我国会展争议解决研究[M].北京：经济日报出版社，2015：29.

（二）参展商

参展商是受会展组织者邀请通过订立参展协议书（或会展合同）于特定时间在展出场所展示产品或者服务的主体。《商品展销会管理办法》第七条规定："参展经营者必须具有合法的经营资格，其经营活动应当符合国家法律、法规、规章的规定。"参展商在参展过程中既可能是展示产品或服务的生产与提供者，也可能是作为主办方及其他会展供应商的消费者。因此，参展者自身的法律关系复杂，受知识产权、反不正当竞争法保护外，还受消费者权益法、合同法等法律的保护。表4.1列出了东盟博览会参展企业和参展参会客商人数等方面的数据。

表 4.1　东盟博览会第 1 至 11 届基本数据

项目	总展位数	东盟展位数	参展企业总数	参展参会客商人数
第 1 届	2506 个	626 个	1505 家	18000 人
第 2 届	3300 个	696 个	2000 家	25000 人
第 3 届	3350 个	837 个	2000 家	30000 人
第 4 届	3400 个	1126 个	1908 家	33480 人
第 5 届	3400 个	1154 个	2100 家	36538 人
第 6 届	4000 个	1168 个	2450 家	48619 人
第 7 届	4600 个	1178 个	2200 家	49125 人
第 8 届	4700 个	1161 个	2300 家	50600 人
第 9 届	4600 个	1264 个	2280 家	52000 人
第 10 届	4600 个	1294 个	2300 家	55000 人
第 11 届	4600 个	1223 个	2330 家	55700 人

数据来源：东盟博览会官网统计信息。

（三）观众

会展主办方的受众是参展商务观众。对于参展商来说，观众是其潜在客户、采购商、合作伙伴甚至品牌与广告推介的口头传播人。因此，一个会展缺乏有效的观众，参展商参展积极性就会得不到保证。

作为消费者，观众的权益受消费者权益方面的法规保护，作为交易者，观众受合同法保护。同时，在参展期间，观众的人身、财产也要得到法律保护。会展业是根据观众身份的不同，将观众分为普通观众和专业观众。综合性展、大众消费品类展以及大型节庆、体育、文化类活动，能够吸引大量的普通观众。但是，对于专业展来说，针对的不是普通观众，而是业内人士。专业观展团、采购商是专业观众中重要组成部分，他们往往带着相关的采购计划和合作任务观展，达成交易的成功率非常大。例如，在第十五届中国金属冶金展上，长安汽车就组织了 80 多名技术、研发、产品设计人员到场寻找合作，海尔则准备了洗衣机和空调板材方面 8000 万的采购计划。采购商人数及其区域分布是衡量会展观众的一个重要指标。表 4.2 列出了广交会近六年采购商数量。如果没有如此庞大的采购数量，也难以吸引大量的参展商参展。

表 4.2　2010—2015 年广交会采购商数量与来自国家和地区

	采购商人数		来自国家和地区	
	春季	秋季	春季	秋季
2015	184801	177544	216	213
2014	188119	186104	214	211
2013	202766	189646	211	212
2012	近 21 万	188145	213	211
2011	207103	209175	209	210
2010	203996	200612	212	208

资料来源：根据广交会网站历届数据整理所得。

（四）会展企业、事业单位

会展企业和事业单位是我国会展活动的主体。表 4.3 列出了一部分具有代表意义的会展企业、事业单位。会展企业有民营、国有企业、混合所有制企业、外资企业和合资企业。会展企业经营范围主要有场馆经营、举办和承办会展、展台设计和搭建以及其他会展服务。其中，中国国际展览中心集团是中国国际贸易促进委员会直属企业。它成立于 1985 年，是国际展览业协会（UFI）和国际展览与项目协会（IAEE）的首家中国会员。该公司总部设有总裁办公室、人力资源部、财务部、信息部等职能部门以及党委办公室、工会、离退休人员服务办公室。它拥有 8 家全资子公司：北京国展国际展览中心有限责任公司、北京华港展览有限公司、北京中展海外展览有限公司、北京中展国际展览工程有限公司、北京泛太平洋国际广告公司、北京中展太平洋物业管理有限责任公司、北京中展国际贸易有限责任公司、华港展览（深圳）有限公司。它拥有 6 家合资公司：北京中展投资发展有限公司、北京皇家大饭店有限公司、京慕国际展览有限公司、中国国际展览运输有限公司、北京国展商贸有限责任公司、北京中装华港建筑科技展览有限公司。此外，它还有 4 家海外机构。一部分会展公司是由一个会展产生，主要就是运作这一会展本身。表 4.3 列出了一些具有代表意义的会展企业。

表 4.3　具有代表意义的会展企业

单位名称	经营业务	单位性质	备注
中国对外贸易中心集团	中国进出口商品交易会	事业单位	商务部
中国国际展览中心集团	北京国展中心	国有企业	
广西国际博览事务局	东盟博览会	事业单位	正厅级
吉林博览事务局	中国—东北亚博览会	事业单位	正厅级
新疆国际博览事务局	中国—亚欧博览会	事业单位	正厅级
中博会事务局	中小企业博览会	事业单位	广东省经贸委

单位名称	经营业务	单位性质	备注
广州市会展服务中心	广州博览会	事业单位	广州市经协办
广州经贸会展服务中心	广州国际服装节、广州国际啤酒节	事业单位	广州市经贸委
北京京正国际展览有限公司	北京孕婴童博览会	民营企业	企业独自创办
振威展览集团	中国国际石油石化技术装备展览会	民营企业	五家子公司
广州恒和国际体育展览中心有限公司	广东国际体育用品博览会	民营企业	
中青旅（北京）国际会议展览有限公司	会展旅游	混合所有制	中青旅子公司
广州光亚法兰克福展览有限公司	广州国际照明、建筑电气技术展览会	合资企业	
上海德马吉展览展示工程有限公司	展览设计、制作和搭建	合资企业	
德马吉国际展览有限公司	展览设计、制作和搭建	外资	
上海博览会有限责任公司	国家会展中心（上海）场馆经营	混合所有制	国家控股

相对于国有、外资和合资会展企业来说，目前我国民营企业力量普遍较小，独自成功创办的展会很少，多是通过联合其他主体主办和承办展会。随着政府审查和审批的不断放松，会展企业的专业治理水平和社会责任越来越重要。尤其是对于推动政府主导型会展市场化特别重要。这是因为会展企业专业水平越低，承担社会责任意识越低，

重复办展、展会侵权、骗展、闹展等现象就会越多，反过来社会越希望有政府介入展会。

（五）社会团体

在我国社会团体[①]是办展的一个重要主体，主要有人民团体、行业协会、专业学会和商会。其中，协会现有的职能大多是从政府逐步转移而来，早在计划经济体制时期很多事情都是由政府来做。国家级制造业行业协会主办的大型展览会（展览面积在 5 万平方米以上），数量不少于 150 个。在国内巡回展出的大型展览会有 30 多个，大多是行业协会主办的展览会。如表 4.4 所示，中国国际贸易促进委员会（中国贸促会）、中国商业联合会是许多投资洽谈会、贸易类会展的主办方。中国汽车工业协会、中国汽车工程协会是许多汽车展的主办方。中国机械工业联合会是许多制造业展会的主办方。中国工艺设计协会是许多文化展、工业品展的主办方。中国服装品工业协会是许多服装展的主办方。学会是许多学术会议的发起者、主办者。全国性学会有中国法学会、教育学会、心理学会、中华医学会、中国土地学会、中国机械工程学会、中国建筑学会、中国商业经济学会、中国水利学会等。工商联和商会是所谓的"一套班子，两块牌子"。工商联是中国共产党领导的面向工商界、以非公有制企业和非公有制经济人士为主体的人民团体和商会组织，是党和政府联系非公有制经济人士的桥梁纽带，是政府管理和服务非公有制经济的助手。2012 年，中国还成立了中国国际商会委员会。

社会团体办展具有如下优势：（1）社会团体和政府关系密切，容

①社会团体和民办非企业在我国被称为社会组织。据民政部数据，2014 年 12 月底，我国社会组织达 60 万个，其中社会团体数为 30.7 万个。社会团体是社会群众团体的一个分支。中国有全国性社会团体近 2000 个。其中使用行政编制或事业编制，由国家财政拨款的社会团体约 200 个。其中，全国总工会、共青团、全国妇联、中国文联、中国科协、全国侨联、中国作协、中国法学会、对外友协、贸促会、中国残联、宋庆龄基金会、中国记协、全国台联、黄埔军校同学会、外交学会、中国红十字总会、中国职工思想政治工作研究、欧美同学会、中华职业教育社、全国工商联合会被列入参照公务员法管理的人民团体和社会团体，承担了部分政府职能。2015 年 11 月 24 日，按照《中共中央办公厅 国务院办公厅关于印发〈行业协会商会与行政机关脱钩总体方案〉的通知》要求，经行业协会商会与行政机关脱钩联合工作组审核批准，共 148 家全国性行业协会商会试点脱钩。

易获得办展资格，并在举办过程中获得政府支持；（2）社会团体拥有许多会员单位，容易招展招商和组织参展；（3）社会团体掌握行业内信息，在策划和办展针对性方面有优势；（4）社会团体与相关学会、商会联系密切，在论坛、研讨会、技术交流会举办方面有优势；（5）社会团体和其他社会团体、国际非政府组织联系密切，能够获得它们的支持。但是，社会团体的主要职责是制定行业、学会和商会的发展规划，因此社会团体过多地陷入具体会展业务不利于社会团体自身职能的发挥。此外，社会团体相对于专业的会展公司来说，在专业化、细节化方面存在差距，因此从会展市场化的角度来看，更多地需要走和会展公司合作的道路。

表 4.4　行业协会参与主办会展例子

会展名称	主办单位	承办单位
中国哈尔滨国际经济贸易洽谈会	商务部、中国国际贸易促进委员会、黑龙江省人民政府等	哈洽会办公室
中国国际信息通信展	中国工业和信息化部、中国国际贸易促进委员会	中国邮电器材集团公司、中国国际展览中心集团
武汉国际汽车工业展	中国国际贸易促进委员会、湖北省和武汉市政府	湖北省机械汽车行业投资促进中心、中国国际贸易促进委员会武汉分会
中国（广州）国际汽车展览会	广州市政府、中国机械工业联合会、中国汽车工业协会等	中国对外贸易广州展览会等
中国五金博览会	中国贸促会、中国商业联合会、中国轻工业联合会、中国科技金融促进会等	浙江省永康市政府、中国贸促会浙江省分会

会展名称	主办单位	承办单位
国际消防设备技术交流展览会	中国消防协会	中国科学技术协会、中国公安部消防局、公安部消防局产品合格评定中心等
中国西部国际装备制造业博览会	中国机械工业联合会、西安市人民政府	西安曲江三联会展有限公司
中国杭州文化创意产业博览会	杭州市政府、中国工业设计协会、中国学术学院等	杭州市文化创意办公室等
中国（漯河）食品博览会	河南省人民政府、中国食品工业协会、中国商业联合会	漯河市人民政府及省商务厅、省食品工业协会等
中国国际饭店业博览会	中国饭店协会	北京中国饭协展览有限公司
中国水博览会	中国水利学会、法兰克福展览（上海）有限公司	北京江河博华会展有限公司、法兰克福展览（上海）有限公司
中国畜牧业暨饲料工业展览会	中国畜牧业协会、中国饲料工业协会、全国畜牧总站	北京九华国际会展中心
中国国际肉类工业展览会	世界肉类组织、中国肉类协会	北京众悦傲立展览有限公司

国际会展行业协会存在如下几种模式①。

1. 以美国为代表的水平运作模式

美国会展业的管理主要依靠行业自律，属于企业推动型的管理模

①斐依.发达国家会展业为何长胜不衰.中国文化报，2013-10-19.

式，以企业自愿参加为特点，没有专门的政府部门通过行政手段来直接管理会展业。任何商业机构和贸易组织都不需要特殊的审批程序就可进入会展业。美国会展行业协会有美国国际展览管理协会（IAEM）、美国专业会议管理者协会（PCMA）等。行业协会为企业提供技术与信息服务，协调政府、企业、消费者之间的关系。当政企发生矛盾时，这些行业协会组织寻求议会的支持与介入，按照长期以来美国人所推崇的对立制衡原则处理政府与行业协会的关系。

2. 以德国为代表的垂直运作模式

德国的展览场馆由政府投资兴建并进行经营，政府还将展览业作为支柱产业加以扶持，比如，德国联邦经济科技部每年都对出国展览提供直接的财政支持。这种政府行政作用参与其中、大型会展企业起主导、中小会展企业广泛参与的行业协会模式被称为"垂直运作模式"。德国展览业协会（AUMA）代表德国展览业利益，游说州和联邦政府的立法和行政机构；协调德国官方出国办展活动；牵头制定德国每年的官方出国办展计划；协调所有在德国举办的展览及德国在国外组织的展览活动；吸引外国企业来德参展或办展；发布德国及世界各地展览信息；主导德国展览会统计自愿审核协会（FKM）的展览会数据审计工作；提供展览相关咨询服务、展览专业培训等。德国展览会图书馆建立于 1997 年，是 AUMA 主要服务项目之一。该图书馆向所有展览业人士开放，供其查询会展业有关内容。自 2002 年 7 月起，图书馆开通网上目录查询系统。2004 年起，AUMA 网站开通在线"展览会收益评估测算系统"，主要面向中小型企业，用于评估和测算所有已举办和将要举办的展览会的收益情况。AUMA 是非营利性组织，运行资金 99% 来自展览会举办者上缴的管理费，另外 1% 的收入来自其会员会费。

3. 以法国为代表的综合运作模式

这一模式在市场的推动下，政府参与管理。如展馆设施由政府投资建设，组成国有场馆公司负责展馆的经营管理，不进行会展项目的运营。而展览公司则不拥有展馆设施，也不参与展馆经营，主要从事会展项目经营。对于这种业务划分方式，法国会展行业主管部门认为，这能促进会展公司之间的公平竞争，也有利于场馆专心做好场馆服务工作。这种比德国模式更细的社会分工，有利于提高会展服务专业水平。在整个运作模式中，法国会展委员会与德国展览业协会相同，行使宏观管理权，除制定有关的管理制度、组织人员培训外，还负责会展经费的预算和支配，准备下一年度的工作方案，并要听取所涉及国家的大使馆经济处和有关企业的意见，并向分管部长报告，在讨论全年预算中拍板决定。

新加坡的会展业属于政府主导型，新加坡旅游局的展览会议署建于1974年，主要任务是协调、配合会展公司开展工作，在国际上介绍新加坡举办国际会展的优势条件，推广在新加坡举办的各种会展。该署不是管理部门，只是协调配合展览公司开展工作，而且不向新加坡的会展公司收取任何费用。在新加坡举办会展没有任何管理法规，举办展会也不需要任何审批手续。

中国香港展览会议协会，前身为香港展览业协会，于1990年5月由当时10家主要展览会主办机构创立作为行业的喉舌、与政府及法定机构协商，促进会员获得更多的商业利益。其主要职责是配合政府宣传，把香港建成亚太展览之都，提供业务培训以提高行业水平，为会员单位制造商机、增强会员之间的联络、代表行业向媒体和政府表达意见。

中国展览馆协会（中国展协）于1984年6月在国家民政部登记注册成立，是我国目前唯一的全国性展览行业组织，为国家一级社团，也是国际展览业协会（UFI）的国家级会员。我国全国性的会展协会仍在筹办过程之中。但是许多地方在当地政府的推动下已经成立了会展协会。1998年北京国际会展协会成立，2002年上海会展行业协会成立，2003年重庆会展协会、杭州会展协会、江苏省会议展览业协会成立，2005年广州市会展协会、江西省会展协会、广西会展行业协会成立，2007年河北省会展协会、安徽省会议展览协会成立，2008年湖南省会议展览协会、太原会展协会、银川会展协会、海南会展协会成立，

2009 年浙江省会展协会成立。[①]目前，我国会展市场存在许多恶性竞争、同质展会泛滥、骗展闹展现象突出、展会侵权现象突出等问题，需要一个全国性的会展行业协会进行行业自律。

（六）媒体

媒体分为专业媒体和大众媒体，传统媒体和新媒体。

专业媒体包括会展展览题材有关的专业报刊、会展会刊、会展网站等。例如，对于汽车展来说，《汽车之友》《车王》《时尚·座驾》《汽车测试报告》《汽车观察》《当代汽车报》《汽车周报》《时代汽车》等属于专业报刊。对于奢侈品类展来说，《范》《VOGUE》《ELLE》《经典奢侈品》等属于专业杂志，而珍品网、草莓网、尚品网、Bluefly、Shopbop 等属于专业网站。会展类专业杂志有《中国会展》《中外会展》等，报纸有《会展快报》，网站有 UFI、IAEE、Meeting Matrix、中国旅游网、新华会展网、中国会展服务网、中国会展网、中国会展在线网等。

大众媒体包括电视、广播、报刊、户外媒体、网站等，这些传媒普及性强，社会接触面广，既面对目标参展商与专业观众，也面向会展的普通观众。自 1994 年接入互联网之后，国内许多传统媒体开始发展自己的网络版或电子版。1995 年 1 月 12 日，《神州学人》杂志开中国出版刊物上网之先河。同年 10 月 20 日，《中国贸易报》首先开通网络版。1996 年 10 月，广东电视台建立自己的网站。同年 12 月，中央电视台建立自己的网站。

媒体在会展中的作用涉及会展宣传推广、会展营销、参与举办展中相关活动。因此，在实践中，媒体可能成为主办方的合作者，也可能直接参与到会展活动的组办（尤其是文化类会展）。例如，由财富杂志主办的财富论坛就是一个典型的成功案例。中国（深圳）国际文化产业博览交易会，深圳报业集团、深圳广播电视集团就是主要的承办方。由国家食品安全委员会、中央精神建设委员会办公室等主办的中国食品安全论坛就是由经济日报和中粮集团共同承办，中国经济网执

---

①剧宇宏.我国会展业可持续发展研究[M].北京：中国法制出版社，2014:118.

行承办。在许多展会中，媒体与主办方合作开发出许多相关活动。例如，2014 年在天津举办的夏季达沃斯论坛中，凤凰卫视和天津电视台联合主办了"打造中国的绿色经济"公开电视辩论会。尤其是，在新媒体的参与举办的相关活动中，可以实现线上和线下相结合，丰富了活动的参与度和吸引力。对于参展商来说，借助新媒体更容易将其展品及相关新闻传播出去。例如，在汽车展中，参展商可以将产品发布会制作成视频并发布到视频分享网站。

二、会展利益相关者

1963 年，利益相关者作为一个明确的理论概念由斯坦福研究所提出后，瑞安曼、安索夫、弗里曼、布莱尔等学者的共同努力使利益相关者理论形成比较完善的理论框架，并在实践应用中取得了较好的效果。克拉克森提出了两种有代表性的分类方法：根据相关群体在企业经营活动中承担的风险种类，将利益相关者分为自愿的利益相关者（Voluntary Stakeholders）和非自愿的利益相关者（Involuntary Stakeholders）。[①]米琪等人从权力性、合法性、紧急性三个属性对利益相关者进行评分来划分利益相关者。管理者所感知的利益相关者的重要程度，取决于这三个属性上的累积效应。通过感知到的重要程度对上述三个属性做出评分后，企业的利益相关者可以被细分为以下三种类型共六大种类。[②]第一种类型是潜在利益相关者，他们只具有利益相关者三种属性中的一种，可进一步分为休眠型利益相关者、自由型利益相关者、要求型利益相关者。第二种类型是预期型相关者，他们与企业利益密切相关，拥有三种属性中的两项，可进一步分为支配型利益相关者、危险型利益相关者和依存型利益相关者。第三种类型是确定型利益相关者，他们同时拥有利益相关者的三种属性。卡罗把利

---

① Clarkson M. A Stakeholder Framework for Analyzing and Evaluating Corporate Social Performance. Academy of Management review, 1995 20(1): 92-117.

② Mitch A.Agle.BR,Wood D.Toword Theory of Stakeholder Identification and Salience:Defining the Principle of Whom and What Really Counts. Academy of management review, 1997, 22(4): 44-56.

益相关者分为核心利益相关者、战略利益相关者和环境利益相关者三类。[①]按照这一划分，政府、组展公司、会展相关企业（如展台设计、运输和搭建企业）、场馆企业、参展商、参展观众、员工、相关媒体等属于核心利益相关者。这些核心利益相关者在会展的策划、推广和管理中拥有直接的经济、法律和道德利益。其中，组展公司、会展相关企业（如展台设计、运输和搭建企业）、场馆企业、员工、参展商和参展观众分别体现了经济利益和自身需求，而相关媒体、政府等同会展的关系则比经济关系更加广泛，他们在社会文化利益、环境利益上也有更多的要求。酒店、餐饮、交通以及旅游企业，会展行业协会、组展公司竞争对手、会展举办城市、社区公众等属于战略利益相关者。这些核心利益相关者之外的战略利益相关者，并不简单等于次要利益相关者，因为虽然他们并不时时刻刻与会展的举办过程密切相关，但他们同样有着潜在的巨大影响力，且他们的主要功能是为参展商和观众提供配套服务。教育机构、环保组织等属于环境利益相关者。他们是战略利益相关者之外的外围层，与会展的关系不是那么密切，但是他们也是会展实施所必不可少的支持体系。[②]

第二节 会展组织网络及其治理机制

会展组织网络是指一群各自拥有独特资源、相互依赖对方资源的组织，通过产权、身份、信任、协议等基础，利用专业分工、资源互补、制度约束等合作关系，在会展活动过程中形成的正式或非正式的较为长期的组织间互惠关系。一般说来，会展组织网络中的成员有策划者、举办方、参展商、经纪人、供应方、行销方、配销方等，涉及政府、企业、非政府等多类型组织。

会展组织网络既可看作是一种在一定社会制度环境下不同组织间

---

①Carroll Archie B. Business and society : Ethical and stakeholder management.Cincinnati, Ohio:South western college publishing, 1997: 96-107.

②张正义、贺佳雨.我国会展业利益相关者与分类研究[J].企业研究，2010（12）：77.

的制度安排的结果，也可以看作是一定时间内组织间治理过程所形成的博弈均衡结果。从制度或治理结构的角度来说，现代会展的发展趋势是，无论是政府主导还是市场主导的会展组织网络，都融合了科层、市场和网络三大治理结构及其机制的作用，只是比重与侧重不同。按照科斯的观点，企业是作为一种价格机制的替代物出现的，代表的是人力资本所有者和物质要素所有者之间的一种长期契约。[①]由此，产生了一种基于委托—代理基础上的权力关系。因此，企业的治理是建立在权威的基础之上。与此类似，在社会契约的基础上，政府也产生了一种委托—代理权力关系。因此，政府和企业都被看作是科层组织，适用科层治理机制。当然，由于两者委托—代理关系存在本质上的区别，所以政府与企业自身的治理过程与绩效也存在不同。从本质上说，企业的委托—代理是建立在更为清醒的产权基础上的，在权力上具有更强的对称性，并且其成员更容易退出。而政府是人们基于基本自由平等权力而做出的部分权力的让渡的情况下产生的，在权力上不仅难以控制，而且具有一定的不对称性。这种权力一旦产生，除非集体行动，否则就有可能难以退出。因此，在政府主导的会展组织网络中，不可避免地会产生网络成员地位的不对称性以及网络成员身份的依附性，由此可能造成：（1）与其他治理机制的依赖性或紧张关系，不利于其他治理机制的发展，甚至会导致政府主导的会展三角关系演化为一种暗箱操作关系。（2）组织间的关系由平等主体间的交易、信任等网络关系让位于寻求政府合法性认同的政治关系。（3）不对称性同时会给会展的信息与知识治理带来风险，不利于信息与知识的汇聚、共享和碰撞（进而，产生新的信息或知识），不利于有效的议题网络的形成。在市场主导型的会展网络中，企业和市场机制的作用发挥得更为明显。在市场交易机制中，需求方和供应方可以通过价格和产品质量达成一致，同样也可基于价格和质量分歧而放弃交易，即退出。退出本质上是一种消极的不合作，并且这种退出由于其成本低且难以控制，因此控制者想要对方不退出，就自然而然要想到通过调整自己的策略

---

①Coase R H.The Nature of the Firms.Encomics, 1937(4):213-218.

和行为来吸引对方合作，结果反而有利于合作。

相对于其他产业组织网络来说，会展组织网络合作的动机更为多元。一般的组织间合作动机包括[①]：（1）获得进入特定市场或分销渠道；（2）获得新技术；（3）撬动规模经济和范围经济；（4）提高产品创新的能力。而在会展组织网络中，不仅参展组织具有多元的动机，而且办展单位和赞助商也具有多元的合作动机。参展组织的动机包括提升影响力、推广新产品、拓展市场与客户关系、获取行业信息和交流经验、销售产品等。而对于办展单位和赞助商来说，除了具有一般的市场获利动机外，还可以通过会展自身提升自己的影响力。对于和参展企业相关的供应商或顾客来说，会展也是他们获取相关信息的一个很好的时机。然而，无论是基于何种动机获取何种资源，会展组织的魅力在于它提供的是一种"跨组织"的网络资源。对于这种资源的形成，基于信任基础的网络机制极其重要。事实上，会展过程就是一个不断许诺、践诺的过程。对于会展主办方来说，会展策划、宣传推广与招展招商实际上就是一次一次向其赞助商、参展商、观众不断许诺的过程，而展示、现场服务、展馆管理以及展后的一系列服务则是其不断践诺的过程。由于会展的规模、档次不仅取决于会展举办方的资质、能力等，还取决于其媒体合作方、赞助方及参展商的资质、能力等，因此会展的信任形成实际上是一种不同参与者形成的信任网络。类似地，参展商的参展过程也是如此。尽管对于举办方来说，参展商的参展具有一定的自组织过程，但是如何通过与一个个参展商之间良好的互动形成一种信任关系，对于整个会展的格调的统一非常重要。此外，由于会展不仅是展品的展示，而且还是行业信息和知识的汇集。因此，对于会展组办方来说，能否形成一个信任的知识与信息合作网络直接关系到会展的质量、水平和声誉。网络关系除了建立在信任的基础之上外，还需要通过管理和网络建构得以实现。前者需要保证行动者意识到相互独立的程度、博弈规则的可预见性、相互行动的平衡

---

①Ranaei H. Inter-organizational Relationship Management: A Thecoretical Model.International Business Administration. 2010(9): 20-21.

程度和相互行动成果的可预见性，而后者则需要通过营造网络化结构性特征来实现。如网络中的节点、节点间的关系、网络的开放与封闭性、网络中的位置等。这一点，尤其对于会展议题网络的形成和发展相当重要。

从治理的过程看，会展组织网络的形成既是中心组织编导的结果，也是个体组织基于理性策略选择的结果。尽管人们已经越来越意识到网络合作的重要性，但是作为"行政人"的管理者往往又习惯于科层组织的思维和行为方式。因此，需要网络中的个体组织遵循一定的组织网络设计原则。

第一个原则是效益性原则，即参与组织间网络合作获得是否大于其付出。由于组织间的资源相当复杂且难以预测，所以对于组织的高层来说，平衡网络合作的收益与成本，进而判断是否进入组织网络并不是一件容易的事情，但这又是他们不得不做的事情。

第二个原则是目的性原则。一方面，网络自身有其统一目标，即为什么要形成网络。也就是网络编导者与其成员花费他们的时间、精力和资金要实现的目标。它代表了网络具有共享利益，体现了网络的社会网络属性的一面。对于会展举办者来说，就是为什么要办展。而对于参与者来说，他们在社会网络中关心行业议题、贡献和分享行业信息、知识和经验等。另一方面，对于会展网络成员来说，实现会展目标的同时也能实现自己的目标，它代表的是网络成员的自我利益，体现了网络具有商业网络属性的一面。组织个体在商业网络中关注自己的商业利益。例如，一家参展商与另一家参展商可能就行业内的某一技术、市场或管理问题形成合作，但是同时它也希望从对方那里获得有用的信息。无论是编导者还是网络中的其他成员，都要习惯于从网络中的统一目标与自我目标中平衡思考，并从中发现经济机会，进而寻求适当的组织机制以选择适当的合作程度。一般说来，如果网络中的顾客更容易界定则经济机会也就更容易界定，网络的编导者及其成员更容易从中获益。网络自身更可能具有更高的商业网络性质，而相反则更具社会网络属性。具体到会展来说，就是商业展和公益展的区别。在自我组织机制中，任何成员都可以进入网络，而在一个导演机制中，则其成员可能是编导者选择的结果，其行为标准也有一定的要求。在会展中，举办方承担了这种编导功能，但是这不是说举办方可以完全采取一种自上而下的单一方式进行。实际上，举办方需要从治理结构化和过程化要素中根据具体情况进行策略选择。合作程度包括成员行为被协调的程度，成员信息、时间等分享的程度以及成员掌握的资源为了实现所有成员利益而被平衡的程度。显然在这里存在低度和高度合作程度两种类型，由此形成前面提到的弱关系与强关系。

第三个原则是网络治理原则。网络治理是管理网络集体与个体以促进合作的系统结构与行为。也就是说，网络治理思维将治理看作是结构与行为过程的复合体。因此，无论是网络编导者，还是网络成员在其治理策略选择上要习惯从结构化与过程化两个方面思考。其中结构化要素包括管理机构的构成、责任和义务的设置、决策权威的确立、冲突或危机制度的建立、成员权利的确立等。而过程化因素包括沟通方式、会议管理、决策规范、冲突控制、评估过程等。

第四个原则是网络编导原则。任何网络，无论是高度自我组织，还是高度编导的网络，实际上都有承担网络编导的角色存在。在高度社会化的网络中，网络编导者实际上就是网络的组织者。在高度商业化的网络中，相对于其顾客来说，它实际上也承担了编导的角色。具体到会展来说，举办方在整个会展组织网络的编导中具有中心地位，使得整个网络具有其社会性的一面。而举办方和参展商、参展商和顾客之间则构成网络的商业性一面。其中，参展商相对于顾客来说，也承担了一部分编导角色。编导者在网络中实际上承担如下角色[1]：（1）企业家。编导者如同企业一样围绕一个愿景将不同的人们和资源汇集在一起。（2）倡导者。编导者代表网络所有成员的利益在不同的成员与利益间游走，倡导成员合作。（3）教练或导

---

[1] Shuman J, Tubmbbly J. Collobaorative Networks are the Organization:An Innovation in Organization Design and Management.Vikapla, 2010(3): 1-9.

师。编导者要想办法让其成员如何成为一个好的网络成员。（4）沟通协调者。编导者要成为一个有效的沟通协调者。失败的沟通与协调容易导致成员的不切实际或错误的期望。这种期望会导致网络中的不信任。

第三节 市场主导型会展组织网络

图 4.1 反映了市场主导型组织网络的基本关系。会展组办方与参展商构成了整个会展活动的核心主体。政府与行业协会以"裁判员"与"支持者"的身份参与会展活动。会展组办方、会展服务供应商、参展商及为参展商提供产业服务的相关企业与供应商一起构成一个会展产业链。它们与政府、行业协会一起围绕着相关题材与主题的会展形成一个中间组织网络。以会展服务为中心，各组织之间分别通过法律、契约、行业自律与自治、商业信任等关系行事。其中，政府与会展公司主要基于法律与产权基础上的契约关系行事，会展公司与服务提供商之间主要基于契约与商业信任关系行事，会展公司与参展商之间也是基于契约与商业信任关系行事，专业与行业协会组织基于行业自律与自治行事并代表其成员利益参与展览活动。在整个组织网络的关系中，会展的发起者/组办方、参展商与观展方之间的三角关系是最为主要的关系。发起者/组办方是否举办相关展览主要基于自己的商业考虑并需要依赖于行业协会的伙伴关系。会展为参展商与观展方之间搭建了一个信息、产品和技术交流的平台。参展商从参展活动中寻找自己潜在的客户及其需求信息、稳定其与老顾客之间的关系、推介自己的新产品、提升企业的形象、了解行业与产品发展信息。此外，媒体参与整个会展过程既有助于主办方议题的社会化、会展的宣传推广，又有助于媒体的舆论评价与监督功能的发挥。总而言之，在市场主导型组织网络中，市场化的组织结构、原则及文化和行业协会组织结构、原则及文化与其他社会政治关系一起嵌入整个会展组织网络，形成特定的关系与知识、信息网络。

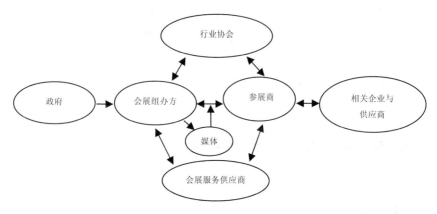

图 4.1 市场主导型组织网络

在这种会展中，政府的功能定位主要体现在如下几个方面：（1）政策与经济投入。政策投入主要体现在税收、土地使用及招商引资等方面给予优惠。经济投入主要体现在大型会展场馆的投资、土地投入。采用这种支持方式最典型的国家是德国。作为场馆的所有方，德国政府（往往是地方政府）拥有控制权、任命管理委员会、股权安排、决定投资与预算等权利，并承担经济风险，但是不干预具体经营。（2）为企业提供出国参展经费支持或利用国外政府机构推动会展营销。（3）通过法律法规实现必要的管制。在市场化程度较高的国家，政府对会展的审批并不严格。一部分工作由专业的展览组织或会议组织协会负责。也就是说，政府不设置市场进入壁垒，市场进入壁垒主要靠市场自然淘汰机制实现。但是政府在知识产权、合同、商业欺诈、行业组织管理等方面的法律为会展活动的组织提供了法律基础。

第四节 政府主导型会展组织网络

以政府为中心的会展又称政府主导型会展，包括中央政府主导，也包括地方政府主导。在改革开放以前，我国政府主导型会展属于政府完全主导型会展，具有如下特点：（1）党政组织机关自办自展。

如 1949 年由中国人民解放军总部主办的"中国人民解放军战绩展览会"。1953 年由对外贸易部、重工业部、北京市人民政府组成的"国外来华经济委员会"举办的"德意志民主共和国工业展览会"。1952 年成立的中国贸促会成为推动中国出国展与接待外国政府来华展的重要机构。（2）服务与政治宣传的目的导向。1955 年，由广东省人民政府组织了向港、澳出口的产品展览会。1956 年由外贸部和广东省人民政府共同主办的"中国出口商品展览会"。1957 年演化为中国出口商品交易会。这是新中国较早的具有推动贸易的展览会。除此之外的会展主要展示国家政策成就、鼓舞群众、学习国外（主要是其他社会主义国家）经验与配合政治思想教育。（3）参展的组织动员性。由于展示主要是以政治宣传为目的，所以参展对象具有很强的针对性，并由党政组织网络精心组织与动员。

在渐进改革的过程中，我国逐步引入市场机制，政府主导型会展模式发生了变化。政府干预会展的途径除了一般的政策规制外，还包括：（1）投资兴建专业展览场馆。在改革开放以前，我国专业展览场馆极其有限，大量展览由文化宫等临时承办。改革开放以来，我国政府投资场馆的速度加快，尤其是进入 21 世纪以来。（2）政府直接参与主办、承办与协办。（3）政府实行较为严格的审批程序。（4）政府通过贸促会、总工会、妇联、中国文联、中国科协等准政府组织推动会展。（5）通过政府产业规划与优惠政策促进会展产业发展。政府的这些干预途径一方面通过政府力量推动了会展的发展，另一方面与市场化进程一起逐步形成了以政府为中心的会展组织网络。根据政府主导会展的方式与程度，其大致可以分为以下三类[①]：一是政府仅仅主办或参与主办，即政府引导、市场发力型；二是政府仅仅协办或参与协办，即政府支持型；三是政府主办、承办并协办（或同时参与主办、承办并协办），即全政府型。图 4.2 反映了以政府为中心的组织网络关系。与改革开放以前不同的是，市场化改

①王方华，过聚荣. 中国会展经济发展报告（2010）[M].北京：社会科学文献出版社，2010：105.

革产生了许多市场化组织。这些组织包括专业的会展公司、会展服务供应商、参展商、相关企业及其供应商。这些组织围绕展览活动以成本交易为基础形成复杂的商业经济活动。与此同时，对社会组织控制的松动促进了行业协会社会中介功能与行业自律功能的发挥。然而，由于行业协会自身在资金、人员等方面对政府仍具有很强的依赖性，所以政府对行业协会仍具有足够的影响力。这种影响力在政府主办的公益性会展中仍可发挥重要作用，并强化了政府在整个会展组织网络中的影响力。政府投资场馆建设，掌握了对场馆经营公司的控制权，也由此掌握了会展运转的核心资源。专业会展公司可以从政府或协会主办的会展中分包一部分服务业务，因此政府与会展公司之间可以按契约关系行事。此外，媒体在会展的宣传推广与评价等方面发挥了作用。政府对媒体的控制有助于政府主导会展的宣传、推广。总而言之，在以政府为中心的组织网络中，政府的组织结构、原则及文化等因素与市场化的组织结构、原则与文化因素作为一种社会关系一起嵌入组织网络之中，但是前者的影响更具主导地位。这也影响了整个组织网络的关系与信任机制的运行方式，影响了整个组织网络中的知识与信息共享关系。

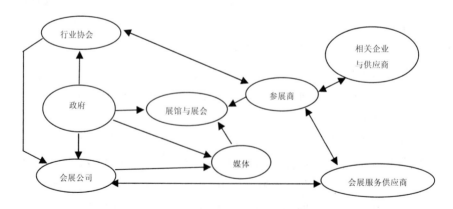

图 4.2　以政府为中心的会展组织网络

第五节　两种基本组织网络的治理

一、两种组织网络在中国的发展现状

在十八大以后，随着各级政府开始清理政府举办会展活动，政府主导型会展发展趋势受到一定的抑制。在此之前，2010 年前后，尽管商业类会展活动的总数量不断上升，但是大型会展活动仍主要是政府主导的，并得到飞速发展。表 4.5 列出了 2009 年我国部分城市与省份会展总数与政府主导会展数。环渤海、长三角和珠三角地区是我国会展经济的发达地区。中西部一些省的会展总数比这些地区的一线城市会展总数要少得多。越是会展业发达的城市与地区，其会展的市场化程度就越高，以会展与组办方为中心的会展组织网络也可能越多。例如，上海、北京等地的政府主导型会展比例明显低于新疆、吉林、宁夏等省市。

此外，根据《中国会展经济发展报告（2010）》显示，在政府主导型会展中，2009 年由"国家政府参与主导"约占 22%，而地方政府主导约占 78%。[①]例如，2009 年举办的政府主导型会展，大多分散在各个部委局。

从政府主导型会展的行业侧重点看，受国家产业政策导向与行业自身发展程度的影响。例如，2009 年机械、工业、加工类的会展数量最多，占会展总数的 18.23%，而由政府主导的会展数量只占到 13.88%。相反，对于政府支持力度较大的贸易/进出口行业的会展，政府主导的力度较大。

---

① 王方华，过聚荣. 中国会展经济发展报告（2010）[M].北京：社会科学文献出版社，2010：102.

表 4.5　2009 年主要城市与省份会展总数与政府主导型会展数量

省（市）	会展总数（个）	政府主导型会展数（个）
北京	440	83
天津	153	66
大连	107	64
上海	557	95
宁波	62	37
杭州	131	49
广州	207	58
深圳	118	62
内蒙古	15	10
江西	56	22
湖南	74	26
重庆	87	48
四川	90	40
新疆	19	15
云南	40	23
青海	2	1
宁夏	36	11

数据来源：王方华，过聚荣. 中国会展经济发展报告（2010）[M].北京：社会科学文献出版社，2010：102.有改动.

二、两种基本组织网络的治理机制及关系治理

（一）网络治理机制：结构性嵌入

格兰诺维特提出嵌入性概念[①]，强调社会网络结构对人们行为的

---

①Granovetter MS. Economic action and social structure: The problem of embeddedness. American Journal of Sociology, 1985, 91(3) : 481- 510.

制约作用。网络治理是组织间通过组织嵌入、合约安排、社会关系嵌入所构成的，以组织间制度安排为核心的参与者间互动关系的安排。这种安排或围绕某一问题的有效解决进行或围绕某类利益的分配进行。传统的非网络治理或是通过计划加动员的控制机制，达到监督与激励机制的目标，以防止组织成员的机会主义行为，或是主要通过建立有效的单边或双边的激励机制和约束机制，达到激励、保护和监督的目标，而网络治理不是从单个组织或某一类组织出发，而是从相关的组织间关系出发，通过其他组织或组织间的外部协调和外部治理，保证网络成员组织之间的有效协调、整合与维护，防止组织间与组织自身的机会主义行为，从而实现组织网络整体价值的最大化。[①]

具体到上述两种会展组织网络来说，以政府为中心的组织网络的结构性嵌入主要有：（1）党政组织嵌入。直接的党政组织嵌入主要是通过组委会、国营企业和准政府组织的方式进行。首先，在中国，一方面组委会中党政领导人员的层次与其成员来源的多部门性往往既体现了会展本身的高级程度，又体现了会展自身的协调的复杂性。另一方面，组委会领导成员级别越高，其成员来源越广，则越有可能实现强有力的领导、动员更多的资源以及协调。例如，2010年上海世博会的组织结构是世博委员会→执行委员会→世博局。其次，在中国，展馆主要是政府投资筹建，由此形成了相应的国有公司。因此，党政组织自身可以将其人员、组织原则等嵌入国有企业[②]。最后，在中国，大量的行业协会组织受其对应的政府主管部门的组织嵌入影响，并统一受其管辖区的最高党政组织机构的领导。（2）合同。在政府主办的会展中，政府通过合同将一部分搭建、策划、招展与组织等业务分包给专业的会展公司。此后，围绕着会展相关的安全、物流、保险等配套业务也通过合同实现外包。因此，基于交易的契约合同作为一种结构性嵌入开始影响中国式会展的运作。（3）关系嵌入。改革开放以来，企业、民间组织在与党政组织主导的制度性变迁中获得了一定的合法

①陆海燕.社会资本：建构网络治理的支柱[J].理论界，2008(5)：14-15.

②袁雪红.三维治理：关系治理、网络治理与知识治理——知识网络组织间合作价值关系的治理研究[J].图书情报工作，2010（3）：123.

性与自主性，但是这些组织与党政组织之间还是存在权力依附关系。这种权力依附关系可能会与中国传统文化中的人情关系交织在一起构成嵌入会展组织网络的社会关系。一旦权力与政策关系得不到正常运行，腐败及非正式的行业潜规则就可能充斥整个组织网络并代替国家的正式规范。

在市场主导型的会展组织网络中，经济合约以及基于行业声誉为基础的关系的嵌入是其基本的结构性嵌入。围绕会展的各参与者基于利益的博弈逐渐形成以参与者间关系为核心的制度安排。这种制度安排往往能够发挥政府科层组织、企业组织、非政府组织以及网络组织的特点。相对于政府中心的组织网络来说，其制度供给的主体更为多元、参与性更高，因此更有可能动员不同的知识、立场、价值与资源进入制度的创新过程。

（二）嵌入性结构对机会主义的防范

网络治理对组织内部与组织间机会主义防范的效果取决于三个方面：一是通过允许其他组织涉及问题或利益而引入其他组织的外部治理，从而避免单个组织问题解决的目标内在化的机会主义；二是通过组织间协调机制的建立与维护，充分发挥不同组织的绩效优势，避免组织间的机会主义；三是通过引入网络中竞赛机制，促进组织自身治理机制的完善，从而避免组织因缺乏竞争而形成的僵化与固化，进而避免组织内部成员的机会主义行为。具体说来，主要有如下几种机制：

1. 限制性进入

限制性进入是对网络中交易伙伴数量的限制，它通过地位最大化和关系契约来实现。一方面，这种限制性机制可以提升交易的安全性，防止机会主义行为的发生，另一方面，由于限制性可以减少需要监督成员的数量，所以在监督过程中，有限的交易伙伴间加深了认识，形成更强、更可靠的交易伙伴关系，打破了"囚徒困境"，防止机会主义行为的发生。在以政府为中心的会展组织网络中，政府可以通过审批实现其辖区内的机会主义，但是实践证明，这种方式在中国并不能有效地解决政府间的机会主义行为。因此，在中国出现了地方政府支持下的重复办展的情况。而在以市场为中心的组织网络中，除了行业协会的限制性进入机制外，还有基于品牌会展与品牌公司的市场垄断限制性进入方式。就会展本身而言，无论是何种组织网络模式，都应该建立对参展商与服务商资质的审查机制，以限制少数参展商与服务商的机会主义行为。

2. 联合制裁

联合制裁是对那些违背共同规范的成员予以集体制裁，包括私下议论、公开传言、短期驱除、有意破坏等。它通过增加违约成本，减少任何一方的监督成本，提供识别和监督伙伴的激励来防范机会主义行为。[①] 在以政府为中心的组织网络中，由于政府与其他组织之间在权力上处于一种不对等的地位，因此联合制裁往往体现为一种政府单方面的制裁，联合制裁机制难以发挥作用。而在以市场为中心的组织网络中，会展市场主体违背共同规范的行业更容易受到参展商、行业协会、服务商、媒体等网络组织成员的联合制裁。这种制裁对其声誉与利益可能会造成致命的打击，因此可以防范其机会主义行为。与此同时，由于展览实际为参展商与服务商提供了一个公共平台，因此它们的机会主义行为也会受到展览组织网络的集体制裁。

3. 品牌和声誉

品牌和声誉是一种社会记忆，包括合作者的特征、技能、可靠性和其他与交易有关的属性。在以政府为中心的组织网络中，其品牌与声誉往往以政府信誉为基础，而在以市场为中心的组织网络中，会展市场主体以其自身的业绩属性信誉为基础。

（三）两种组织网络的关系治理

关系治理机制主要有两大机制：关系型契约和信任机制。关系型契约是指以交换或交往过程中的当事人各种关系为基础的契约，这种契约与以承诺为基础的交易型契约相区别。关系型契约重视组织间的社会交换关系并和组织所处的社会文化、习俗、道德等社会契约相联系。关系型契约通常是以一种非正式规范的形式嵌入组织之间并将组

---

① 袁雪红. 三维治理：关系治理、网络治理与知识治理——知识网络组织间合作价值关系的治理研究[J]. 图书情报工作，2010（3）：123.

织内部的契约与外部社会的契约相联结。信任机制是指一种交易的全体成员估计对方会按照己方具有信心的期望完成潜在交易的主观信念，不论己方的监督和控制能力如何。[①]关系型契约与信任机制的建立有助于组织间关系网络的形成。这种关系网络具有如下三个方面的作用：一是有助于网络成员低成本并及时获取信息；二是有助于建立稳定的资源供应来源与市场渠道；三是有助于建立与某种互补性资源、能力的合作以实现共赢。

1. 两种组织网络的关系型契约

在以政府为中心的会展组织网络中，尽管因引进市场体制而存在交易关系，但是同时也存在非市场环境中的合法性认同的关系机制。正如斯科特所言，在合法性认同关系中，需要体现文化协同性、规范支持或者与相关法律、规则相一致的情形。[②]如图4.3所示，会展活动中所涉及的政府与企业之间的关系主要是建立在合法性认同的基础上，在关系交往过程中更有可能得到政府合法性认同的企业或行业协会更能获取展览主办或承办权，并在整个展览策划、组织等活动过程中更能得到政府相关部门的支持，更有可能获得更多的资源支持。尽管企业间与企行间的关系主要不是建立在与政府的合法性认同基础之上，但是基本上要在这一关系框架下进行。由于在整个组织网络中政企与政行间的关系是一种强关系，所以企业需要不断采纳符合政府或行业协会期望的仪式性活动和程序，需要注重企业的组织结构、价值观念及对政策法规的遵循程度等因素。由于会展企业的优势不仅取决于其内部的治理结构与资源优势，还取决于其合法性获得方面的优势，因此新生企业或处于快速成长中的企业纷纷模仿资源优势企业的行为方式和组织结构，以获取权力机构和社会规范的认可，从而增强其自身的合法性。而在以市场为中心的组织网络中，企业间与企行间的交易费用关系是一种强关系，所以企业需要不断地提升自身的组织治理结构与资源获取能力，需要关注企业的社会需求、政府产业导向及会

---

①Doney M P, Cannun J P. An examination of the nature of trust in buyer- seller relationships. Journal of Marketing, 1997, 61（1）: 35- 52.

②Scott R.Institutions and Organizations . Thousand Oaks CA: Sage, 1995:124.

展市场信息等因素。因此，优势企业往往因其自身的治理结构、市场反应模式等组织绩效优势而成为新生企业或处于快速成长中的企业模仿与学习的对象。在防范机会主义行为方面，在以政府为中心的组织网络中，政府以其信誉与权威优势与企业之间就环境的不确定性形成不完全契约，在交易开始时，交易双方只规定一个约束框架，其内容是在实施过程中，不断依靠政企间的长期互动来完善。在这一过程中，政府的权威性对企业具有威胁力，但是企业则主要依赖于政府的信誉。因此，其机会主义防范的难点在于政府自身的机会主义。而在以市场为中心的组织网络中，不完全的关系契约依靠企业间长期交往、沟通来逐步充实与实现。由于关系型契约形成的动态性和过程性，所以它可以随时针对各种"敲竹杠""要挟""套牢"等现象对契约进行适当调整和补充，以防范机会主义行为。此外，在平等主体的关系型契约关系中，尽管人们主要是依赖于潜在的契约保证而不是法庭来促进人们履约，但是这种自动的私人履约方式还是可能通过如下两种方式防范机会主义：一是通过终止交易与合作关系，造成违约者未来损失的方式进行；二是通过违约不良信誉的传播方式进行。

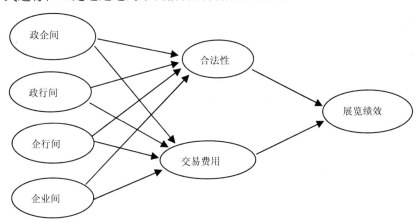

图 4.3　会展组织间关系的两种作用机制

2. 两种组织网络的信任机制

在展览组织网络中，主办方与承办方、参展商与主办方以及主办方与服务提供商之间需要建立在一定的信任机制之上。会展自身实际上是一种通过正式与非正式契约来联络的一种特殊的中间组织形式，其信任基础是建立在会展主办与承办方的许诺、践诺的过程之中。在以政府为中心的组织网络中，政府信誉为整个组织网络提供了信任基础。在市场环境不够完善以及社会信任普遍低下的情况下，政府的信誉可以赢得国际参展商的信任，可以保证合约的顺利签订与实施，可以减少交易双方基于不信任履约的监督成本。但是，政府信誉自身并不能在所有的会展活动之中都得到保证。在以市场为中心的组织网络中，信任机制是建立在会展市场主体服务交易过程之中。会展组办方通过主题策划、宣传推广与招展招商向参展商、参展人员及其服务公司与人员许诺，再通过实际的组织过程践诺。在这一过程中，会展组办方不仅要通过自身优质的策划、组织与场馆管理服务实践其诺言，而且需要确保相关服务公司的服务能够达到要求。对于会展与会展组办方来说，这种建立在正式与非正式契约基础上的许诺与践诺信誉非常重要，它关系到会展市场主体能够长期生存与发展。并且，由于会展自身具有高度开放的特点，因此会展市场主体的信誉传播非常迅速且难以控制。尽管如此，考虑到会展涉及的参与度及不信任的危害面，所以会展市场主体不仅要受到会展协会的行业严格自治，而且还要受到法律的严格约束。

（四）两种组织网络的知识与信息治理

会展自身不仅是既有知识应用结果、过程与方式的展示，而且还是一个为知识与信息交流与创新提供平台的组织网络。参与其中的组织间资源嵌入这一特定的组织网络中，经由会展中交往、合作形成一种具有自组织、复杂性特征的"重合资源体"，通过资源体内部系统的交互、涨落和非线性作用等，在适当的条件下演化为能量巨大的"价值资源体"，产生的价值远远大于单个资源价值的简单加总。跨组织资源自身的异质性以及产生过程中的路径依赖，即通过特定的网络进行组合，非常难以模仿与替代，从而具有战略性资源的特征。①此外，

---

①王作军，任浩. 组织间关系：演化与发展框架[M]. 科学学研究，2009（12）：1803.

会展的组织过程也是一个知识治理的过程。知识治理的本质就是正式的组织机制（包括治理结构、激励机制、契约安排等）和非正式的组织机制（包括组织惯例、组织文化、互惠交易等）交互作用于知识的组织过程，而这种交互作用又以"替代效应"和"补足效应"共同影响知识的组织活动的结果。传统知识治理强调依靠自身力量创造核心技术或通过追随、模仿、复制中心型制造商、系统整合商的技术"诀窍"和产品特点来实现组织利益。如今，对于知识治理更强调内化于组织特殊技能、内部规范、决策程序、组织文化之中的组织隐性知识与学习能力对于组织创新的重要性。由于组织隐性知识与学习能力内在于组织内部并不容易剥离，因此要促进组织的知识创新就需要突破传统组织边界，需要通过组织间的合作实现。会展组织通过建立一定的规则与方式，为组织间提供一种学习机制、知识共享机制、竞争机制，促进各方都贡献出独特的知识与经验，从而有利于隐性知识和技术的扩散、吸引与整合，有利于组织间在知识创新中形成项目合作。

小　结

　　在改革开放之前的极端的政府主导模式中，会展服务于政治，难以成为知识与信息交流、创新的组织化平台。改革开放以来，会展组织网络的多元化促进了信息与知识供应方的多元化。然而，在以政府为中心的组织网络中，会展议题、议程的安排不可避免地会受政府的强影响。尽管政府也能借助专业化机构的建议，弥补其市场化定位的不足。但是，在政府强势的组织网络关系中，政府对公益性议题与目标的偏好以及政府的行政化行为取向还是容易导致其市场化定位不足。而在政府主导的会展组织化过程中，在一种权力取向的氛围中难以主动、积极地提供与政府取向不一致的信息与知识。例如，在我国许多地方政府举办的投资洽谈类会展中，出现了政府过分关心其公共形象，而对企业及项目的突出不够的现象。结果，尽管企业出于与政府关系的角度而不得不参与这种会展，但是真正的投资交易意愿并不强烈。而在以市场为中心的组织网络中，参展方而不是政府成为展示舞台的主体，它们不仅展示其掌握知识与信息的结果，而且还展示其知识与信息的应用能力与关键知识与信息的把握程度。与此同时，寻找知识创新议题、合作也是各参展方的目标之一。对于会展组办方来说，其知识管理的过程包括确立议题，提供知识创新鉴定与评价、知识交易治理框架、知识产权保护平台，促进知识创新合作等。

第五章

会展市场化：基于产业链及产业融合视角

第一节 产业划分与会展产业

一、产业划分

　　产业是指从事相同性质的经济活动的所有单位的集合。费希尔在其著作《安全与进步的冲突》一书中，最先提出"第三产业"的概念，与西方流传的第一产业、第二产业一起构成国民经济产业结构的三分法。费希尔认为物质生产飞速发展的背景下，必须从生产和消费的联系出发，根据需求结构的变化来调整生产组织。基于这种认识，他提出"第三产业"的概念。克拉克将"第三产业"称为"服务性产业"，并发现劳动力转移的一般过程是先由第一产业到第二产业，然而再由第二产业到第三产业。这一发现被认为是"克拉克定理"。库兹涅茨从国民收入和劳动力在产业之间的分布情况，将第一、二、三产业分别称为农业部门、工业部门和服务业部门。其中，第三产业涉及的行业多、范围广，根据我国的实际情况，第三产业涉及四个层次。第一个层次是流通部门，包括交通运输业、邮电通信业、商业、饮食业、物资供销和仓储业。第二个层次是为生产和生活服务的部门，包括金融业、保险业、地质普查业、房地产业、公用事业、居民服务业、旅游业、咨询信息服务业和各类技术服务业等。第三个层次是为提高科学文化水平和居民素质服务的部门，包括教育、文化、广播电视事业，科学研究事业，卫生、体育和社会福利事业等。第四个层次是为社会公共需要服务的部门，包括国家机关、政党机关、社会团体以及军队和警察等。三次产业划分体现了人类发展的阶段性特征。

事实上，在历史上，除了三次产业划分法，还有其他划分方法。一是马克思的两大部类划分法，即生产生产资料的产业部类和生产生活资料的部类。二是霍夫曼从研究工业化发展阶段的需要把产业分成三类：（1）消费资料产业，如食品工业、纺织工业等。原则是工业产品75%以上属于消费资料。（2）资本资料产业，如化学工业、一般机械工业等。原则是该类工业产品75%以上属于资本资料。（3）其他产业，如橡胶、木材、造纸等工业。三是按照生产要素密集度划分法，分为劳动密集、资本密集、技术密集和知识密集型产业。四是按照产业地位，分为：（1）基础产业。在产业结构体系中为其他产业的发展提供基本条件并为大多数产业提供服务的产业。（2）瓶颈产业。在产业结构体系中未得到应有发展并严重制约其他产业发展的产业。（3）支柱产业。在产业结构体系中总产出占较大比例的产业。（4）主导产业。在产业结构体系中处于迅速发展并对相关产业发展具有引导和支撑作用的产业。（5）先导产业。在产业结构体系中关系到未来国民经济发展的需要，必须先行发展而又能带动和引导其他产业发展的产业。五是按照技术先进程度可分为传统产业和高技术产业，按照产业发展趋势可以分为朝阳产业和夕阳产业。也有学者主张对产业划分实行五分法。一是分为农业、工业、服务业、信息产业和知识产业。二是农业、工业、服务业、资源再利用业和生态维护业。

自1990年澳大利亚首先通过文化政策，提出"创意国家"以来，创意作为一种产业日益受到世界各国的重视。英国则将创意和文化结合起来，统称为一种新型产业。1997年英国工党在大选中使用"文化产业"。在其大选获胜之后，又首次用"创意产业"替代"文化产业"。新加坡则将这一概念进一步拓展，称为产权产业。图 5.1 显示了新加坡创意产业框架。与此相关的另一种称谓是文化创意产业。本书采用的就是这一称谓。在英国，广告、建筑、艺术和文物交易、工艺品、设计、时装设计、电影、互动休闲软件、音乐、表演艺术、出版、软件、电视广播 13 个行业被确认为创意产业；此外，旅游、酒店、博物馆和艺术馆、文化遗产以及体育被认为是和这一产业有着紧密关系的产业。但是，也有一些国家将博物馆和艺术馆及艺术展视为创意产业。尽管略有差异，但是创意产业的核心部门基本一致。

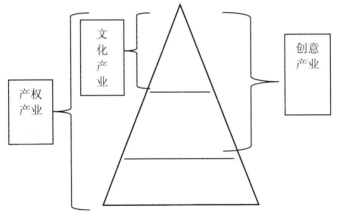

图 5.1　新加坡创意产业概念框架

二、会展产业

（一）会展产业划分

对于更为具体的产业分类，国家标准于 1984 年首次发布，分别于 1994 年和 2002 年进行修订，2011 年进行第三次修订。2011 年，我国国民经济行业分类中将会议及展览服务（7292）归在租赁和商务服务业（L）下的其他商务服务类别下，而将体育活动、文艺表演及游乐活动并列起来归于文化、体育和娱乐业（R）类别下，并且对于节事活动并没有明确的类别归属。这种跨界界定给会展产业的统计带来麻烦。例如，会议、节事活动、奖励旅游管理归口复杂，统计起来存在一些难题。例如，官办会议、纪念性活动是否属于统计范围？会议、奖励旅游经营收入数据的提供单位多是场馆单位，主办方的收入数据难以统计。会展中的相关活动经济发生地可能分散在酒店、旅游目的地，在统计上如何与酒店业、旅游业区分开来？

相对于会展其他类型来说，展览业的标准化更容易确定。我国2002 年制定了《专业性展览会等级的划分及评定》（SB/T 10358—2002），2012 年进行了修订，形成《专业性展览会等级的划分及评定》（SB/T 10358—2012）。根据该文件，专业展览会是指在固定或规定的地点、规定的日期和期限内，由主办者组织、若干参展商参与的通过展示促进产品、服务的推广和信息、技术交流的社会活动。专业性展览会等级的划分是以专业性展览会的主要构成要素为依据，包括展览面积、参展商、观众、展览的连续性、参展商满意率和相关活动等方面。专业性展览会的等级是由评定机构依据统一的评定标准及方法评定产生，其评定结果表示该专业性展览会当前的等级状况，有效期为3 年。具体的评定方式按专业性展览会评定机构制定的评定程序和评定实施细则执行。评定机构以文本的形式提出专业性展览会的等级，并出具由评定机构签章的专业性展览会等级证明文书。专业性展览会等级的评定采取自愿的原则，主办（承办）方按有关程序向评定机构提出申请，由评定机构予以评定。专业性展览会举办场馆的建筑、附属设施的管理应符合现行的国家、行业和地方的消防、安全、卫生、环境保护等有关法规和标准。专业性展览会的等级评定分为三个级别，由高到低依次为 AAA 级、AA 级、A 级。具体说来，标准如下。

1. AAA 级

展出净面积不少于10000 平方米，特殊装修展位面积比至少达到50%；行业内骨干企业参展展位面积与展出净面积的比值不少于20%；展览期间专业观众人次与观众总人次的比值不少于60%；同一个专业性展览会连续举办不少于6 次；参展商满意率的评价按"参展商满意率调查表"的调查结果进行，其中总体评价结论为"很满意"和"满意"的数量总和，应不低于参展商总数的80%；专业性展览会期间组织与专业性展览会主题相关的活动。

2. AA 级

展出净面积不少于 8000 平方米，特殊装修展位面积比至少达到40%；行业内骨干企业参展展位面积与展出净面积的比值不少于10%；展览期间专业观众人次与观众总人次的比值不少于50%；同一个专业性展览会连续举办不少于 4 次；参展商满意率的评价按"参展商满意率调查表"的调查结果进行，其中总体评价结论为"很满意"和"满意"的数量总和，应不低于参展商总数的75%；专业性展览会期间组织与专业性展览会主题相关的活动。

3. A 级

展出净面积不少于 5000 平方米，特殊装修展位面积比至少达到30%；行业内骨干企业参展展位面积与展出净面积的比值不少于5%；展览期间专业观众人次与观众总人次的比值不少于40%；同一个专业性展览会连续举办不少于 3 次；参展商满意率的评价按"参展商满意率调查表"的调查结果进行，其中总体评价结论为"很满意"和"满意"的数量总和，应不低于参展商总数的70%；专业性展览会期间组织与专业性展览会主题相关的活动。

根据《2015 年中国会展行业发展报告》，按照 2013 年可比统计基础测算，2014 年，全国展会经济直接产值可达 4183.5 亿元人民币，比2013 年的 3870 亿元人民币增长 8.1%。广州在 2005 年，会展业直接收入就超过 100 亿元。据《2012 北京统计年鉴》（北京市统计局发布），2012 年北京市规模以上会展单位实现直接会展收入 250.7 亿元，其中，会议、展览和奖励旅游收入分别为 137.8 亿元、95.9 亿元和 16.9 亿元。2014 年，全国共举办展览 8009 场，展览面积 10276 万平方米[①]，首次突破一亿平方米大关。与 2013 年相比，展览数量增加 9.43%，展览面积增加 9.43%，展览数量和展览面积增长幅度高于 2013 年的 1.8%和 4.8%，

---

① 从 2011 年开始，中国会展经济研究会以城市为调研对象，进行展览业统计。2011 年度覆盖 83 个城市，2012 年扩大到 102 个城市，2013 年扩大到 125 个城市。2014 年对全国 418 个城市进行了展览行业基本数据调研，其中 141 个城市在 2014 年举办了展览。

如表 5.1 所示。表 5.2 列出了 2014 年全国展览面积在 20 万平方米及以上的会展。

表 5.1　2010—2014 年全国展览数量和展览面积

年份	展览数量（场）	展览面积（万平方米）
2010	6200	7440
2011	6830	8120
2012	7189	8990
2013	7319	9391
2014	8009	10276

数据来源：根据《2015 年中国会展行业发展报告》整理得到。

表 5.2　2014 年全国展览面积在 20 万平方米及以上的会展项目

举办地	展览名称	展览面积（万平方米）
广州市	第 116 届广交会	116
广州市	第 115 届广交会	116
广州市	2014 第十六届中国（广州）国际建筑装饰博览会	32.92
广州市	2014 第二十届广州国际酒店设备用品展览会、第二十一届广州国际食品饮料展览会、第二十一届广州国际厨房设备用品展览会、第二十一届广州国际清洁设备用品展览会	25.36
广州市	广州国际建筑电气技术展览会、2014 广州国际光电建筑展览会	24.01
广州市	第 33 届中国（广州）国际家具博览会暨民用家具展	21.99
上海	第二十届中国国际家具展览会、2014 中国国际家居软装设计展	21.99
上海	2014 第二十八届中国国际颜料橡胶工业展览会	21.25
广州市	2014 广州国际照明展览会	20.3
上海	第 19 届中国国际厨房、卫浴设施展览会	20.04
上海	2014 上海国际汽车零配件、维修检测诊断设备及服务用品展览会	20

数据来源：根据《2015 年中国会展行业发展报告》整理得到。

（二）会展产业特点

会展产业具有如下特点。

1. 跨界性和互融性

尽管会展业具有自己的核心产品和市场领域，但是它同时和其他产业也存在相互交叉、相互渗透和融合的属性。会展业的核心产品是会展平台和会展服务。会议、展览、展览中的相关活动、节事活动等属于展示、交易、交流和传播的平台，构成会展中最核心的产品。会展服务属于无形产品①，包括策划、招展招商、宣传推广、现场接待和服务、展后客户追踪服务等。有形产品包括会议论文、会议报告、纪念品、场馆、展台、广告视频、会刊、配套设施等。扩展产品包括会展清洁、会展旅游、会展翻译等。

2. 平台经济属性

会展最核心的产品是经由组办方的努力为参展商与观众之间搭建展示、交易和交流的平台，为专业观众之间搭建进一步交流、切磋的平台，为品牌和产品推介方与会展媒体之间搭建宣传推广平台。因此，会展越是综合式的，平台自身越综合，会展越专业，平台自身越专业。以广交会 2016 年计划展示产品为例。会展共三期，第二期（2016 年 4 月 23 日至 27 日）主要涉及日用消费品类、礼品类和家居装饰品类。第三期（2016 年 5 月 1 日至 5 日）主要涉及纺织服装类、鞋类、办公和箱包及休闲用品类、医疗及医药保健类、食品类、进口展区。下面以第一期为例，说明其产品细分的完备性。

第一期（2016 年 4 月 15 日至 19 日）除了进口产品外，还包括

---

①Gronroos 于 1990 年对服务与有形产品的特点差异进行了对比分析，认为两者差异表现在如下几个方面：①存在形式：有形产品是一个具有实体的、独立静态的物质对象，而服务是非实体的、无形的，是一种行为或过程。②表现形式：有形产品是一种标准化的产品，而服务大多难以标准化，每一类服务都可能与其他同类服务的表现形式有所差异。③生产、销售与消费的同时性：有形产品的生产、销售及消费可以完全独立进行，客户不参与生产过程，客户的消费也无需服务机构服务人员参与；而服务的生产、销售和消费是同一个不可分离的过程，客户和服务人员必须同时参与才能完成。④核心价值的产生方式：有形产品的核心价值是在工厂里就已经确定的一种凝聚在产品当中的静态属性，与客户无关；服务的价值是在客户与服务人员的接触中产生的，它不可能事先被创造出来，是一种动态的属性。⑤存储性：有形产品可以在一定时间内存储；而服务的生产和消费是同时进行的，生产的过程即是消费的过程，不可存储。

如下七类展品（第一期进口展品区展品划分也基本上包括如下展品范围）。

（1）第一类是电子及家电类。包括①音像视听产品：家庭影院设备，VCD机，DVD机，CD机，麦克风，卡拉OK设备，电视，机顶盒，录像机，录音机，复读机，收音机，扩音器，扬声器，汽车音像系统，电视机架。②数码娱乐产品：MP3机，MP4机，随身听，数码相机，平板电脑，电子游戏产品。③通信产品：手机，寻呼机，对讲机，PDA，电话，传真机，通信电缆，天线及接受器，呼叫器，无线电设备，雷达导航设备，卫星通信设备，卫星接收器，其他通信设备及器材。④电源产品：干电池，锂电池，移动电源，电源适配器、USB充电器。⑤计算机产品：计算机及配件，大中型电子计算机，小型电子计算机，微型电子计算机，台式计算机，笔记本电脑，光驱，软驱，硬盘，CPU，内存，声卡，显卡，主板，键盘，鼠标，显示器，移动硬盘，U盘，电子计算机散件，文字处理机，其他电子计算机。⑥计算机外围设备：打印机，3D打印机，磁盘，光盘，磁带，扫描仪，数码摄像头，刻录机，UPS，其他外围设备。⑦计算机网络设备：服务器，调制解调器，路由器，集线器，网卡，工作站，交换机。⑧计算机软件：操作软件，办公软件，财务软件，管理软件，图像设计软件，电脑安全软件，网络工具软件，游戏软件，教育软件，多媒体软件，开发与编程软件，翻译与字典软件，智能家居系统软件。⑨其他电子产品：气象监测仪、气象监测仪组合装置、气象监测仪配件。

（2）第二类是照明类。包括①照明系统应用：工业照明，装饰照明，紧急及安全照明，娱乐及舞台灯光，办公室、广告、展览会照明，户外照明。②电光源：日光灯，节能灯，白炽灯，霓虹灯，氖灯泡，碘钨灯，镁灯泡，溴钨灯。③灯具配件：灯罩，灯柱，光纤，灯盘，灯座，灯头，镇流器，稳压器，变压器，适配器，转换器，传感器。

（3）第三类是车辆及配件类。包括①自行车及零配件：自行车、电动自行车，电动滑板车、自行车零配件。②摩托车及零配件：摩托车、沙滩车、摩托车零配件。③汽车配件。汽车零部件：发动机及零件，冷却、润滑及燃料供给零件，传动系零件，行驶转向及制动零件，汽车仪表及零件，汽车电器及零件。轮胎、汽车配件及优化装备、维修及汽车相关服务用品、汽车装饰品。④车辆。非工程车辆：轿车，客车，越野车，拖车及拖车头，保温车，冷冻车，油罐汽车，公共汽车，救护车，消防车，运水车，工具车，飞机牵引车，机场特种车辆，无轨电车及设备，高尔夫车，ATV 全场车，运钞车，面包车，货车，自卸车等。

（4）第四类是机械类。包括①动力、电力设备。动力设备：电动机，电机组，柴油。电力设备：发电机，发电机组，输电设备，调相机等。②通用机械、小型加工机械及工业零部件。通用机械：各种泵，阀门，风机，压缩机等。小型加工机械：电焊机，气割机，切割机，台钻，砂轮机，机床附件，磨料，金刚石及制品，其他各类小型机械及器材。工业零部件：轴承，坚固体，链条，弹簧，通用阀门，铸造产品，锻造产品，模具，齿轮，粉末冶金，气动元件，密封件，液压部件及配件，其他机械零配件。仪器：电子仪器，电工仪器，显微镜，测绘仪器，观察仪器，物理光学仪器，其他光学仪器，材料实验机，地质勘探设备及仪器，热工仪器，自动化仪器，建筑试验仪器，水文土工仪器，实验室仪器，专用仪器仪表，其他物理化工仪器。摄影器材：电影器材，照相器材，其他照相制版及电影器材。印刷器材。家用缝纫机及零件，纺织器材。运输设备：船舶设备及零件，水下特种设备，航空设备及零件，铁路车辆设备及器材。车辆保养设备：喷油嘴消洗机，汽车举升机，废油抽取机，轮胎拆装机，平衡机，四轮定位仪，清洗机等。③工程农机（室内）。小型工程机械：震动夯，小型吊篮，切砖机等。农林机械：收获机械，耕作农机具，机动插秧机，手动插秧机，水利排灌机械，农田建设机械，畜牧机械，农业机械零配件，林业机械，其他农林设备等。园林机械：割草机，喷雾器，其他农林机械。农副产品加工机械：油脂机械，大米机械，其他粮油加工机械，包装设备及材料，检查仪器等。④工程农机（室外）。工程机械：叉车，挖掘机，翻斗车，汽车起重机，履带式起重机，水泥搅拌车，平板夯，吊篮，切砖机等。土建工程机械：矿山机械，起重机械，煤矿机械，地质机械，消防机械，石油机械等。农林机械：农用运输车辆，拖拉机，收获机械，机耕船，耕作农机具，机动插秧机，手动插秧机，水利排灌机械，农田建设机械，畜牧机械，农业机械零配件，林业机械，其他农林设备等。⑤大型机械及成套设备。大型机械：金属切削机床，大型木工机械，纺织机械，制药机械，塑料机械，包装机械，烟草机械，印刷机械，食品加工机械，橡胶加工机械，化工机械，锻压机械，铸造机械。成套设备：各种轻工业品生产线。

（5）第五类是五金工具类。包括①五金：家具五金，建筑五金，装饰五金，门窗五金，铁艺制品，浴室五金及配件，锁具及配件，丝网，焊接材料，低压阀门，水暖器材，铸铁制品，铸锻件，紧固件，手推车/平板车及配件，货架/支架及配件，消防器材，其他五金制品。②工具：量具，磨具，刃具，手动工具，电动工具，气动工具，液压工具，焊接工具，机械工具，切割工具，农具。

（6）第六类是化工产品类。包括①无机化学品：化学元素，无机酸及非金属无机氧化物，非金属卤化物及硫化物，无机碱和金属氧化物氢氧化物及过氧化物，无机酸盐和无机过氧酸盐及金属酸盐，杂项无机化工品。②有机化学品：烃类及衍生物，醇类及衍生物，酚、酚醇类及衍生物，醚类及衍生物，醛基化合物，酮及醌基化合物，羧酸类及衍生物，非金属无机酸脂及盐，含氮基化合物，其他有机化合物。③农化工品：化肥，农药、染料、颜料，油漆及中间体，塑料及其制品，橡胶及其制品。

（7）第七类是能源类。包括①新能源。太阳能光伏产品：太阳能电池及组件，光伏相关零部件，光伏工程及系统，光伏原材料，光伏生产设备，光伏应用产品。太阳能光热产品：太阳能热水器，太阳能热泵，太阳能集热器，太阳能空调，其他光热产品及配件。风能产品及配件。②其他新能源产品。

表5.3列出了2014年我国展览行业分布，进一步说明展览行业作为产业展示的平台经济体的重要性。

表5.3 2014年中国展览行业分布

行业	会展数量（场）	展览面积（万平方米）	行业	会展数量（场）	展览面积（万平方米）
汽车	503	1201	科研和技术服务业	3	6
文化艺术业	324	505	专用设备制造业	299	602
批发业	289	754	文教、工美、体育和娱乐用品制造	280	389
零售业	284	306	证券市场服务	17	22
居民服务业	213	311	建筑装饰和其他建筑业	191	374
食品制造业	157	332	纺织服装、服饰	161	204
娱乐业	130	156	通用装备制造业	142	337
餐饮业	100	166	电子机构和器材制造业	97	252
房地产	92	150	酒、饮料和精制茶制造业	94	167
商务服务业	468	409	计算机、通信和其他电子设备制造	81	284
其他金融业	74	103	科技推广和应用服务业	62	130
教育	70	96	木材加工和竹、藤、棕草制品业	54	55
其他制造业	50	87	铁路、船舶、航空航天和其他运输业	46	127
医药制造业	42	82	化学原料和化学制品制造业	39	90
纺织业	38	98	非金属矿物制品业	37	69
农业	83	179	仪器仪表制造业	35	95

行业	会展数量（场）	展览面积（万平方米）	行业	会展数量（场）	展览面积（万平方米）
金属制造业	36	134	橡胶和塑料制品业	27	81
社会工作	24	28	农副食品加工业	27	25
畜牧业	19	46	互联网和相关服务业	26	43
家具制造业	248	562	皮革、毛皮和羽毛及其制品和制鞋业	22	43
渔业	12	23	群众团体、社会团体和其他成员组织	20	10
体育用品	12	18	水的生产和供应业	14	21
国际组织	3	18	煤炭开采和选洗业	14	22
房屋建筑业	3	21	电力、热力生产和供应业	13	24
道路运输业	3	8	石油加工、炼焦和核燃料加工业	11	27
其他采矿业	10	22	交通运输、仓储和邮政业	11	48
体育业	34	64	专业技术服务业	10	14
林业	6	14	印刷和记录媒介复制业	10	34
卫生	4	5	广播、电视、电影和影视录音制作业	8	10
货币金融	4	5	石油和天然气开采业	7	12
资本市场	3	9	软件和信息技术服务业	7	15
研究和实验	6	3	机动车、电子产品和日用产品修理业	7	36

续表

行业	会展数量（场）	展览面积（万平方米）	行业	会展数量（场）	展览面积（万平方米）
公共设施管理	6	16	电信、广播电视和卫星服务业	7	7
土木工程建筑	5	5	化工、木材、非金属加工专用设备	5	13
造纸和纸质品	6	16	照明器具生产专用设备制造	4	3
租赁业	6	3	有色金属冶炼和压延加工业	4	17

数据来源：根据《2015 年中国会展行业发展报告》整理得到。

平台经济并不是一种完全崭新的商业模式，传统的中介公司所扮演的就是平台型企业的角色，其从事的经济活动即属于平台经济。随着展示商业化和专业化，会展平台也日益市场化、专业化。互联网技术的普及与应用，催生了新一轮平台经济浪潮，产生了软件应用商店、开放开发平台、电子商务平台、金融支付平台以及云计算领域的平台都是平台经济的具体形式。这些虚拟平台与会展实体平台的结合，大大推动了会展平台的发展，实现了会展经济线上线下展示与体验的结合。随着会展产业和其他产业的不断渗透和融合，会展平台日益向规模化、专业化、品牌化、国际化方向发展。

3. 开放性和关联性

作为一种平台，会展产业必须具有开放性。只有开放性，才能保证平台内充分的互动性以及由互动性所产生的信息、文化、产品和品牌等集聚后的升级和增值。会展产业的关联性其一表现在其经济拉动效应，即人员集聚后所带动的相关消费增加效应。其二表现为由场馆、举办地形象所推动的会展和城市基础及配套设施的建设和发展。此外，还有一点很重要，即会展项目生存和发展在根本上能否与具体产业相联系。这一点对于会展项目的策划和运营相当重要。从根本上说，一个会展项目适合在产业集聚地或产品市场消费集中地举办。在会展策划中，需要根据产业市场特点、产业链分布特点、产业政策进行充分调研，对会展项目的可行性进行充分分析。一个离开相关产业调研和分析的项目策划是一个不成功的策划。在会展策划和运营中，需要根据会展涉及的题材范围、产业链进行充分分析，并在招展招商过程中根据产业链时空特点予以针对性对待。

第二节 产业经济带及会展产业经济带

一、我国产业经济带

从会展产业在一地的发展角度看，会展产业自身的发展也需要有相关产业的支持，尤其是产业经济带的支持。在产业经济带形成初期，企业区位行为受环境条件的影响，而表现为向某一优势区位集中，进而发展成若干城市工业集中区，企业在运营过程中又由中心向外沿轴线扩散，这两种空间过程既相互推动又相互制约，便形成了产业经济带。纵向产业经济带有沿海产业经济带、京广铁路沿线产业经济带和三线地区和兰新—北疆铁路沿线产业经济带。这三条纵向产业经济带分别位于中国三大地形阶梯的过渡带上，在地理单元和区域性质上具有边缘效应。其南段以珠江三角洲为核心，中段以上海为核心的长江三角洲地带，北段以京津唐地区和辽中南地区为核心，目前已成为中国最主要的外商投资区。京广铁路沿线产业经济带是辐射面极宽的优势产业经济带。山西的煤炭采选、钢铁工业、装备制造业，河南的食品工业、有色冶金，湖北的汽车、钢铁工业和高新技术产业，湖南的交通运输设备、高新技术产业等在全国具有一定优势。三线地区和兰新—北疆铁路沿线产业经济带，内部城镇密度、单位面积国民生产总值等指标都较低，表现为不连续分布的发展。生态问题突出，未来建设中必须以改善环境和优化生态为核心，促进区域生物圈经济的形成。横向产业经济带主要有陇海—兰新产业经济带、长江沿江产业经济带、沿黄河产业经济带和浙赣—湘黔铁路产业经济带。横向产业经济带在中国产业空间布局上起着连贯东、中、西的作用，与纵向产业经济带共同组成中国产业经济带的网络结构。①

随着中国交通技术的不断发展，尤其是铁路交通网的不断发展，中国产业经济带网络结构将更加完善。1988年沪嘉高速公路的建成通车实现了中国大陆高速公路零的突破，到2014年底，中国高速公路通车总里程达到11.2万公里，超过美国居于世界第一。2008年8月1日运营第一条高铁京津城际。2014年，我国铁路新线投产规模创历史最高纪录，铁路营业里程突破11.2万公里。高速铁路营业里程超过1.6万公里，稳居世界第一。

中国产业经济带的形成是市场和政府多重力量的作用结构。20世纪80年代后期以来，产业政策在中国备受重视，政府出台大量产业政策，形成了庞大复杂、比较完整的产业政策体系，使中国成为世界上运用产业政策最多的国家之一。相较于其他国家，中国产业政策体系复杂性的体现之一是其制定主体的多元化和表现形式的多样化。除政策文件以外，还有法令、条例、措施、规划、计划、纲要、指南、目录、管理办法和通知等形式。其中比较重要或比较有中国特色的是：中央政府发布的正式政策（与此相当甚至层级更高的产业政策表现方式还有法律和党的工作报告，这两种国家意志的体现有时也非常具体，对涉及的产业影响巨大）、中央部门发布的正式政策、地方政府和政府部门发布的正式政策、部门决议、会议决议、领导书面批示与口头指示及专项检查、专项整顿共七种。②具有如下特征：①规模化导向。1997年十五大提出"抓大放小"改革战略，进入21世纪以后又提出

---

①曾昭宁，王忠.我国产业带发展现状及对策研究[J].商业时代，2008（10）：82—83.

②项安波，张文魁.中国产业政策的特点、评估与政策调整建议[J].中国发展观察，2013（12）：19—21.

推动企业兼并重组、实施重点产业部门大企业集团战略、提高中国工业产业国际竞争力。在这一政策的影响下，中国形成了一大批国有企业集团。②多层级性。中国产业政策在体系上是多层级的，中央政府及地方政府（在其辖域）均可制定、实施影响产业发展的相关政策。产业政策制定主体关系上的层级属性并不意味着产业政策一定统一。③行政干预性强。综合应用产业、金融、土地和环保政策，以行政指令为主并配以问责制。这种方式能够形成一定的整合效果并具有很强的行政干预性。④产业政策往往是以国家发展战略为前提。

改革开放以来，我国形成了长三角、珠三角和环渤海三大经济圈，它们在中国经济发展中具有举足轻重的地位。但是，相对于长三角、珠三角来说，京津冀经济圈行政体制分割，各自为政，行政区划关系始终高于市场区际关系，地方行政主体利益导致经济圈内资源难以优化配置，协调发展。2014年2月26日，习近平总书记在听取京津冀协同发展工作汇报时强调，实现京津冀协同发展是一个重大国家战略，要坚持优势互补、互利共赢、扎实推进，加快走出一条科学持续的协同发展路子。由此，京津冀一体化成为国家发展战略。2014年9月25日，国务院发布《关于依托黄金水道推动长江经济带发展的指导意见》（以下简称《意见》），正式提出将依托黄金水道推动长江经济带发展，打造中国经济新支撑带，这标志着长江经济带正式上升为国家战略。长江经济带覆盖上海、江苏、浙江、安徽、江西、湖北、湖南、重庆、四川、云南、贵州11个省市，面积约205万平方公里，人口和生产总值均超过全国的40%。长江经济带横跨我国东、中、西三大区域，具有独特优势和巨大发展潜力。2013年9月7日，习近平主席在哈萨克斯坦纳扎尔巴耶夫大学发表重要演讲，首次提出了加强政策沟通、道路联通、贸易畅通、货币流通、民心相通，共同建设"丝绸之路经济带"的战略倡议；2013年10月3日，习近平主席在印度尼西亚国会发表重要演讲时明确提出，中国致力于加强同东盟国家的互联互通建设，愿同东盟国家发展好海洋合作伙伴关系，共同建设"21世纪海上丝绸之路"。后来这两种表述被概括为"一带一路"国家发展战略。"一带一路"的建设不会与上海合作组织、欧亚经济联盟、中国—东盟

（10+1）等既有合作机制产生重叠或竞争。随着这三大国家发展战略的不断推进，中国区域经济发展带将进一步完善，由此也将带动我国会展经济带和会展城市的发展。

产业行业分布对会展具有重要意义。会展举办可以选择在生产地进行。了解行业分布有助于招展招商工作有针对性地进行。更重要的是，会展业自身在本质上是建立在一个国家整体产业能力和经济能力之上的。经过改革开放以来的经济发展，主要形成如下行业分布：

（1）珠江三角洲、长江三角洲、环渤海湾地区和以四川、陕西为主的西部地区是我国电子信息产业最为发达的地区，也是电子信息产业集群的主要聚集地。其中，深圳已经升级为高科技产业集聚重要基地，具有很强的活力。

（2）我国的软件和计算机产业集群多依托于城市，主要分布在各省会城市和各省内的一些大型城市，其中北京、上海、深圳、南京、成都、济南等地的集群规模较大，发展较快。

（3）机械制造业分布广泛，主要有以下特点：一是东北、山西、湖南、湖北这类重工业基础雄厚的地区有国家重点投资建设的大中型国有企业，在大中型企业周围聚集了一批产业配套的企业。二是东部沿海城市经济开放程度较高，在改革开放初期，以优惠的政策吸引了一批港台企业，并刺激了当地民营机械企业的发展，由于当地各种配套产业发展也较快，因此机械制造产业链还延伸到商业、维修服务业、运输业和公路建筑等诸多行业，其集群层次也较高，正处于集群发展的高端。由于沿海城市重工业基础普遍薄弱，加之竞争激烈，劳动力成本也不再具有优势，所以我国机械制造产业集群正有向中部和东北地区转移的趋势。

（4）电产业集群主要分布在珠江三角洲、长江三角洲和胶东半岛，其中以广东、浙江、山东几省最为明显。中西部地区的四川和重庆也具有较强的实力。

（5）我国的船舶制造产业集群主要分布在环渤海湾、长江三角洲、珠三角地区，由于这些地区沿海的优势并且有一定的工业基础。航空航天制造产业集群属于高技术产业集群，其分布集中在科技研究能力较强的沈阳、成都、西安等。汽车产业集群分布在五大区域：长江三角洲、珠三角地区、东北地区、津京地区和华中地区。铁路运输设备制造主要集中于东北和中西部地区。2014 年 12 月 30 日晚，中国南车正式宣布与中国北车合并，实现了铁路行业资源的整合。

（6）我国的金属制品产业集群集中于沿海地区的浙江、广东、江苏、山东，在河北、湖南也有零星分布。

（7）纺织服装及毛皮制造产业集群绝大部分分布在东部沿海地区，主要是浙江、江苏、福建、广东、山东五省，其他零星分布在中部的河北、河南和西部的重庆、宁夏。长江三角洲环太湖区、杭嘉湖地区、宁波、温州，以及珠江三角洲地区，以个别县、镇或村为范围，集中某种产品的社会化生产形成纺织服装企业集群。其中，浙江绍兴纺织产业带和中大纺织产业带非常有名。

（8）专业化商品市场（10 亿元规模以上）：我国上规模的专业化商品市场（包括工业品综合市场、农副食品市场、小商品市场）主要集中分布在环渤海湾、长江三角洲区域内，其他分散在东北、中部省会城市。其中，深圳数码产业带、义乌礼品产业非常有名。

（9）医药制造产业集群分布比较广泛，根据集群产生的特点分为：一是外商直接投资带动的外向型加工业集群。以天津、西安为代表。二是利用本地丰富的药材资源优势建立起来的医药产业集群。主要分布在中西部以中成药为主，东北地区中西医药结合，沿海东部地区的海洋药品。三是依托密集的国家高科技资源形成的高科技医药产业工业园。如上海市浦东医药工业园、北京海淀投资近 2 亿元建立的中关村生物医药园。

（10）现代金融业集群分布在北京、上海、深圳。

（11）我国的竹木加工产业集群集中于浙江、福建、广东三省，其他分散于中部的河北、湖北等。家具制造产业集群集中在广东、福建，其他分散在中部的河北、辽宁、浙江。

（12）冶金行业分布。京津唐地区地处煤、铁资源之间的交通枢纽，运输方便，又靠近巨大的消费市场，是以国有大型企业首钢带动起来的冶金产业集群。东北地区有丰富的煤、铁等资源和相对完整的材料产业门类，较强的工业配套能力，其冶金制造产业集群属于资源禀赋型和政府主导型的。但由于国有经济比重较高，历史包袱沉重，集群竞争力较低。长江三角洲地区拥有完整的产业链，雄厚的技术力量，以上海为中心的冶金产业集群带动了下游产业迅速的发展，同时也提升了集群的竞争力。中南地区、西南地区都是以政府牵头建立的大型国有冶金企业为中心的产业集群区。

（13）大宗原料行业：余姚塑料产业带、东莞涂料产业带。

（14）苍南包装产业带、广州包装产业带。

二、会展产业经济带

2013 年 6 月 25 日，上海会展研究院《2012 中外会展业动态评估年度报告》，首次公开发布了全球会展城市实力排名。根据这一排名，国际会展一线城市依次为法兰克福、汉诺威、巴黎、杜塞尔多夫、科隆、米兰、慕尼黑、巴塞罗那、柏林、博洛尼亚、巴塞尔、纽伦堡共 12 个城市。这些城市主要集中在欧盟经济带。按得分排名国际二线会展城市的依次为莫斯科、广州、拉斯维加斯、芝加哥、上海、北京、维罗纳、里米尼、莱比锡、埃森、深圳、伦敦、里昂、伯明翰、马德里、乌德勒支、斯图加特、香港共 18 个城市。在这一排名中，中国有 5 个城市上榜，这主要得益于这些城市场馆扩张速度和展商增长的速度，但是缺乏强有力的品牌组展商仍是中国会展业发展的软肋。

会展产业集聚往往以核心城市为中心形成产业集聚带。目前，我国已经形成了如下会展产业经济带。

（1）以广州、香港为中心的"珠江三角洲—华南会展经济产业带"。首先，这一地区具有产业优势，珠江三角洲地区一些新的中心城市，如深圳、东莞、顺德等城市因其经济的发展已率先成为我国重要的电子信息、生物技术、光机电一体化、新材料等领域的高新技术产业群。主要发达的产业有钟表、玩具、建材、家用电器、石油化工、医药制品、化工制品、纺织服装、食品制造、电子通信、信息产业和高新技术产业等，其中尤以东莞"三来一补"加工中心、顺德家电业、中山的灯饰和服装、佛山的陶瓷业最为著名。这些发达的产业为华南地区展览市场提供了丰富的项目资源，使其适合发展具有地方产业特色的专业会展。其次，具有与香港地区毗邻的区位优势。珠江三角洲的城市，如深圳、东莞可以与香港地区合作，提升会展层次，迈向国际市场。①最后，香港、广州、福州、深圳等城市会展基础及配套设施好，会展业发展在全国具有很高水平，形成了一大批品牌会展和公司。这一地区在"一带一路"国家发展战略中具有重要地位。

（2）以上海为中心的"长江三角洲—华东会展经济产业带"。以上海、南京、杭州、宁波、苏州为代表的长江三角洲城市群是中国经济、科技和文化最发达的地区之一。这一地区在长江经济带发展战略中具有举足轻重的地位。根据《2015年中国会展行业发展报告》数据，上海、浙江、江苏经济发展居于全国前列，具有丰富的产业基础。2014年，上海共举办769场展览，办展面积为1279万平方米，在全国省级行政区域排名中仅次于广东，排名第2。江苏共举办887场，办展面积为894.89万平方米，排名第4。浙江排名第5，共举办565场，办展面积为666.27万平方米。

（3）以北京为中心的"京津—华北会展经济产业带"。北京作为中国的政治、经济、文化中心，发展会展经济具有得天独厚的优势。会展经济产业带中的核心部分——京津地区是世界上6个绝无仅有的在直径不足100公里的地域内集中了两个超大型城市的区域，拥有各类科研院所近千所，高等院校近百所，科技人员150余万人，是全国知识最密集、科技实力最强的区域。天津作为北京的门户，也是国际性现代化港口城市，城市和会展基础设施发达，在会展业发展中具有巨大潜力。根据《2015年中国会展行业发展报告》，山东2014年共举办631场展览，办展面积为997.13万平方米，全国排名第3。京津冀一体化国家发展战略直接覆盖这一地区，而"一带一路"国家发展战略对这一地区也有重要影响。其中，天津和山东属于重要战略支点。

（4）以重庆、成都、南宁为中心的西南会展经济产业带。这一地

---

① 林宏.直接收入近百亿 中国正在形成五大会展经济带.领导决策信息，2005（14）：27.

区和东盟许多国家毗邻，也是古海上丝绸之路的重要地区，在"一带一路"中具有重要地位。一些地区也是长江经济带发展的纵深地带。根据《2015 年中国会展行业发展报告》，重庆、四川会展举办场数分别是 662、214 场，办展面积分别是 601、325 万平方米，全国排名分居第 7 和第 9。尤其是重庆经济发展强势，近年来经济增长速度居于全国前列。重庆会展业发展速度在全国居于前列，城市排名第 4。

（5）以武汉、长沙、郑州为中心的中部会展经济产业带。这一地区属于长江经济带战略的腹心地区，也是实现"一带一路"发展战略的重要地区。其中，武汉、长沙、郑州区位优势明显，具有较强的产业基础。根据《2015 年中国会展行业发展报告》，武汉 2014 年共举办 249 场展览，办展面积为 280 万平方米，全国排名第 8。

（6）东北边贸会展经济产业带。以大连、哈尔滨、长春、沈阳为中心的东北边贸会展经济产业带，与俄罗斯、韩国、朝鲜相邻，边境贸易具有相当大的发展潜力。

（7）以西安、兰州、乌鲁木齐、西宁为中心的西北会展经济带。国家发改委、外交部、商务部联合发布《愿景与行动》指出，根据"一带一路"走向，陆上依托国际大通道，以沿线中心城市为支撑，以重点经贸产业园区为合作平台，共同打造新亚欧大陆桥、中蒙俄、中国－中亚－西亚、中国－中南半岛等国际经济合作走廊。尽管这一地区除了西安、兰州以外，其他城市会展业还不够发达，但是作为"一带一路"国家发展的关键地区，这一地区的会展业将会迎来前所未有的机遇。

第三节　会展产业价值链及其赢利来源

一、展示商品化、专业化与会展产业价值链

会展作为一种产业得以产生与发展，其核心在于展示自身的专业

化和商品化。从其商品化和专业化展开的路径上看，主要围绕如下四个方面进行：一是展示技术化路径，即通过实体与虚拟技术、展台展具及展示空间技术、表演与演示技术等的运用进一步强化展示主体、展示产品及其消费主体的技术使用性价值内涵。二是形象化路径，即通过赋予展示主体及展示商品以及其消费者以艺术、审美、品牌与身份象征等形象来实现商品与信息价值增值。形象化路线可以通过设计、相关活动、宣传推广、品牌形象塑造等方式具体化。三是意象化路径，即将社会历史与文化和商品展示相结合，赋予商品以象征性的文化性、社会性以及政策性内涵。四是体验化路径。即通过主题、活动、形象的营造，使参与者获得求新、求异、求奇、求美、求知等方面的心理与精神层面的满足。有学者认为，体验已经逐渐成为继农业经济、工业经济和服务经济之后的一种主导型经济形态。[①]从会展业发展的角度看，会展业已经从狭义的会议、展览拓展到大会展的范畴。按照这一范畴，会展被看作是"人造事件"。这些事件的生产是围绕主题、活动和形象三个核心要素由内而外展开的。即主题是最含蓄的内在要素，而形象是最外在的直接体现主题的要素。[②]形象可以通过刺激参与者的感官系统使其获得体验，活动可以通过参与其中才能有所领悟。从会展的角度看，主题必须从产业和社会发展趋势、展示区域文化以及有创意的未来愿景入手，通过有效的策划组织过程，形成关键词和主题思想，再围绕关键词与主题思想进行主题演绎。活动是主题演绎的最好形式。因此，活动项目的设计需要为参与者提供富有创意的舞台、活动主题与线索、道具、活动角色和规则等方面的体验化设计。形象可以通过标志色、标志物、主题音乐、展示场景、展示产品、纪念品、口号、出版物等体验化设计予以实现。从展示生产的阶段上看，存在两种形态的展示生产，一是创意形态的展示生产，它以个体或团体形态的组织形式体现，以展示项目方案以及展示艺术和技术表达设计为生产对象，二是具体形态的展示生产，通过运用技术与组织工具，对

[①]王作军，任浩.组织间关系：演化与发展框架[J].科学学研究，2009（12）：1803.

[②]余美珠.基于体验经济理论的旅游产品要素设计：福建省泰宁县为例[J].云南农业大学学报，2009（4）：42.

创意形态的展示产品予以具体化为可以触摸、品尝、观赏、参与以及体验的展示产品。

在商品化成为现代社会的中心时，围绕商品的展示也会日益专业化，进而因为专业化劳动而具有使用价值和交易价值。因此，会展产业价值链是展示组办方、展示主体以及其他参与主体通过展示技术化、形象化、意象化路线形成展示实体与虚拟空间、提供展示服务与活动体验、集聚展示信息，以价值增值为导向，以满足各利益主体需求为目的，将会展主客体及其行为以及资源等要素联系起来，并依据特定的演进逻辑、时空与生态布展形成的价值来源关系形态。

会展产业链的核心企业是会展筹办组织机构（Professional Conference Organizer，简称 PCO）与目的地管理公司（Destination Management Company，简称 DMC）。会展产业链涉及的业务包括：会展策划与会展组织、会展场馆建设与营运、会展营销与广告宣传、会展工程（布展）及电信服务、会展金融与保险服务、会展知识产权保护服务、会展数据维护与开发、会展交通住宿与餐饮旅游娱乐休闲服务、会展虚拟及网络技术开发与运用、会展人才教育与培训、会展评估与评级、会展行业协会管理。从会展产业链空间塑造来说，包括：①会展产业及企业区域培育；②会展集聚地规划和政策扶植；③城市会展环境工程、交通工程、信息化工程、场馆及配套设施建设；④区域会展形象与品牌宣传推广。

以上海为例，在市政府及各区的努力下，上海集中优质资源，打造三个国际会展集聚区：①浦东集聚区，以国际会议中心和邻近的金茂恺悦、香格里拉形成的会议集聚区和以新国际博览中心为中心形成的展览集聚区，两个集聚区相连接，形成上海最大的国际会展集聚区，面向国际、国内大型会展，与浦东国际机场相连，成为上海在国际上争办、招徕大型会议的主要区域。2015 年 3 月 11 日，第二十三届国际广告技术设备展览会（简称"广印展"），成为国家会展中心（上海）项目南片展区竣工后举办的第一个展会，标志着这座屹立在沪西的全球最大会展综合体全面进入全馆试运营阶段。②浦西虹桥开发区集聚区，主要是世贸商城和国际展览中心以及步行 10 分钟圈内的两家五星级饭店——喜来登豪达太平洋大饭店和扬子江万丽大酒店、两家四星级饭店——虹桥宾馆与银河宾馆及周围的商业设施。③浦西南京西路两侧集聚区，主要是上海展览中心及周围的一批五星级饭店：波特曼丽嘉酒店、锦昌文华大酒店、静安希尔顿、花园饭店、锦江饭店等，及南京西路、北京西路、延安中路商圈。

二、会展产业价值链赢利来源

会展产业价值的产生离不开策划与组织，由此形成沿组办方策划→展示空间建设、租赁、经营及其物业→组办方招展招商、宣传推广→参展商、采购商、相关活动参与方进入→展示传播与销售→会展购买这一主线展开的价值链。由此产生的赢利来源包括：①展示空间建设、租赁、经营及其物业赢利。对于大型展览来说，要求专业化的场馆。这种场馆多是由政府投资或融资建成。主要存在德国采用的"公有民营的场馆经营与自办展相结合的模式"和美国采用的"公有民营的纯市场经营模式"两种模式。但是，对于会议、奖励旅游、节事和赛事活动来说，其场馆选择面要大得多，且其经营模式也存在更多可能。对于超大型展示空间经营使用还可通过直接投资、发行股票、发行债券、银行借款等资本运作赢利。此外，还有展示空间物业经营赢利来源。②组办方及承办方展前、展中和展后一系列会展策划、组织与实施等服务赢利。③会展服务供应商增值赢利。供应商通过会展组织者、赞助商等提供增值服务获取赢利。④组办方举办相关活动赢利。⑤交易服务提成收入。对于组办方促成的交易，往往可以收取一定的交易提成收入。⑥后续创业融资、评估商业机会、企业培训等方式赢利。这一方式可以通过提升组办方信息收集、分析能力，借助组办方大数据优势进一步拓展其赢利模式。⑦会展电子商务赢利模式。

从会展价值创造来源看，会展的价值不仅取决于组办方，而且还取决于参展商和观众，沿着参展商和观众参展投入→推动了对支持服务的需求→支持部门提供相关服务→支持服务购买主线展开。在这一环节，参展商不仅需要向组办方购买展位、门票，而且需要围绕展品运输以及展台搭建、展台展示与销售等活动付出大量的投入。观众，尤其是专业观众也需要购买门票、展示产品、酒店、餐饮等。因此，在这一环节产生了支持性服务价值。会展供应商的进入与支持，形成了会展的经济拉动效应。

资源、人员和信息的高度聚集与互动推动了会展传播与广告价值的提升，由此也产生了会展产业链的第三大价值来源，即传播与广告价值。组办方、活动参与方、媒体等可以通过丰富内容制作、完善内容销售渠道、拓展传播空间与渠道、完善会展信息基础设施等环节促成会展传播与广告价值链的形成与发展。一般说来，会展自身的经济社会政治价值越高，参与人数越高，品牌及空间影响力和辐射力越高，其传播与广告价值越高。因此，诸如世博会、奥运会、世界杯这种超大型会展，广告与媒体转播费成为其最为主要的收入来源。

由于会展核心在于组办方通过会展服务促使参展方的展示活动获得观众的认同，因此会展过程自身首先需要高认同度。这就需要会展组办方具有高度的品牌意识，采用严格的品牌价值链管理策略。这就需要从场馆的设计、主题的选择、会展的规划、会展的组织与管理等具体方面来实施会展业的品牌化发展，从硬件与软件两个方面提升品牌质量，不断扩大会展品牌的时空影响力和价值。会展品牌塑造需要从会展组织（公司）品牌与项目品牌两个方面同时着手。前者需要会展组织者不断完善其治理能力及与其他组织之间的网络关系，后者需要项目开发和拥有者以国际品牌会展为标准塑造其在同类会展中的影响力。从产业链的角度看，围绕会展组织（公司）、场馆、项目的品牌经营，存在一个不断投入的过程，由此也会存在一个不断增值的过程。因此，会展品牌赢利成为会展产业链的第四大价值来源。

在专业展会初创时期一般都是以某一行业中较有市场潜力的某个领域为基础来确定其核心展览范围的。在初创市场获得成功后，组展商便设法增加和扩大原有核心展览的周边产品、技术和服务的展出，以此来吸引处于该行业产业链中更多的相关企业参展。结果使会展涵盖的产业链越来越长，形成门类齐全的行业供应商和采购商聚集场所。[①]
例如，德国汉诺威的 CeBIT 展最初以办公自动化及设备为主，随着产业的变化，逐渐将数字技术、软件开发、通信技术、网络运算、多媒体、互联技术加入展品范围，到了 20 世纪 80 年代，信息和通信技术成了展览的重心。2009 年，网络社区、绿色 IT、远程医疗、IT 安全、移动互联网成为重要产品。其展出面积也由原来 7 万平方米发展到 40 多万平方米。在实践中，除了运用这一策略以外，还有两种策略可以增加并拉长会展产业链：①组合开展。例如，2014 第二十届广州国际酒店设备用品展览会、第二十一届广州国际食品饮料展览会、第二十一届广州国际厨房设备用品展览会、第二十一届广州国际清洁设备用品展览会在同一时期同一地方开展。②品牌项目下子展或相关活动加盟。通过对外项目招标的方式，由其他主体策划和运营子项目或相关活动。

第四节 会展产业融合途径与方式

如前所述，会展产业价值链的核心业务是展示，而展示自身具有融合资源的平台性质，为其他产业的介入与融合提供了丰富的可能性。而会展产业价值链涉及主体多、价值来源广，存在很强的市场融合空间。而展示日益专业化和商品化，对展示技术化和空间拓展的需求也日益增加，由此推动了展示与技术、设计与创意的结合。随着人类社会经济的转型，休闲、展示、体验在人们生活中的地位日益提高，由此进一步推动休闲、展示和体验经济的发展以及相关产业发展和融合。从横向上看，展示、体验、休闲、创意等新型产业既可以相互之间交叉和渗透，也可以和传统产业之间相互交叉和渗透，并形成产业增长，形成以展示为中心的单中心产业价值链融合结构或者多中心产业价值链融合结构。从纵向上看，形成以会展产业融合实现的产品策划与实

---

①剧宇宏.我国会展业可持续发展研究[M].北京：中国法制出版社，2014：154.

施、服务、经营与传播等纵向一体化产业价值网络。

一、会展产业价值链融合途径

会展产业从根本上说，离不开展示技术化、专业化和商品化。如前所述，会展产业价值主要围绕展示技术化、形象化、意象化展开，因此会展产业价值链融合也是以展示为基础。具体来说，围绕营销、技术、体验和创意四种基本途径，会展可以与其他产业形成融合，举例如图 5.2 所示。

1. 营销

展示所具有的整体营销功能，使得一般产业可以通过营销途径和会展产生融合，形成相关产业交易展。龙头企业、行业协会可以通过举办相关产业的展览，实现产业融合。例如，中国北方国际自行车电动车展览会就是由天津市自行车电动车行业协会、天津市华轮展览有限公司、天津市轮创科技发展有限公司共同举办。政府也可能通过举办区域相关产业展，推动产业集聚，提升城市产业和城市形象。

2. 技术

通信、影视、出版和广告业的融合及发展，推动了展示技术的不断发展并通过技术融合路径与会展业产生融合，形成虚拟展、线上线下展示融合。具体说来，主要包括：

（1）虚拟展会。这是一种在实体展会基础上开发的虚拟展会。2009年 2 月底的成都市首届网上房地产交易会首次以网络形式全景式展示成都楼盘项目以及二手房房源信息。上海世博会也采用了虚拟世博馆的方式予以展示。

（2）虚拟展会网。世界虚拟展会的"Fair NFair" 3D 虚拟展会平台在 2009 年正式成立。这是世界虚拟展会（香港）有限公司 （Fair the world Limited，简称 Fair）投入巨资并历时两年多成功研发的世界第一家参展商完全自主布展的 3D 虚拟展会网。世界虚拟展会集参展、参观、招聘求职等实时功能于一体，用户通过在 Fair 官方网站注册并下载使用"易 N 易"（Fair N Fair）3D 虚拟展会大型智能软件（永久免费），即时互动体验大型智能展会六大功能：①自主性。参展商自主三维立体、多媒体布展，随时更新；②专业性。参展商和参观者均来自全世界行业领先优秀企业，高端展会触手可得；③体验性。畅游逼真 3D 场景，无缝沟通，体验互联网 3D 商务时代颠覆传统 B2B 模式；④一站性。产业链的产品、配件和商务活动所需服务机构，如金融、物流、保险、认证、媒体、风险投资等进驻参展，产业链完整呈现；⑤即时性。全球参展商、参观者和应聘者的个人虚拟形象随时随地出现在虚拟 3D 场景中，搜索目标或偶遇彼此同样惊喜；⑥虚拟性。虚拟展会+虚拟团队+虚拟办公，虚拟商务模式推动现实经济增长。2012年 2 月举办的世界第一个医疗旅游虚拟展会以及在线健康旅游交互展会说明虚拟会展越来越有创意。此外，3D 房展、3D 传媒、3D 金博会、微软虚拟展会等相继出现，虚拟展会网络的发展前景乐观。

（3）虚拟用户体验。例如，借助数字技术，尤其是虚拟 3D 技术和动作识别技术，世界上许多博物馆已经实现了由传统的实地观赏进入虚拟用户体验，力图让访客获得"不仅看得到，更能摸得到"的双重体验。谷歌于 2012 年 4 月公布了一系列数据，展现了谷歌"艺术计划"的发展进程。借助互联网，人们很方便地可以通过虚拟博物馆揣摩梵高在《向日葵》中的运笔，研究司母戊方鼎上岁月的痕迹，探究台北故宫博物院中的翠玉白菜的纹路，甚至进入白宫，欣赏华盛顿和林肯的肖像。

（4）展览、网站和电子商务融合。光亚展览公司是一家民营展览公司，旗下有"广州国际照明展览会"。通过举办照明展拥有大量的客户资源和信息。2008 年该公司推出阿拉丁照明网，并注册成立光亚网络科技有限公司，由此开启了展览、网站和电子商务融合的光亚模式。光亚首个网络项目——阿拉丁照明网的综合定位为：工程照明综合服务商，为品牌照明企业提供工程渠道的综合解决方案。阿拉丁照明网将建设成为历届照明展参展商完整数据查询；国内外 73 万照明专业买家采购指导；照明行业最新技术、权威资讯的传播；照明、会展从业

人员思想、经验交流学习园地。平台主要内容是参展商可按不同类型
自主设置个性页面的会展网络平台，是行业最新技术、权威资讯、产
业案例、专业资料的发布、查询平台。

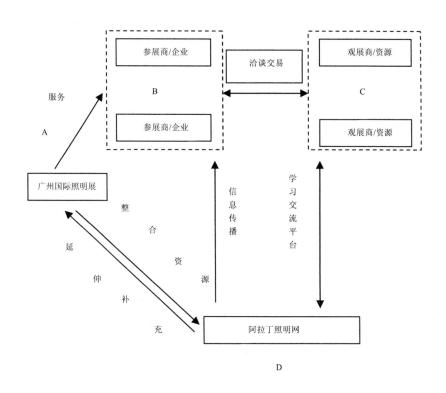

图5.2 阿拉丁照明网运营模式

资料来源：光亚集团董事长潘文波中大讲课稿[EB/OL].潘文波博客，
2010-1-29.http://blog.alighting.cn/panwenbo/archive/2014/3/5/26216.html。

　　平台与数十家媒体、300余位行业专家达成深度合作，奠定了行
业中权威媒体地位，实现完全模拟现场展会形式，为照明行业参展
商和专业买家提供围绕展会功能的多种独特应用。旨在为行业提供
除展览以外的延伸服务，使参展商和专业买家资源能够持续、系统

地服务于展览题材产业，同时反过来促进展览品牌价值和会展产业发展。网站充分整合与利用亚洲第一展——广州国际照明展13年来精心积累的丰富资源，包括国内53万专业买家、数万家全国大型建筑设计规划院、装饰公司、工程公司、照明设计公司、贸易商、市政采购单位，以及17000多家海内外生产企业，与广州国际照明展、各个生产企业以及行业资源优势互补，相得益彰。各个主体之间的关系如图5.2所示。

A：广州国际照明展。为顺应产业链的发展，广州国际照明展充分整合照明行业资源，与阿拉丁照明网结合，建立最完善最完整最强大的资料库，为照明行业提供更完善更便捷的服务平台，提升中国照明行业在世界的形象和地位，扩大照明行业在建筑领域的影响力，做最具有影响力的工程照明综合服务商。

B：参展商——照明企业。广州国际照明展的发展与企业的长期利益是建立在多方利益主体合作共赢的基础之上的，二者之间是合作伙伴关系，光亚展通过努力了解参展商的业务和参展目的，切实从帮助参展商的角度出发，做好各项服务工作，保证参展效果达到甚至超越参展商的预期。这样的合作关系，意味着光亚展始终把为客户——参展商/照明企业的服务放在第一位，努力做到为参展商邀请到足够多的、有实力的观展者，为参展商做好宣传推广，为参展商提供各种参展便利等，努力为参展商/照明企业提供周到的服务，通过良好的服务促进展会的成交，达成参展商的预期。对于参展商/照明企业，阿拉丁照明网定位高端，及时传播各种信息、集中资源；把握行业信息、研究行业特点，广泛了解同行的新动向，为企业提供电子商务、照明媒体资讯聚合、照明行业交流学习、照明专业资料检索四位一体的网络应用。

C：观展商/资源。13年来广州国际照明展及光亚法兰克福公司的资源积累，加上网站互动参与，光亚展、阿拉丁照明网已经掌握超过20万海内外专业行业用户，用户涵盖专业买家、设计师、工程施工、上下游厂商及相关行业人群，经过多年筛选，用户定位准确、交流活跃，同时对光亚展及阿拉丁有较高的忠诚度和依赖度。阿拉丁照明网通过大量的线上线下活动，为其提供一个专业的学习交流场所和平台，增加了他们的聚会、沟通，以及与专家交流的机会，把用户的需求反馈给企业，也可以为用户找到所需的企业产品和信息。

D：阿拉丁照明网——展会信息网。阿拉丁照明网服务于工程照明领域，力求整合业主、设计方、施工方和厂家四方资源，打造照明产业"食物链"，让照明行业整个产业关联性加强、链条更紧密、促使资源配置效率提高，力求满足不同层面、不同角色的需求；根据光亚13年积累的客户资料，为所有参展企业提供一整套完整的网络体系，将线下展会延续到线上，为客户提供更好的增值服务，打造"永不闭幕"的网上展览会，是广州国际照明展的延伸和补充。

3. 体验

通过体验路径，会展业可以与旅游、休闲和体育产业形成产业融合，形成会展旅游、会展休闲和会展体育。旅游、休闲、体育在根本上是一种主要以参与性体验方式获得心理快感为目的的审美、自娱过程。会展作为一种聚集性活动，不仅可以拉动旅游、休闲和体育活动，而且自身还可以通过活动、聚集性体验等方式丰富人们的旅游、休闲和体育体验。

4. 创意

通过创意路径，会展业和文化创意产业产生融合，形成文化展、会展文化。创意自身需要通过展示获得认可、投资，需要通过活动交流形成创意碰撞，因此，创意需要一定的聚集空间、特殊的氛围和有组织的活动。创意园、创意展、创意会等作为一种创意文化与会展融合形成的展示形式，在现代投资体制的支持下，不断得到发展。例如，中国台湾华山1914文化创意园区前身是酒厂，后来改造为文化园区，包含户外文艺空间和室内展演空间两个部分。整个园区形成集公园绿地、创意设计工坊、创意作品展示中心、文艺表演、文化教育学习、特色商店、创意市集于一体的创意文化园区。消费者来到文化园区，可以看表演或展览、逛特色商店或创意市集、参观酒作坊，或者在公园休憩，或者点杯咖啡或啤酒坐在广场或是大树下的露天座位，享受这难得的空间与时光。目前我国文化创意园区主要存在五种类型：一是以旧厂房和仓库为区位依附。通过文化创意将其改造成集工业历史建筑保护、文化创意与展示、文化旅游与休闲于一体的区域。二是以大学区或大学城为依托，形成文化产业基地或园区，形成集文化创意与研发、文化体验与学习、文化旅行与展示于一体的区域。三是以高新技术开发区为区位依附。通过将设计与技术开发相结合、将文化与技术相结合，建成集技术创新与文化创意研发、展示与学习体验于一体的区域。四是以传统特色文化街、社区、艺术家村为区位依附。在原有文化资源的基础上，通过进一步产业聚集、产业融合和产业化运作以及空间改造，形成集文化生产、展示、旅游、休闲于一体的区域。五是以博物馆网络为依托，形成集展示、学习、体验、休闲与旅游于一体的区域。不仅如此，在现代创意文化的推动下，会展功能不仅仅是企业及其产品的展示，在产业议程界定、产业趋势推广、生产者和消费者文化形成等方面也扮演着重要角色。可以说，做会展，就是在做文化。

如图5.3所示，四个融合路径之间会产生进一步融合，形成更为复杂的会展产业融合方向。例如，传统的农业可以和休闲、旅游、活动、会议进行融合，形成休闲农业园。戴美琪等将其分为观赏型、品尝型、购物型、务农型、娱乐型、疗养型和度假型。[①]事实上，它还可以通过创意文化和科技途径，形成民俗生态展示和旅游型、农业科技展示与旅游型等形态。又如，随着体育与展示、体验的融合，体育进一步分化为参与性体育和观赏性体育。其中，观赏性体育比参与性体育更能体现休闲的特性，获得日常生活或一般性的休闲体育难以获得的移情等情绪体验。[②]

---

① 戴美琪，游碧珠.国内休闲农业旅游发展研究[J].湘潭大学学报，2006（7）：144—148.
② 王健.休闲体育研究综述[J].云梦学刊，2010（1）：56.

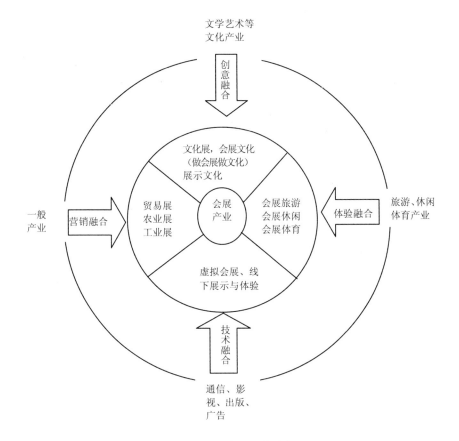

图 5.3　会展产业融合途径

二、会展产业融合方式

（一）从产品和产业组织结构优化的角度看

会展产业融合方式可以分为以下几种。

1. 渗透型融合

会展作为一种展示产业，可以在客源、技术与服务上与其他产业相互渗透。从客源上看，会展聚集了庞大的参展商，观众可以与传统的酒店业、旅游业、餐饮业、广告业等进行融合。从技术看，信息、媒体和设计技术的发展最终会表现在展示技术上，由此推动了它们与会展产业的融合。从服务的角度看，会展本质上就是一种服务，因此既可以和传统的服务产业融合，也可以和其他现代服务产业融合。渗透型融合可以由会展业渗透到其他产业，也可以由其他产业渗透到会展产业。对于品牌、大型公司来说，渗透融合往往成为它们多元化经营的重要方式。

2. 互补型融合

互补型融合是指会展业与在资源、功能、空间上互补的其他产业或地区通过合作、联盟等方式进行高度整合的过程。例如，会展公司可以通过合同与旅游目的地公司在会展培训、体验等项目上进行合作，形成具有地域特色的会展经营模式。又如，实体会展、博物馆等可以和电子商务公司开展合作，形成"专业公司+线上平台+线下展示或体验"的有机统一。互补型融合在产业组织结构上推动了企业联盟、网络组织的发展。

3. 替代型融合

会展替代型融合需要具备两个前提：一是融合的产品之间具有相似的特征及功能，是可替代的产品；二是这些产品之间具有共同的标准元件束和集合。在会展产业，产业功能在创意、展示技术方面容易发生替代型融合。从创意上看，会展产业最容易和创意文化产业产生替代型融合。从展示技术上看，会展产业最容易与媒体、信息产业产生替代型融合。随着展示文化与技术的不断发展，替代型融合也推动了大会展业的产业。从产业组织的影响上看，替代型融合引发了越来越多企业加入会展业，推动了会展业内部的竞争与创新。

4. 重组型融合

重组型融合发生在与会展业密切联系的产业或会展业内部不同行业之间，将原本各自独立的产品或服务在同一空间、同一流程、同一主题中通过组合效用而产生不同于原有产品或服务的融合过程。例如，将相声业、传媒业、会展业相结合，形成相声大赛，进而将相声大赛融入节事活动之中，可以实现将单纯的相声产品通过重组后成为一种更为复杂的会展产品。又如，通过创意文化产业、旅游产业与会展产业融合，将传统工业区、文化居住区改造为集文化创意、展示、休闲娱乐于一体的区域。

（二）从企业融合的角度看

产业融合存在两种基本方式：一是从事会展业的主体向其他产业的融合发展。二是其他产业向会展业的整合发展。相对于其他产业来说，我国独立的会展业发展相对滞后于其他产业，因此，在会展业发展初期，更多的融合方式属于第二种（如表 5.4 所示）。例如，像九华山庄这样的酒店已经实现了由度假型酒店向会展型酒店的转型，而像湖南电视台等媒体通过不断创新选秀节目来提高其收视率。而中青旅更是国内实现将旅游业与会展业融合成功的公司。2014 年为了满足参与大型会展项目的需求，它成立了中青旅博汇运营管理有限公司。又如，对于中超这种俱乐部经营来说，能否参与更高级别的赛事活动相当重要。并且，俱乐部还需要策划一系列相关活动来提升其品牌影响力、培育球迷。随着会展业的进一步发展，第一种融合方式获得了飞速发展。例如，诸如奥运会这种大型活动自身会促生相关旅游、体育、文化等公司的产生。台北故宫博物馆通过摄影、X 光三维计算机断层扫描、3D 等新技术制作精密的图像，让文物在保存、修复、学习、推广、应用等方面有更多元的可能性并实现了典藏数字化、数据化。通过资料整合、文案创意，台北故宫横跨数字艺术、纪录片、多媒体制作等不同领域，推出如国宝总动员、网上博物馆、富春山居多媒体展示、博物馆展等多种展示与体验方式。随着会展企业自身的不断发展，会展企业可以通过多元化方式实现将集旅游、休闲、教育及体验、购物于一体的多业态经营。

表 5.4　会展产业融合领域与案例

融合产业	融合的主要领域	典型案例
与酒店和餐饮业融合	会议、中小型展览、庆典活动	九华山庄
与旅游业融合	会议旅游、展览旅游、事件旅游	中青旅国际会议展览有限公司

融合产业	融合的主要领域	典型案例
与体育业及休闲产业融合	赛事活动、休闲体验活动	奥运会、静修会、啤酒节、狂欢节
与媒体融合	活动	百合网与相亲活动、电视选秀
与创意文化产业融合	展示设计、表演、文化活动	中国台湾华山1914文化创意园
与信息产业融合	线上线下、电子商务、虚拟展示产品、虚拟产品体验、3D数字动画影片、大数据、会展APP	台北故宫数字化运用、上海世博会虚拟展馆、数字展和虚拟展

（三）从市场融合的角度看

产业融合主要存在如下两种方式：一是基于组办方及其供应商—赞助方—参展商形成的市场融合空间。从组办方与会展供应商的角度看，可以实现会展与其他产业供应商之间的市场融合。从赞助方的市场角度看，可以实现与媒体、广告产业等的市场融合。从参展商的市场角度看，其本身的实体和虚拟空间集聚特征可以和许多产业实现市场融合。二是基于参展商及其供应商—观众形成的市场融合空间。

（四）从制度融合的角度看

产业融合存在微观层次和宏观层次的制度融合。会展产业内部通过互动形成会展产业行业标准，实现其产业内部微观层次的制度融合。会展产业企业、协会在与其他产业企业、协会互动过程中形成的产业间行业标准，实现会展产业与其他产业微观层次的制度融合。例如，西方发达国家的展览业都设立一个唯一的、独立的、权威性的展览经营与管理机构，美国国际展览管理协会（LAEM）、德国展览委员会（AUMA）、法国海外展览委员会技术、工业和经济合作署（CFME－ACTIM）、英国会展业联合会（EFI）等。它们在推动展览产业标准化方面扮演了重要角色。宏观层次的制度融合形成政府、企业、行业协会一起协同治理制度。例如，在台湾当局主管部门下成立了"文化建设委员会"，将包括会展在内的许多产业融入大文化范畴，促进文化产业的发展。其以董事会组织形式运作，具有较强的组织弹性，着重文创产业的创新研发与产业辅导，并且可以作为整合平台，结合相关协会的专业与资源，进行文创产业的推动，对于台湾文创产业将扮演重要的角色。又如，英国政府会展与其他产业融合涉及文化、新闻、体育行政管理部门，它们只管政策与财政拨款，而涉及的文化协会、艺术协会、博物馆协会等负责对相关企业或机构评估和拨款。因此，各种非政府公共会展文化机构建立了相关产业发展与融合的网络体系，成为政府、协会和企业协同治理的组织网络。

产业融合最终形成一定的产业生态并在空间上形成集聚。而产业集聚则反过来有助于进一步推动产业融合。在空间上，北京、上海、广州等会展发达城市多经历了集聚核形成阶段、点轴集聚阶段和网络集聚阶段。①以这些城市为中心，我国已经形成了"珠三角""长三角""环渤海""中西部"和"东北部"等多区域、多层次会展业集聚区带。这些产业集聚区都开始尝试通过产业融合实现产业升级。其中，最为流行的做法是"会展带动、创意发力，推动文化、旅游、会展产业的融合"。一些科技产业园、农业生态园、经济开发区，也在尝试通过与会展、创意文化产业融合实现产业和园区升级。

小　结

会展产业离不开国家产业的整体发展，会展产业具有平台经济的属性，互联性、开放性强。作为后发国家，中国政府在产业政策中扮演了重要角色，在政府和市场的多重力量的影响下，中国已经形成了

---

①张玲，邬永强.广州市会展旅游业集聚过程及形成机理研究[J].地理学报，2013（2）：111—116.

具有竞争力的产业经济带。"一带一路""长江经济带"和"京津冀一体化"等国家战略的实施，必然推动中国经济的进一步发展，并进而影响国内会展产业的发展。

展示商品化、专业化促进了会展产业的形成，而会展产业价值链的多功能属性、跨界属性、多赢利来源特性使得会展产业容易和其他产业进行融合。通过营销、创意、体验和技术四种融合路径，会展产业和其他产业融合有了更多的可能性。政府主导型会展尤其需要从产业链视角开发价值链并推动会展产业的融合。在实践中，我国会展产业形态也由最为常见的会展旅游向更为多元的产业融合形态转变。通过渗透融合、互补融合、市场融合、重组融合四种基本融合方式，会展产业组织结构需要做出相应的优化。通过企业融合、市场融合、制度融合，会展产业融合有助于推动区域产业集聚和产业园区升级。由于会展产业具有整体营销和经济拉动的功能，因此会展在产业融合与集聚中发挥了其他产业所不具有的特殊作用。事实上，会展作为一种由政府、专业会展公司、非政府组织以及其他参与和供应主体在一种特定时间、特定地点围绕某一主题形成的有关展品、产业主题和议题、品牌等展示的网络组织，无论是政府主导的还是市场主导的会展组织，都会在推动组织间的"网络化"关系中发挥重要作用。在现代经济体系中，展示、体验和创意结合成为产业融合、升级和集聚发展的一个基本趋势。由此，也产生了展示（会展）经济、体验经济和创意经济等新形态。因此，在中国经济转型过程中，我们需要格外关注会展产业融合的作用，需要：①充分发挥市场和企业自组织的作用，不断完善会展产业价值链，吸引其他产业进入会展产业链实现某一环节或多环节的产业融合。②充分发挥政府在会展产业融合和集聚中的政策规划和导向作用，为会展产业融合提供政策支持。③形成国家或区域会展（或文化）产业融合治理机构或平台，实现政府、行业协会和企业之间的协同治理，推动产业融合在复合型人才培养、多元融资等配套性制度的形成。

第六章

政府主导型会展市场化

第一节 会展收支及融资市场化

一、会展一般性收支

　　展览收入来源主要包括展位费、冠名权、广告和赞助费、门票以及其他收入来源。对于政府主导或有补贴的展览还包括政府直接投入或补贴。根据收入来源可以将展览大概分为展位费营利模式、赞助营利模式、拨付营利模式和综合模式。根据展览组织的赢利与否的属性可以分为盈利性展览和非盈利性展览。对于营利性展览可以追求利润的最大化。因此，对于这类展览一旦出现连续不能赢利的情况就有可能停办。而对于非营利性模式主要追求预算平衡，所以如果亏损不会太多，也可能出于社会效益继续办下去。例如，香港书展的收入来源主要是门票和参展商的参展费。其中门票方面出于公益性考虑对 65 岁老年人免费，对于小学生、外地游客给予一定的优惠。香港书展由香港贸发局举办，由其从会展中心租用场地，并负责对外推广书展、搭建展台、邀请嘉宾、维持会展秩序等。香港书展实际上存在入不敷出的亏损情况，但是香港贸发局是一个非营利性组织，它可以从其他具有营利性的会展获得的收益来补贴香港书展。对于非营利性会展来说，策划人员预算意识的关键是预算平衡，即收支平衡。只有这样，展览才可能可持续性发展。

举办一个展览一般包括如下成本：（1）调研与策划费用。其包括为调研与策划人员支付的佣金、交通、餐饮、调研资料制作等费用。（2）展览场地及服务费用。其包括展览场地租金、展馆空调费、展位特装费、标准展位费用和搭建费、地毯租用和铺设费、展位搭建人工费等。这部分主要由展馆、搭建公司收取。由于其不大可能随市场波动而波动，也不可能因为展览会减少了经营收入而降低，因此，在展览会经营性成本中属于较为刚性的支出。其原因有二：一方面，一个展馆面对诸多租用者，一般不可能采用多种价格标准。展馆在市场环境中形成的价格标准，往往会实行较长一段时间。许多展馆除有淡、旺季差价外，很少下调场租及服务费的价格，而上调价格则是总的趋势。另一方面，租赁展馆需要提前签订合同（提前的时间一般在6个月以上)，约定展览会使用的展览面积和支付租金及服务费的标准是合同的重要内容。除发生重大且不可抗拒的事件外，无论展览会经营效果如何，展览会的组织机构都必须履行合同。鉴于展馆场租及服务费的这一特点，预算时不应偏低测算。（3）宣传推广费。其包括广告与宣传资料、视频等制作与发布费用、邮寄费用、新闻发布会等。一般而言，主要面向普通消费者的展览会，其媒体广告费的支出水平较高；主要面向专业观众的展览会，其邀请专业观众的邮寄或电信费的支出水平较高，而媒体广告费的支出水平则较低。新创办的展览会宣传推广费和信息服务费的支出，往往高于已经举办多年的展览会。（4）招展招商费用。（5）相关活动费用。其包括开幕式和闭幕会、招待会、表演等费用支出。我们可以通过参展商、赞助商、行业协会等合作的方式降低这一部分费用。（6）税收。（7）安保费用。（8）其他不可预测的费用。对于一些大型展览来说，有时还需要建设专门场馆，由此涉及土地征收、场馆及基础设施建设等方面的建设，所需要成本更为巨大。此外，对于世博会、东盟博览会、东北亚博览会等国家级展会来说，安保级别最高，安保成本也非常高。例如，盐湖城冬季奥运会联邦政府安保资金达 3 亿元，而伦敦奥运会安保预算达 4 亿英镑。

　　会议的收入来源包括注册费、会员费、门票、合作费、赞助费、政府补贴以及其他收入。其中，其他收入包括宾馆和会议中心的优惠、会议纪念品出售收入、附设展览收入等。注册费或会员费是会议最主要的收入，是决定会议能否做到收支平衡的绝对因素，对它的定价至关重要，定低了有可能使会议出现亏损，定高了有可能减少参会的代表人数。会议成员一般交纳全部注册费，对于学生、陪同人员、演讲人员可减少一部分注册费。有的会议为吸引代表加入该组织，该组织的会员可适当减少一些注册费。当预测出会议的基本人数和计算出会议固定收入后，并决定了注册费所包含项目，可用以下公式计算出注册费的收费水平：$R=(FC+VC+C)/D$。其中 FC 为固定支出，VC 为可变支出，C 为不可预见费，D 为参会人数。还需要参考如下因素确定收费：（1）如果是系列性的会议，要参考前几届的收费标准，不要超过 10%；（2）参照国际、国内同类专业；（3）同类型的收费标准，如果计算出来的注册费比较高，可以把在支出中占比较大的内容从注册费里删除掉。

　　对于营利会议和非营利会议来说，在经营模式上存在区别。前者可以将一部分营利分红，而后者往往在扣除每年运营所需成本之外，有任何盈余，将会再次投资，或者是建立新的计划或项目，或者是既有的项目。达沃斯论坛是非营利性的，而《财富》论坛、《福布斯》论坛则是营利性的。达沃斯论坛的商业模式是，通过收取会员费、论坛战略伙伴和议题合作伙伴的合作费以及年会、地区性会议和峰会的会费来维持论坛运转。世界经济论坛基金会的成员是位居全球前 1000名之列、引领世界经济潮流的跨国公司。各个成员组的人们代表着各自领域内最有影响力的决策者和潮流领导者。成员组内的人员互相交流，不同成员组之间也进行密切讨论，这使得世界经济论坛基金会举办的每一项活动都得到了积极参与，而这也正是世界经济论坛有别于其他论坛的主要模式。一般企业的会费为每年 12500 美元，银行会员会费是 15000 美元。会议的很多设备如车辆、电脑，甚至部分会场租用费都是由合作伙伴赞助的。达沃斯论坛总收入一直处在稳步上升中，

2001年总收入为7220万瑞士法郎,2002年总收入为6645万瑞士法郎,2003年为7406万瑞士法郎,2004年为8334万瑞士法郎,2005年则达到1.04亿瑞士法郎。

《财富》《福布斯》都是全球性财经类杂志。其赢利的两个基本模式是发布财富排行榜和举办论坛。《财富》在中国举办过不少论坛,如1999年上海《财富》论坛、2001年香港论坛、2005年北京论坛、2013年成都论坛。其收入主要来自赞助与参会费,以2005年北京论坛为例,参会嘉宾超过800名。中国当地来宾的参会费每位1500美元;中国以外的来宾每位5000美元,偕同配偶不用另缴,但餐饮和住宿费用自理。赞助商分为5个档次:白金赞助商、金牌赞助商、银牌赞助商、知性伙伴、供应商和经济推广赞助商。汇丰银行(HSBC)和甲骨文(Oracle)是白金赞助商,他们分别赞助50万美元;金牌赞助商包括深圳观澜湖高尔夫俱乐部、中石化和雅虎网站,分别赞助10万美元。有消息粗略估计称,此次《财富》论坛的这两项收入超过350万美元。

博鳌亚洲论坛属于具有官方背景的非营利模式,由25个亚洲国家和澳大利亚发起,于2001年2月下旬在海南省琼海市万泉河入海口的博鳌镇召开大会,正式宣布成立。论坛为非官方、非营利性、定期、定址的国际会议。会员费是其收入的重要来源,包括:(1)发起会员。26个发起国,每个国家拥有2个发起会员名额,共52名。每名发起会员缴纳入会费1000美元。(2)钻石会员。入会费25万美元。(3)白金会员。入会费15万美元。钻石会员和白金会员总数不超过160名。(4)普通会员。名额不限,入会费1万美元。此外,还有免交入会费的荣誉会员。除了会员费外,博鳌亚洲论坛还有参会费、捐款、政府资助、在论坛业务范围内开展活动或服务的收入、论坛资金的利息、其他合法收入。

会议的成本包括直接成本和隐性成本。会议固定费用和会议弹性费用都属于直接成本。从会议准备到会议结束所必须开支的经费属于固定费用范畴,包括车船机票、市内交通、住宿、会场租赁、就餐、资料费、视听设备费用、印刷费等;会议弹性费是指在会议过程中非硬性支出,可以部分节约压缩的费用,包括考察学习,研讨、会议记录、摄影、旅游费用等。而会议隐性成本是指会议人员由单位支付的工资及附加费。①

二、会展融资市场化

会展举办方可以通过直接和间接融资方式进行。直接融资包括债权和股权融资，间接融资通过银行贷款的方式进行。

由于大型会展活动不仅对城市营销具有重要影响，而且需要大量的基础和配套设施建设，因此对于相关举办城市来说，也是推动城市建设的一个重要机会，由此往往存在巨大的资金缺口。例如，北京、上海、广州分别通过承担奥运会、世博会、亚运会，不仅提升了城市形象和会展旅游业的发展，而且也大大提升了这些城市的基础设施。浙江义乌通过义博会推动了一批具有全国影响力的会展，如中国义乌森博会、中国义乌工艺品博览会、礼品贸易展览会、文体用品贸易博览会等。由此也推动了义乌旅游基础设施的发展。作为一个县级市，义乌民航机场开辟了 20 多条航线，可通广州、深圳、厦门、香港等地。城市有各类餐饮店 3000 多家，五星级酒店 2 家，四星级酒店 6 家，二星级酒店 8 家。因此，加上基础设施建设资金，由大型会展活动带来的资金缺口往往很大，常见的融资手段包括：（1）债券融资。发行政府债券是一种常见的融资手段，例如，世博会债券、奥运会债券、亚运会债券。（2）银行贷款。由政府担保向银行贷款也是一种常见的方式。（3）成立基金会。如亚运基金会，资金来源主要包括：政府专项拨款、社会捐助、彩票收益提成等。（4）资产支撑证券化融资工具。它是一种以项目所属的资产为支撑的证券化融资方式，是指所有以资产或资产组合的未来资金流为基础发行证券的行为，而这些产生未来现金流的资产就是资产证券化的基础资产。（5）会展企业融资。目前我国还没有主营会展业的公司属于上市公司，但是有一部分兼营会展的上市公司。如首旅股份公司利用 2000 年发行上市募集的 198 亿元资

---

①李勇军.会展策划[M].北京：机械工业出版社，2015：40—44.

金改、扩建北京展览馆。南纺股份 2007 年收购了南京南泰国际展览中心 49% 的股权，加之其已经拥有的南泰国际展览中心的 51% 股份，将南泰国展作为其全资子公司。(6) 利用外资。我国利用外资方式包括：①参与场馆建设。1999 年，由汉诺威、杜塞尔多夫、慕尼黑展览公司组建的德国展览集团直接投资参与上海新国际博览中心的场馆建设。2005—2006 年美国拉斯维加斯金沙公司和珠海市政府达成合作意向，在珠海横琴岛建设珠海会展度假村。②设立办事处。2002 年日本康格集团在上海设立中国代表处，2004 年杰科姆会展服务公司在北京设立北京办事处。2004 年德国科隆展览公司在继汉诺威、杜塞尔多夫、慕尼黑、法兰克福展览公司之后，在上海设立办事处。同年，德国科隆展览公司在广州成立办事处，杜塞尔多夫展览公司在沈阳成立代表处。③建立合资公司。2000 年，由上海博华国际展览公司和意大利展博洛尼亚展览集团合资成立上海博建国际会展有限公司。2005 年，锦江国际集团和日本株式会社 JTB 签约合资成立会展公司。2005 年，英国励展博览集团与中国医药集团下属的国药展览有限责任公司合资成立国药励展展览公司。同年，广东振威展览与德国美沙展览集团成立广州美沙振威国际展览有限公司。

随着中国市场化改革的不断推进，产生了一大批资金实力雄厚的国有和民营企业，这也丰富了会展融资的渠道。总体说来，会展融资可以通过自有资金、政府资本、上市融资、与外企合作、国内外贷款等方式筹集资金。对于大型场馆和大型会展活动，更是可以通过同时融合各种渠道筹集资金。例如，新国展建设资金是通过自有资金、上市融资、与外企合作、国外贷款四个途径筹集建设款项。

由于会展吸引了大量的人员和媒体关注，因此具有非常高的展示、体验和广告和传播价值。这些价值在 1984 年奥运会得到充分发掘，并被后来的大型会展活动所广泛运用。在这一届奥运中实施了奥林匹克全球伙伴计划（TOP），它是国际奥委会创立的国际性奥运会市场开发项目。根据 IOC 的解释，TOP 计划以四年为一个周期，每个周期包括一届冬季奥运会和一届夏季奥运会。IOC 从全球范围内选择各行业内著名的大公司作为其正式赞助商，授予他们"奥林匹克全球合作伙伴"

的称谓和对奥林匹克市场开发和标识营销的权利。表 6.1 列出了六期
TOP 计划。

表6.1　TOP 六期计划

周期	奥运会（冬季、夏季）	合作伙伴数量	收入（亿美元）
1985—1988 年	卡尔加里、汉城	9	0.96
1989—1992 年	阿尔贝维尔、巴塞罗那	12	1.72
1993—1996 年	利勒哈默尔、亚特兰大	10	2.79
1997—2000 年	长野、悉尼	11	5.79
2001—2004 年	盐湖城、雅典	11	6.63
2005—2008 年	都灵、北京	12	8.66

资源来源：根据 IOC 的 OLYMPIC MARKETING FACT FILE 统计所得。

中国上海世博会、东盟博览会、东北亚博览会借鉴和发扬了这种合作伙伴市场开放手段。以第十届东北亚博览会为例，市场开发包括[①]：

1. 首席战略合作伙伴

仅限一家，合作金额为 1000 万。合作条件：中国—东北亚博览会将在全球范围内选择品牌形象好，社会影响力大的企业，作为最高级别的首席战略合作伙伴。合作回报包括：（1）特殊荣誉。授予"中国—东北亚博览会首席战略合作伙伴"荣誉称号；使用中国—东北亚博览会称谓、会徽进行广告和市场营销活动，使用期一年（会徽使用上须组委会审核）；组委会主办的会议或活动中，可安排使用合作企业产品或提供宣传机会（独家供应商项目除外）。（2）尊贵礼遇。一名领导作为贵宾受邀出席中国—东北亚博览会高层论坛活动；两名领导受邀出访东北亚国家，参加境外经贸交流相关活动；两名领导作为贵宾享受中国—东北亚博览会期间接待礼遇。（3）户外广告。回报价值 60 万元的展会现场广告（具体广告形式及位置由双方商定）；回报高速

---

①第十届东北亚博览会市场合作方案[EB/OL].东北亚博览会官网，2015-03-26. http://www.neasiaexpo.org.cn/.

公路擎天柱单面广告；回报博览会期间机场高速公路附近（或展馆周边）路灯杆广告。（4）媒体宣传。为企业举办"第十届中国—东北亚博览会首席战略合作伙伴签约仪式暨新闻发布会"；授予企业"第十届中国—东北亚博览会首席战略合作伙伴"称号，组委会向企业颁发荣誉证书，并在有关媒体报道；企业可通过签约仪式暨新闻发布会，发放企业宣传资料；博览会期间，在展会现场大型户外 LED 电子显示屏播放企业宣传片，每天播放不少于 20 次；博览会期间，在展馆内 LED 灯箱宣传企业信息，每天滚动播放不少于 20 次；在东北亚博览会官方网站，以 LOGO 方式链接合作企业网站；制作企业专题，全面报道企业文化、企业产品、企业新闻咨询等。通过手机微信平台发送企业参展信息；在主流电视台（广播）播报东北亚博览会与企业合作信息；在新华社、中新社等合作媒体和相关网站给予企业鸣谢。（5）平面广告。刊入《中国—东北亚博览会会刊》（2P）；在东北亚博览会 5000 个手提袋上加印企业广告；在主流报纸为企业做整版宣传及专题采访。（6）其他宣传。企业可在中国—东北亚博览会期间开展各种主题宣传活动（活动内容须组委会审核）；安排媒体专访企业领导（提前一个月提交采访申请）；在中国—东北亚博览会现场服务台，发放企业宣传资料；可推荐两名记者参与博览会新闻报道。（7）特别回报。会期提供贸易撮合和企业项目配对机会；中国—东北亚博览会选择服务机构或采购产品时，在同等条件下以合作伙伴为优先选择对象；享有优先选择博览会入场券广告使用权；享有优先选择专项活动冠名权；可优先使用含企业标识的博览会证件挂绳（规格按照大会要求）；可优先选择东北亚博览会展区面积 54 平方米（展品及特装符合大会要求）；回报中国—东北亚博览会入场券 200 张；可优先选择在展场内外指示系统，包括路标、指示牌等加印企业标识宣传（由企业制作安装）。

2. 行业合作伙伴

合作金额 300 万，各行业选一家。主办方在国内不同行业的领先者中，选择优秀的行业合作伙伴。合作回报包括：（1）特别荣誉。授予"中国—东北亚博览会行业合作伙伴"荣誉称号；使用中国—东北亚博览会称谓、会徽进行广告和市场营销活动，使用期一年（会徽使用上须组委会审核)。(2)尊贵礼遇。一名领导受邀出访东北亚国家,参加境外经贸交流相关活动;一名领导作为贵宾享受东北亚博览会期间接待礼遇。(3)户外广告。回报价值20万元的现场广告(具体形式及位置双方商定)。(4)媒体宣传。为企业举办"第十届中国—东北亚博览会行业合作伙伴签约仪式暨新闻发布会"(根据企业需求双方商定);授予企业"第十届中国—东北亚博览会行业合作伙伴"称号,组委会向企业颁发荣誉证书,并在有关媒体报道;企业可通过签约仪式暨新闻发布会,发放企业宣传资料;博览会期间,在展会现场大型户外LED电子显示屏播放企业宣传片,每天播放不少于20次;博览会期间,在展馆内LED灯箱宣传企业信息,每天滚动播放不少于20次;在中国—东北亚博览会官方网站,以LOGO方式链接企业网站;在中国—东北亚博览会官方网站,新闻专栏内宣传企业合作信息;通过手机短信平台发送企业参展参会信息;在主流电视台播报中国—东北亚博览会与企业合作信息。(5)平面广告。刊入《中国—东北亚博览会会刊》(1P)。(6)其他宣传。安排媒体专访企业领导(提前一个月提交采访申请);在中国—东北亚博览会现场服务台,发放企业宣传资料;可推荐一名记者参与博览会新闻报道。(7)特别回报。享有优先选择主题活动冠名权(额外支付费用);回报中国—东北亚博览会入场券50张。

3. 特邀支持机构

主办方在国内外工商企业优秀代表中,选择东北亚博览会特邀支持机构。金额为200万。合作回报包括:(1)特别荣誉。授予"中国—东北亚博览会特邀支持机构"荣誉称号使用中国—东北亚博览会称谓、会徽进行广告和市场营销活动,使用期一年(会徽使用上须组委会审核)。(2)尊贵礼遇。一名领导作为贵宾受邀出席中国—东北亚博览会相关论坛。(3)户外广告。回报价值10万元的展会现场广告(具体广告形式及位置由双方商定)。(4)媒体宣传。授予企业"第十届中国—东北亚博览会支持机构"称号,组委会向企业颁发荣誉证书,并在有关媒体报道;博览会期间,在展馆内LED灯箱宣传企业信息,每天滚动播放不少于20次;在中国—东北亚博览会官方网站,以LOGO

方式链接企业网站。（5）平面广告。刊入《中国—东北亚博览会会刊》（1P）。（6）在中国—东北亚博览会现场服务台，发放企业宣传资料。（7）特别回报。享有优先选择主题活动冠名权（额外支付费用）；回报中国—东北亚博览会入场券 20 张。

4. 独家供应商

主办方选择实力雄厚、品牌形象好、有社会影响力、信誉度高且不与战略/行业合作伙伴重复的领先企业作为中国—东北亚博览会独家供应商。金额为 100 万。合作回报包括：（1）特别荣誉。授予"中国—东北亚博览会独家供应商"荣誉称号；获得"中国—东北亚博览会指定产品（技术、服务）"称谓。（2）尊贵礼遇。一名企业领导作为贵宾受邀出席中国—东北亚博览会相关论坛活动。（3）媒体宣传。授予企业"第十届中国—东北亚博览会独家供应商"称号，组委会颁发荣誉证书，并在有关媒体报道；博览会期间，在展会现场大型户外 LED 电子显示屏播放企业宣传片，每天播放不少于 20 次；博览会期间，在展馆内 LED 灯箱宣传企业信息，每天滚动播放不少于 20 次；在中国—东北亚博览会官方网站，以 LOGO 方式链接企业网站；在中国—东北亚博览会官方网站，新闻专栏内宣传企业合作信息。（4）平面广告。刊入《中国—东北亚博览会会刊》（1P）。（5）其他宣传。独家供应商可在东北亚博览会期间开展各种主题宣传活动（活动内容须组委会审核）。（6）特别回报。享有优先选择主题活动冠名权（额外支付费用）；回报中国—东北亚博览会入场券 20 张。

5. 供应商

基准价位 50 万。主办方选择本行业实力强、品牌形象好、信誉度高，且不与战略/行业合作伙伴重复的优秀企业作为中国—东北亚博览会供应商。合作回报：（1）特别荣誉。授予"中国—东北亚博览会供应商"荣誉称号；获得"中国—东北亚博览会指定产品（技术、服务）"称谓。（2）尊贵礼遇。一名企业领导作为贵宾受邀出席中国—东北亚博览会相关论坛活动。（3）媒体宣传。博览会期间，在展会现场大型户外 LED 电子显示屏播放企业宣传片，每天播放不少于 20 次。在中国—东北亚博览会官方网站，以 LOGO 方式链接企业网站；在中国—东北亚博览会官方网站，新闻专栏内宣传企业合作信息；通过手机微信平台发送企业参展参会信息。（4）平面广告。刊入《中国—东北亚博览会会刊》（1P）。（5）其他宣传。供应商可在中国—东北亚博览会期间开展各种主题宣传活动（活动内容须组委会审核）。（6）特别回报。回报中国—东北亚博览会入场券10张。

6. 特许产品、服务计划

其包括（1）唯一指定产品：主要面向有关部门认证的有代表性的名、优、新、特产品，通过竞标方式确定特许权授予企业，同行业有排他性，使用期一年。（2）指定产品：经组委会审核同意，可将中国—东北亚博览会会徽印制在产品包装上，使用期一年。指定产品类别包括服饰、保健类、食品类、酒类、饮品类、箱包、皮具、体育用品、日用品、化妆品类、工艺品类、钟表类、家具类、数码产品类、办公设备类电子设备、通信器材、汽车装饰、其他符合要求的产品。（3）指定服务：主要面向高质量服务水准的服务机构。指定服务机构包括运输、铁路、民航、快递、印刷、广告、传媒、地产、邮政、保险　通信、银行、快餐、商场、酒店、宾馆、旅游、出版、汽车美容、租赁、医疗健康等。（4）合作条件：针对名优新特产品和服务，授权合格企业生产销售带有"中国—东北亚博览会"标志的产品授权合格企业在服务场所使用"中国—东北亚博览会"标志。欢迎各行业有实力的企业提出申请，组委会将对申请企业进行资金实力、生产能力、质量管理、环保措施、社会声誉等方面综合考察，选取合格企业进行签约。

7. 会议活动合作论坛

在中国—东北亚博览会将在国内外知名企业中，选择中国—东北亚博览会会议论坛专项合作伙伴。基准金额为100万。合作回报：（1）授予"中国—东北亚博览会会议论坛合作伙伴"荣誉称号；使用中国—东北亚博览会称谓、会徽进行广告和市场营销活动，使用期一年（会徽使用上须组委会审核）。（2）尊贵礼遇。一名领导受邀出席与中国—东北亚博览会合作的专项论坛活动，并安排贵宾席位就座。活动主要包括：第八届东北亚合作高层论坛（主论坛）、国家"一带一路"战略与长吉图开发开放支撑融合发展论坛、中国—东北亚电子商务发展论坛、金融创新论坛、互联网经济论坛、世界采购商大会、第三届东北亚商协会国际合作会议、中韩经济合作论坛暨中国吉林—韩国知名企业、重点产业项目对接会、吉林省"走出去"推介及对接会、第五届东北亚智库论坛、中日韩地方政府合作会议暨经贸项目对接会、中日韩人文交流论坛、第四届世界产业领袖大会、第二届服务贸易大会、第四届"大图们倡议"东北亚旅游论坛、第六届大型公益人才交流会、中国吉林省与俄罗斯远东地区经济合作的现状与展望圆桌会议。

第二节 会展场馆建设和经营市场化

一、我国会展场馆发展现状

从广义上说，我国会展场馆包括体育场馆、文化活动场馆（文化宫、少年宫）、博物馆、会展中心（展览馆）、会议场馆等。会议场馆除了政府、事业单位隶属的以外，酒店、会所、度假村等往往也有自己的大型、中型和小型会议室。在 20 世纪 90 年代中期以前兴建的体育场馆、文化活动场馆、博物馆、展览馆多是政府财政拨款兴起的。此后，在经营城市的理念下，一部分场馆及周边设施采用了 PPP 方式进行建设。随着中国商业地产的发展，中国出现了许多大型的商业综合体。如东方广场之东方新天地、华贸中心、中国国际贸易中心、成都新世纪环球中心、成都大魔方等。

（一）体育场馆

根据 2014 年 12 月正式公布的第六次全国体育场地普查结果显示，截至 2013 年底，全国共有体育场地 169.46 万个，用地面积 39.82 亿平方米，建筑面积 2.59 亿平方米，场地面积 19.92 亿平方米。截止到 2013 年 12 月 31 日，全国新建三大球场地中，足球类场地 0.71 万个，场地面积 2136.99 万平方米；篮球类场地 47.69 万个，场地面积 28179.67

万平方米；排球类场地 3.07 万个，场地面积 960.62 万平方米。在国有体育场馆投资主体中，国有经济成分的场馆占总数的 30.6%，集体经济成分占总数的 25.5%，企业（私营）占 23%，私人占 12.8%，另外有 8.1% 为外商独资、中外合资和港澳台投资，国有体育场馆的比例最大。从场馆分布上看，我国场馆主要集中于大中型城市，中小城市尤其是农村体育场馆存在严重不足，人均场馆面积和发达国家也存在巨大差距。但是，就超大型场馆本身来说，我国已经具有世界级的大型体育场馆。其中，如下十个场馆具有代表性：（1）国家体育场。它位于北京奥林匹克公园中心区南部，为 2008 年第二十九届奥林匹克运动会的主体育场。工程总占地面积 21 公顷，建筑面积 25.8 万平方米。场内观众坐席约为 91000 个，其中临时坐席约 11000 个，举行奥运会、残奥会开闭幕式、田径比赛及足球比赛决赛。（2）广东奥体中心体育场。该体育场 2001 年 9 月落成，占地面积 14.56 万平方米、可容纳 8 万名观众，广州亚运会闭幕式和田径项目的决赛在这里举行。（3）北京工人体育场。它坐落在北京市朝阳区工人体育场北路，紧邻工人体育馆和新老使馆区。工人体育场是由中华全国总工会于 1959 年 8 月 31 日投资兴建，是北京最大的一座综合性体育场之一，占地 35 公顷，建筑面积 8 万多平方米。该场包括 3 组建筑群：北京工人体育场、工人体育馆和游泳场。它的中心运动场能容纳 8 万观众。（4）广州天河体育中心体育场。其总占地约 58 万平方米。（5）青岛体育中心体育场。其占地 18 万平方米，可容纳 6 万名观众。（6）武汉体育中心体育场。其是可容纳 6 万名观众的大型体育场，占地 4.5 万平方米，建筑面积 7.8 万平方米。（7）长沙贺龙体育场。贺龙体育场可容纳观众 6 万人，钢屋盖工程建筑面积为 4.57 万平方米。（8）重庆奥体中心体育场。该场总用地 11.86 万平方米， 建筑面积 6.28 万平方米，能容纳 6 万人。（9）南京奥体中心体育场。该场总占地面积 90 公顷，总建筑面积约 40 万平方米，能同时容纳 8.7 万人。（10）沈阳奥体中心体育场。该场占地 43 万平方米，总建筑面积 26 万平方米，能容纳 6 万多人。

（二）博物馆

根据中华人民共和国文化部 2014 年文化发展统计公报数据，截止到 2014 年底，全国群众文化机构实际使用房屋建筑面积 3686.39 万平方米，全国公共图书馆实际使用房屋建筑面积 1231.60 万平方米。我国登记注册的博物馆数量已达 3862 个，平均每 40 万人拥有一个博物馆。中国博物馆以文物系统博物馆为主，民办博物馆为辅，但民办博物馆的数量正在不断上升，目前，其占比已经达到 11.9%。如下博物馆具有代表性：（1）中国国家博物馆。截止到 2013 年末，中国国家博物馆总建筑面积近 20 万平方米，其藏品数量为 100 余万件，展厅数量 48 个。它是世界上单体建筑面积最大的博物馆，是中华文物收藏量最丰富的博物馆之一，整体规模在世界博物馆中位居前列，2012 年游客接待量达到 537 万人次，2013 年达到 745 万人次。（2）南京博物馆。该馆占地 13 万余平方米，是中国第一座由国家投资兴建的大型综合类博物馆、国家一级博物馆、首批中央地方共建国家级博物馆。（3）北京故宫博物院。它建立于 1925 年 10 月 10 日，位于北京故宫紫禁城内，是在明朝、清朝两代皇宫及其收藏的基础上建立起来的中国综合性博物馆，也是中国最大的古代文化艺术博物馆，其文物收藏主要来源于清代宫中旧藏，是第一批全国爱国主义教育示范基地。（4）中国地质博物馆。它是中国成立最早的国家级地质学博物馆，成立于 1916 年，建筑面积近 11000 平方米。（5）首都博物馆。1981 年对外开放，其建筑面积 63390 平方米。（6）天津博物馆。它于 2012 年对外开放，总建筑面积 64003 平方米，其中展厅面积 14000 平方米，库房面积 11000 平方米。（7）广东省博物馆。2010 年建成，其总占地面积 6.7 万平方米。（8）陕西历史博物馆。其建筑面积 55600 平方米，文物库区面积 8000 平方米，展厅面积 11000 平方米。（9）山东历史博物馆。其占地 34000 平方米，建筑面积 21000 平方米。

随着中国民间博物馆事业的不断发展，出现一批知名民间博物馆。如下民间博物馆具有代表性：（1）中国紫檀博物馆（北京）。中国紫檀博物馆是中国首家规模最大，集收藏研究、陈列展示紫檀艺术，鉴赏中国传统古典家具的专题类民办（私立）博物馆，填补了中国博物馆界的一项空白。（2）建川博物馆。它的全称为建川博物馆聚落，聚落内设抗战、民俗、红色年代艺术品三大系列 20 余个分馆，是目前国内民间资金投入最多、建设规模和展览面积最大、收藏内容最丰富的民间博物馆。（3）金泉钱币博物馆。它是由西安金泉钱币文化股份有限公司开办的钱币展示场所。通过博物馆向世人传播展示博大精深、源远流长的钱币文化。（4）深圳青瓷博物馆。它是世界上唯一的以系统收藏、陈列、研究中国古代青瓷的专题性博物馆。其馆内收藏了自商周至元明清历代青瓷 2000 余件、瓷片标本 2400 件，是我国目前展出青瓷数量最多、品类最全、体系最为完备的首座私立青瓷博物馆。（5）石龙镇博物馆。它是一间纯公益性文化宣传场所，结合了石龙历史文化展与明清家具展。其以明清家具为主题展出明代至清代的各种古家具及其他古玩珍品。（6）古陶文明博物馆。它是全国乃至全世界唯一一座以陶文化为专题的博物馆。藏品以新石器时代彩陶及周秦汉唐陶器、战国秦汉砖瓦、战国秦汉封泥三大系列兼及其他相关领域约 3000 件出土文物，构成一部近乎完整而形象生动的古陶文明史。（7）观复博物馆。它是马未都创办的新中国第一家私立博物馆，属于公益性独立法人，接受社会各界的捐赠。该馆设有：瓷器馆、家具馆、油画馆、工艺馆、影像馆、门窗馆等。

（三）会展中心

国际展览业协会（UFI）2016 年度主席谢尔盖·阿莱克谢耶夫在峰会表示，目前 15 个国家占据了全球室内展览面积的 80%，前三位分别是美国、中国和德国，2011 年至 2015 年，中国可使用的展览面积增加了 29%，增幅居全球前列，预计未来两年还将再增加 10%。据不完全统计，2015 年我国室内可租用面积大于等于 5000 平方米、且举办 2 个以上经贸类展览会的专业展览馆共有 136 个，比 2014 年增加 8 个；室内可租用总面积约为 647 万平方米，比 2014 年增加约 62 万平方米。除了大型专业场馆，我国大部分酒店、企事业单位都有会议室。一部分大型商业综合运营机构还有自己的场馆。例如，天津万源龙顺庄园，它隶属于龙顺投资集团，是一家集旅游住宿、特色餐饮、商务会议、康体娱乐、温泉洗浴、棋牌茶艺、垂钓采摘、观光农业于一体的大型旅游景区。该庄园拥有龙顺农业博览馆。其首层为 6500 平方米可容纳 300 个标准展位的展厅，三、四层设有两个 300 人和 450

人的大型会议厅,一个可容纳1200人并具有3D影像技术的多功能剧场,20个风格迥异的会议室及两个可容纳150人和200人的多功能厅。北京的九华山庄隶属于九华会展,其拥有四家会展酒店及超大型会展中心,包含近2000套酒店客房、100余个会议室、23万平方米的会展空间及完善优质的酒店配套。其中,九华国际会展中心大酒店共12层,建筑面积达15.1万平方米。

广东省主要的会展场馆有中国进出口商品交易会场馆、广东现代国际展览中心、广州花城会展中心、深圳会议展览中心、深圳中国国际高新技术成果交易展览中心、深圳市工业展览馆、东莞国际会展中心、汕头林百欣国际会议展览中心、中山火炬开发区国际展览中心、佛山市顺德前进会展中心、中国国际航空航天博览中心等。其中,中国进出口商品交易会场馆包括琶洲展馆和流花路展馆,两馆合计25万平方米。其中,琶洲国际会展中心建筑总面积70万平方米,首期占地43万平方米,建筑面积39.5万平方米,已建好16个展厅,其中室内展厅面积16万平方米,室外展场面积2.2万平方米。琶洲国际会展中心是高科技、智能化、生态化完美结合的现代化建筑,单个展厅面积均在1万平方米左右。

北京主要的场馆有国家会议中心、北京国际会议中心、北京展览馆、中国建筑文化中心建筑展览馆、中国国际科技会展中心、全国农业展览馆、中国国际展览中心、中华世纪坛艺术馆等。国家会议中心有大小不等的会议室近100个,配备了最先进的会议视听设备,能最大限度地满足从20人到6000人,不同规模的会议、宴会、演出、新品发布、公司活动等多功能服务需求。其中最大的大会堂为6400平方米,可容纳6000人;大宴会厅4860平方米,可接待3500人的宴会。国家会议中心的展览区总面积为40000平方米,分为地上展厅和地下展厅。地上展厅面积为22000平方米,室内空间净高12米,为无柱式设计并可灵活分割为4个独立展厅。地下一层展厅总面积为13000平方米,室内高度为4.5米。中国国际展览中心占地面积15万平方米,有6万平方米室内展览面积,0.7万平方米室外展览面积。

上海主要的场馆包括:国家会展中心(上海)、上海光大会展中心、上海国际会议中心、上海国际农展中心、上海世贸商城、上海国际展览中心、上海新国际展览中心、上海展览中心等。国家会展中心（上海）由国家商务部和上海市政府合作共建，总建筑面积 147 万平方米，地上建筑面积 127 万平方米，是目前世界上面积最大的建筑单体和会展综合体。其包括 40 万平方米的室内展厅和 10 万平方米的室外展场，室内展厅由 13 个单位面积为 2.88 万平方米的大展厅和 3 个单位面积为 0.97 万平方米的小展厅组成，货车均可直达展厅。上海新国际展览中心是由上海浦东土地发展（控股）公司和德国汉诺威展览公司、德国杜塞尔多会展览公司、德国慕尼黑国际展览有限公司共同投资建设。展览面积共计 25 万平方米，其中室内 20 万平方米，室外 5 万平方米。

重庆市主要有重庆国际博览中心、重庆国际会展中心、重庆展览中心、重庆悦来国际会议中心、重庆国泰艺术中心等。重庆国际博览中心总建筑面积达 60 万平方米，其中室内展览面积 20 万平方米。展馆共设 16 个展厅，南北各布置 8 个。重庆国际会展中心是重庆城市建设投资公司投资，总投资金额为 15 亿元人民币的重庆国际会议展览中心其由展览中心、会议中心、会展酒店和广场等几大部分构成。重庆国际会展中心占地面积 23 公顷，总建筑面积为 237533 平方米。其中，展馆面积 132727 平方米，会议中心面积 41731 平方米，广场面积 15000 平方米，酒店面积 63075 平方米。重庆展览中心有圆馆和方馆两个展馆，总占地面积 24000 平方米，总建筑面积 45000 平方米，展场面积 25000 平方米，可搭建 1250 个国际标准展位（配有宽带网接口），全部按国际标准展馆设计。另有室外广场 3900 平方米，各类会议室 8 个（总面积 2300 平方米）及多功能厅、咖啡厅、贵宾室、嘉宾室、地下停车库、仓库及现场服务中心等配套设施。重庆悦来国际会议中心功能齐全、设施完善，拥有 5200 平方米无柱宴会厅，另有大小各异，可灵活组合会议室 47 个，总会议面积 12500 平方米，能同时容纳 20000 人参会。

天津主要场馆有梅江会展中心、天津国际展览中心、天津滨海国际展览中心、天津体育展览中心、天津规划展览馆等。梅江会展中心由天津泰达建设集团有限公司投资兴建，展厅地面由广州惠邦地坪施工，由天津滨腾会展管理有限公司负责场馆运营及经营管理工作。该场馆总建筑面积 98000 平方米，其中，展览建筑面积 60000 平方米，会议区面积 7000 平方米，配套建筑面积 31000 平方米。天津国际展览中心占地面积 5.5 万平方米，建筑面积 4.6 万平方米。展览面积约 3.5 万平方米。天津滨海国际展览中心建筑面积 12 万平方米，展览区域可提供 4 万平方米室内展览面积，可设置国际标准展位近 2000 个，还包括 2 万平方米室外展览面积。会议区域总面积为 7500 平方米，能够满足不同规格的会议要求。会展中心还配有 700 个车位的地下停车场及 1300 平方米的厨房，极大满足了各类展会活动的需求。

浙江省主要场馆有杭州国际会议会展中心、温州国际会议展览中心、温州市展览馆、宁波国际会议展览中心、义乌小商品城会展中心等。杭州国际会议会展中心总占地面积约为 13.3 万平方米，建筑面积约 12.7 万平方米，室内可用展览面积 6 万平方米，能容纳 3000 个国际标准展位；室外可使用广场面积约 3 万平方米，可同时停放千余辆汽车。宁波国际会议展览中心主展厅面积 9689 平方米，北展厅面积 6410 平方米，东、西展厅面积均为 20650 平方米，南展区面积 10570 平方米。

江苏省主要场馆有江苏展览馆、常州国际展览中心、昆山市科技文化博览中心、南京国际展览中心、苏州国际会议展览中心、无锡展览馆、连云港国际展览中心、徐州国际会展中心、扬州国际会展中心、常州国际会展中心、连云港国际展览中心、泰州国际博览中心、常熟国际展览中心、南京金陵会议中心、南京文化艺术展览中心等。其中，南京国际展览中心占地 12.6 万平方米，总建筑面积 8.9 万平方米，共有六个展厅，拥有 2068 个国际标准展位，具有承办单项国际博览会、全国性贸易洽谈会的能力。苏州国际会展中心是由苏州恒和集团投资兴建的高标准会展场馆。现有展馆面积 15000 平方米，展馆广场 5000 平方米。

山东省主要场馆有青岛国际会展中心、济南舜耕国际会展中心、济南国际会展中心、青岛国际博览中心、烟台国际会展中心、淄博市展览馆、曲阜孔子文化会展中心、寿光国际会展中心等。其中，青岛国际会展中心占地 25 万平方米,室内展览面积 5 万平方米,共可设置 3000 个国际标准展位;室外展览面积 8 万平方米;拥有可容纳 400 人同时开会的豪华会议室 1 个,可容纳 200 人同时开会的会议室 6 个,以及多个中小型会议室、洽谈室和贵宾室。济南国际会展中心展馆建筑面积 15 万平方米,分为 A、B、C、D、E 五个区。其中 B、C、D、E 区为展览、会议区,建筑面积 11 万平方米,可设近 3000 个国际标准展位,有 12 个展厅、26 个不同类型和规模的国际报告厅、多功能厅、会议室、贵宾厅和电子商务间。济南舜耕国际会展中心建筑面积 4.1 万平方米,其中展览面积 2 万平方米,可容纳 1000 个国际标准展位;地下停车场 1 万平方米,可同时停放 150 辆车;会议面积 6000 平方米。

河北省主要场馆有河北国际会议展览中心、石家庄国际会展中心、石家庄老火车站会展中心、石家庄人民大会堂会展中心、河北国际商贸会展中心、廊坊国际会议展览中心、沧州国际会展中心、唐山国际会展中心、安平县丝网大世界国际会展中心等。河北国际会议展览中心室内净使用面积为一期 60000 平方米,同时可容纳逾 3000 个国际标准展位,分为 8 个展厅,可分可合,能够满足各种规模展览的需求。会议中心设有 1800 人高规格会议室 1 座,300~500 人多功能会议室 5 座,50~100 人专业会议厅 10 余座,能够满足各种规格会议的需求。室外广场为超过 10 万平方米的超大型音乐喷泉礼仪广场,能够满足各种大型的节事庆典活动。

福建省主要场馆有厦门国际会议展览中心、泉州展览城、福建国际展览中心、福建经贸会展中心等。其中,厦门国际会议展览中心会展中心占地 47 万平方米,总建筑面积 34 万平方米,包括一期、二期、三期展馆及一座拥有 210 间客房的四星级会展商务酒店,是集展览、会议、酒店、餐饮、旅游、广告、仓储为一体的大型现代化展览馆。三展馆共设 15 个展厅,展厅净面积合计 10 万平方米,可设 5000 个国际标准性展位,拥有多功能厅、国际会议厅等各类中高档会议室 20 多间。

辽宁省主要场馆有沈阳国际会展中心、沈阳科学宫会展中心、大连星海会展中心、辽宁工业展览馆等。其中，沈阳国际会展中心主体占地 45 万平方米，其建筑面积达 10.3 万平方米。会展中心展区分室内、室外两部分，能够满足不同展会需求。室内外展览面积各为 5 万平方米的高标准展场和面积 3 万平方米的大型停车场。大连星海会展中心展区面积 2.5 万平方米，主展区分东、西两大展场，又可根据需要分割成面积不等的多个独立展厅。

吉林省主要场馆有长春国际会展中心、吉林国际会议展览中心、吉林展览馆等。其中，长春国际会展中心建筑面积 6 万平方米，其中一、二层为展览大厅，建筑面积 2.2 万平方米，中央大厅玻璃封顶，明亮疏朗，高 10.5 米，一层可利用面积 8000 平方米，室内标高 5 米，地面核载 2～4 吨/平方米，可根据需要分隔为 3 个展区。二层室内标高 3.5 米，地面荷载 2 吨/平方米，可利用面积 5000 余平方米，可根据需要分割成三个小型展区。同时设有贵宾接待室、签约室、多功能厅、信息中心、商务中心和各种规模的会议室。展厅前后还有 3.1 万平方米的高标准室外展场。东北亚博览会就在长春国际展览中心举办。

黑龙江主要场馆有哈尔滨国际会展中心、黑龙江国际博览中心、齐齐哈尔国际会展中心、大庆展览馆、牡丹江工业展览馆、黑龙江省对外经济贸易中心、哈尔滨展览馆、哈尔滨经济贸易会洽谈馆等。其中，哈尔滨国际会展中心是黑龙江省及哈尔滨市重点工程项目，使用面积为 36000 平方米。

内蒙古自治区主要场馆有：包头内蒙古国际会展中心、内蒙古商品交易中心、内蒙古展览馆、赤峰国际会展中心、内蒙古科技展览中心等。其中，包头内蒙古国际会展中心展馆使用总面积为 30132 平方米。

安徽省主要场馆有安徽国际会展中心、安徽展览中心、安徽省农业展览馆等。其中，安徽国际会展中心展览部分拥有可设置 2500 个标准展位的五个室内展厅和 20000 平方米的室外展场。会议部分包括能容纳 1500 人会议或 1000 人宴会的大型多功能厅、具有五种同声翻译系统的 320 座会议厅、具有两种同声翻译系统的 186 座会议厅以及多个小型会议室、贵宾室、商务洽谈室、休息室等。

江西省主要场馆有江西省展览中心、江西省展览馆、南昌国际展览中心等。其中，南昌国际展览中心室外展场可设 7200 余个国际标准展位，室内展厅可设 3400 余个国际标准展位，各展厅均为单层无柱空间，拥有独立的出入口，可独立或组合使用。

河南省主要场馆有郑州国际会展中心、河南郑州中原国际博览中心、郑州交易中心、河南省工业展览馆、郑州恒力实业有限公司展览中心等。其中，郑州国际会展中心主体由会议中心和展览中心两部分组成，建筑面积 22.76 万平方米，可租用室内面积占 7.4 万平方米，是集会议、展览、文娱活动、招待会、餐饮和旅游观光为一体的大型展览设施。

湖北主要场馆有武汉国际会展中心、武汉国际博览中心、华中国际博览中心、武汉科技会展中心、武汉展览馆、鄂西自治州展览馆等。其中，武汉国际会展中心位于武汉市汉口解放大道 696 号，总建筑面积 12.7 万平方米，10 大展厅面积 5 万平方米，可设置 2800 个国际标准展位。会议厅面积 1.5 万平方米具有不同类型、风格以及规模的会议厅、多功能厅、宴会厅、报告厅、贵宾厅、新闻发布中心等 40 间。

湖南主要场馆有湖南国际会展中心、长沙红星国际会展中心、湖南省展览馆、红星农博会展中心等。其中，湖南国际会展中心展馆总建筑面积 10 万平方米，展厅面积 5 万平方米，可设国际标准展位 2000 个，同时举办 500～1000 个展位的展览 3 个，也可根据需要分隔成风格不同的多种展区。国际会议区拥有 25 套不同规格的会议厅，其同声翻译、多媒体演播系统设施堪称一流。

广西主要场馆有南宁国际会展中心、广西展览馆、桂林国际会展中心、桂林工业展览馆、广西桂林国际贸易展览中心等。其中，南宁国际会展中心占地面积约 56.7 万平方米，是中国—东盟博览会永久会址。会议部分包括会议中心、多功能厅、办公场所等，拥有 14 个大小不同的会议厅（室），有功能齐全的声扩设备、10+1 同声传译系统、电视会议系统、公共广播系统、安防系统、计算机网络系统、新闻中心等，能满足各种国内国际会议、商务谈判和学术报告的举行；多功能圆形大厅使用面积 3000 平方米，能容纳 1500 人，是举办大型会议、展览、宴会、文化活动等的理想场所。大型宴会厅由能容纳 1000 人同时就餐的大厅、34 个包厢和明档区组成，装饰格调高雅，环境舒适，是举办各种宴会的理想之地。展览部分有 2 层展厅，共有 15 个不同规格的展厅（最大展厅 8100 平方米），展览面积达 4.8 万多平方米，可容纳 3360 个国际标准展位和 300 多个非标准展位。行政综合楼建筑面积 1.58 万平方米，由办公场所、多功能展厅、展具加工间、仓储等组成，同时配有可容 300 人的会议厅。

海南主要场馆有海南国际会议展览中心、海口会展中心等。其中，海南国际会展中心为海南省和海口市两级政府确定的重点项目，单体工程占地约 32 万平方米，由一个展览中心和一个会议中心组成。其中展览中心面积 7.7 万多平方米，包含一个能容纳 5000 人的开幕式主会场，设有 6 个展览大厅，标准展位 2300 个；会议中心建筑面积 4.2 万多平方米，包括一个容纳 2000 人的多功能厅，一个容纳 2000 多人的剧场式会议厅，一个容纳近 800 人具备同声传译系统的国际会议厅，还有 18 个贵宾接待厅等设施。

四川主要场馆有成都国际会议展览中心、成都世纪城国际会展中心、成都国际展览贸易中心、韩国贸易馆（成都）、四川展览馆、成都科技会展馆、二十一世纪国际汽车会展中心、四川省锦江大礼堂会议展览中心、绵阳国际会展中心等。其中，成都国际会议展览中心拥有 2 个大型室内国际展馆，总面积 5.5 万平方米，可提供 2400 个国际标准展位。

贵州主要场馆有贵阳国际会议展览中心、贵州省农业展览馆、贵州省展览馆等。其中，贵阳国际会议展览中心总用地约为 93.9 万平方米，其中会展、酒店、会议中心建设用地约 33.3 万平方米；规划修建建筑面积达 10 万平方米的国际会展中心、4 万平方米的国际生态会议中心、5 万平方米的五星级酒店以及 3 万平方米的企业总部大楼和 10 万平方米的商业中心。

云南主要场馆有昆明国际会展中心、昆明会堂、世博交易中心等。其中昆明国际会展中心昆明会展中心新馆有室内单体大型展厅 6 个，展览面积 5 万平方米，室外展览面积近 2 万平方米，可搭装标准展位 2600 个。老馆展览面积 3.5 万平方米，也可作为室内展厅补充使用。配套的室外停车场提供车位近 1300 个。

陕西主要场馆有西安国际展览中心、陕西国际展览中心、西安市展览馆、西安市农业展览馆、西安曲江国际会展中心等。

西藏主要场馆有西藏展览中心、西藏自治区展览馆。青海主要场馆有青海展览馆。宁夏主要有银川国际会展中心、宁夏展览馆和宁夏新兴会展中心。新疆主要有新疆国际会展中心。其中，新疆国际会展中心是中国西部地区面向中亚、规模最大、功能最全的国际性会展中心之一，是"中国—亚欧博览会"的举办地。室内面积达 4.5 万平方米，设国际标准展位 3000 个；室外展场面积 5 万平方米，并设有国际会议中心和一家星级酒店。

从专业场馆数量及经营效果上看，上海、广州和北京三地场馆是最强的。以 2014 年为例，上海共举办各类展会 755 个，占全国展会数量近 1/10；展览面积达 1240 万平方米，为全国展览总面积的 1/8，是排名第二的广州的 1.45 倍，是排名第三的北京的 2.04 倍。2014 年，上海展会数量与展览面积比 2010 年分别增长 17.6%和 54.23%；其中国际展览项目 280 个，总展出面积 900 万平方米。[①]

二、场馆经营市场化

施昌奎根据纯场馆经营和场馆经营与自办展结合的两种方式，将场馆经营分为如下经营模式（如表 6.2 所示）。

表 6.2　场馆经营模式

	纯场馆经营	场馆经营与自办展结合
民有民营	A	B
民营公助	C	D
公有国营	E	F
公有托管	G	H
公有民营	I	L

资料来源：施昌奎.会展经济运营管理模式研究：以"新国展"为例[M].北京：中国社会科学出版社，2008：161.

---

①黄勇娣.沪场馆展出能力全球居首[N].解放日报，2015-12-12.

模式 A：民有民营的纯场馆经营模式。场馆民有民营并不从事自办展，场馆所有者经营场地出租及相关业务。模式 B：民有民营的场馆与自办展结合的模式。模式 C：民营公助的纯场馆经营模式。场馆所有者经营场地出租及相关业务，不从事自办展。场馆可以从民间和政府财政补贴中获得部分收入。例如，新加坡规定，展览场馆周边的酒店和餐馆必须拿出收入的 10%补贴场馆。模式 D：民营公助的场馆经营与自办展结合的模式。模式 E：公有国营的纯场馆经营模式。模式 F：公有国营的场馆经营与自办展结合模式。模式 G：公有托管的纯场馆经营模式。例如，美国政府委托一个专业委员会对场馆进行经营和管理。模式 H：公有托管的场馆经营与自办展结合的模式。模式 I：公有民营的纯场馆经营模式。模式 L：公有民营的场馆经营与自办展结合模式。①

我国在改革开放以前建立了一部分展览馆、工业馆、博物馆，在计划经济时期，大部分是作为事业单位进行管理。随着经济体制改革的深入，大部分转制为国有企业。改革开放以来，尤其是 20 世纪 90 年代以来建设的场馆一部分主要由政府出资建设而成，一部分是政府资本和社会资本合作建设（PPP）模式建设而成。例如，前者如北京展览馆，后者如鸟巢。北京展览馆始建于 1954 年，原名为苏联展览馆，毛泽东主席亲笔题写馆名。经过市场化改革，北京展览馆演化为拥有展览公司、莫斯科餐厅、影剧场、合资宾馆、星湖饭店、广告公司、糕点厂、冷饮厂、旅行社、展兴商贸公司及劳动服务公司等十余个经营部门，是一个集展览、住宿、餐饮娱乐、广告、商贸、食品加工为一体的综合性多功能服务企业。还有一部分是由国有企业兴建。例如，天津梅江会展中心就是由天津泰达建设集团兴建，并由天津滨腾会展管理有限公司经营。天津泰达建设集团是以房地产开发为主业的大型国有企业集团，并具有物业管理、基础设施建设、装修装饰等综合能力，而天津滨腾会展管理有限公司是天津泰达建设集团有限公司的全

---

①施昌奎.会展经济运营管理模式研究：以"新国展"为例[M].北京：中国社会科学出版社，2008：161—162.

资子公司。中国国际展览中心建立于 1985 年，隶属于中国贸促会，由投资组建的中国国际展览中心集团公司实行国有国营经营体制。北京新国际展览中心是由北京中展投资发展有限公司兴建，该公司成立于 2004 年，由中国国际贸易促进委员会资产管理中心、中国国际展览中心集团和北京天竺房地产开发公司共同出资组成。也有一部分场馆是由中外合资兴建与经营。其中，上海新国际博览中心（SNIEC）由上海陆家嘴展览发展有限公司与德国展览集团国际有限公司（成员包括德国汉诺威展览公司、德国杜塞尔多夫博览会有限公司、德国慕尼黑国际展览中心有限公司）联合投资建造和经营，它也是中外合资合营的第一家展览中心。

国家会展中心（上海）是由上海博览会有限责任公司进行投资建设和场馆运营、展会开发。该公司成立于 2011 年 7 月，由中国对外贸易中心（集团）（下称：外贸中心集团）和上海东浩兰生国际服务贸易（集团）（下称：东浩兰生集团）有限公司根据商务部和上海市共建国家会展项目框架协议，分别代表部、市双方合资组建。其中，上海博览会有限责任公司注册资金 60 亿元，外贸中心集团持股 60%、东浩兰生集团持股 40%。

通过成立专业的子公司经营会展场馆以及通过特许经营权方式委托专业公司经营是场馆经营市场化的两大趋势。前者如梅江会展中心经营模式，后者如天津滨海国际会展中心经营模式。天津滨海国际会展中心是天津市经济技术开发区管委会投资兴建的一所大型现代化展览场所。天津滨海会展有限公司是由天津泰达集团有限公司和 Singex Venues. Pte Ltd 共同投资成立的合资企业。

在旧有体制时，我国大多老的场馆都有主办展会的资格。据不完全统计，在 2002 年我国各场馆主办的展会占国内展会的 30%左右，2003 年还有所上升，在一些中小城市，许多会展场馆的自办展会更是占到60%～70%的比重。[①]在我国，政府投资兴建场馆的初衷多是从社会效益而不是经济效益出发，但是随着市场化改革的不断推进，政府

---

①田天.会展场馆自办展的一点思考[N].民营经济报，2004-6-24.

对这些场馆相关投入减少，一些中小城市场馆生存出现问题。在这种情况下，除了需要改变场馆组织体制、经营理念和经营模式外，还需要场馆自身策划和运营一批在当地有影响力的展览。这样既可以弥补场馆利用率不足，又可以增加一部分收入。而在一线城市，一些中小型场馆也可以通过举办自办展增加其竞争力。例如，北京展览馆具有悠久历史，但是进入 21 世纪以后，随着北京大型场馆数量的增加，面临日益激烈的竞争。在这种情况下，通过与行业协会合作，与政府部门、与专业展览公司以及与涉足展览的媒体进行合作，北京展览馆尝试通过举办自办展将业务范畴延伸至会展产业链上游。北京展览馆自办展紧扣市场，具有活力，主要有婚博会、茶业展、科学节（针对暑期青少年市场）。

第三节 政府主导型会展项目治理工具的市场化

根据政府和市场介入程度，政府项目治理工具可分为如下谱系：政府提供—政府间协作—合同外包—补助—特许经营—公私伙伴关系—代金券—志愿服务—民营化—市场提供。对于政府主导型展会来说，市场化意味着要采用更多的市场化治理工具，同时转变其政府职责与功能。

一、民营化

民营化（Privatization）是指政府将持有权益转让给私人企业。它是日本政府国有资产管理体制改革中提出的一个基本概念。日本的国有企业民营化是指变国有为国私混合所有，其组织形式为股份公司。学者通常将其分为三种形态，一是实质的私化，将公共任务转移给私人；二是形式的私化，也称组织私化，将承担公共任务的组织私法化成公司形态；三是功能的私化，部分私化或外部委托（contracting out），行政事务权限与责任仍然属于行政机关，实则委任给纯粹的私人主体。[①]事实上，尽管理论界将民营化分为三种形态，但综观欧美发达国家推行民营化改革的实践，较少国家真正采取国家全部放弃行政任务执行责任的"完全民营化"（即"实质的私化"）极端手段。绝大多数民营化方案都"采行游走在'单纯组织私法化'与'任务完全私人化'两个民营化光谱极点间之模式"，因而"任务部分私人化"（即功能的私化或者称为公私协力）现已成为各国立法及实务最普遍采行的民营化模式。[②]

民营化的实质是引入市场和竞争机制，改变国有产权不清及官僚弊病，具有如下优点：（1）可以促进管理者降低成本，提高质量；（2）民营化是一种新的管理形式和技术，同时也是获得资金的新来源；（3）通过减少政府的直接行为，公共管理者可以专注于政策制定。但是民营化不是简单地将国有企业私有化，也绝不意味着国家义务和责任的彻底解除，而是吸收私人部门不同程度地参与公共服务及其生产。在实践中，一卖了之的简单民营化不仅造成国有资产流失，引发社会不公甚至群众性事件，而且还有可能导致公共服务质量降低的现象。因此，在民营化过程中，需要平衡私人部门本能的逐利性和政府任务的公共性，选择合适的民营化方式以及对民营化过程进行有效的规制与监督。

有学者认为，政府在民营化改革过程中的责任大体可划分为前民营化规制、民营化过程规制和后民营化规制三个阶段[③]：（1）前民营化规制。在推行公共任务民营化改革之前，规制框架的确立成为良好规制的基础。规制框架主要包括以下内容的确立：有关民营化的法规政策体系的建立和完善，对特定民营化项目的科学论证的制度设计，规制目标的明确、规制机构的建立程序及其责任承担、规制方式的确立等，这都构成了前民营化规制的重要内容。（2）民营化过程规制。

① [日]米丸恒治.私人行政——法的统制比较研究[M].洪英，译.北京：中国人民大学出版社，2010：5—22.

②詹镇荣.民营化法与管制革新[M].沈阳：元照出版公司，2005：3—4.

③陈思融，章贵桥.民营化、逆民营化与政府规制革新[J].中国行政管理，2010（10）：42-45.

在实施民营化改革过程中，一个原先由国家履行的公共任务转由私人履行，国家固然因此免除其履行责任，然而国家对于该任务是否被切实履行本身，却无法摆脱其任务，国家的履行责任因此转变为担保责任，结果国家必须对私人履行该项公共任务加以管制。民营化后，国家不再承担直接的服务给付功能成为公共服务最显著的特征，但国家在这些领域仍然承担某种程度的次级责任，其主要体现为规制机构的设置，以监管民营化后的公用事业企业的行为。[①]国家任务民营化的决定方式主要有三种：以具体行政行为方式决定；以契约方式决定；以具体行政行为和契约前后连接方式决定。（3）后民营化规制。在后民营化过程中，国家不仅要监督给付的及时性、维持与促进竞争、保证员工安置、保证价格持续性合理，还要通过引入民营化评估机制、公民意见反馈机制推动民营化过程的持续有效性。

从会展民营化的角度说，存在场馆经营和会展项目的民营化问题。无论是采取上述三种形态的哪一种方式进行民营化，都需要政府履行其责任，并在民营化过程中不断在规制和监督上进行创新。

二、合同外包

合同外包也称合同出租、竞争招标，指的是政府确定某种公共服务项目的数量和质量标准，对外承包给私营企业或非营利机构，中标的承包商按照与政府签订的合同提供公共服务，政府用财政拨款购买承包商的公共产品和劳务。 在合同承包形式中，政府的理想角色是：（1）评估公共物品和服务的需求状况；（2）向私营部门购买物品和服务来提供给公众；（3）检测和评估所购买的物品和服务。

政府主导型会展项目服务外包主要包括如下三个方面：一是从会展项目（集中体现在展览和论坛）的各环节内容上，包括早期策划、前期筹备、现场管理、后续服务，以及物流、商务等服务外包。二是在形式上采取购买服务的方式。三是在主体上，往往体现为政府作为

---

①Paul P. Craig. Administrative Law. Sweet & Maxwell: 6th Edition, 2008.p347.

发包方。由此，服务外包界定的范围更多锁定为政府主导型会展项目。参照我们多年来成熟的做法，政府在会展服务外包上主要是两大块三种形式，第一个是总包，第二个是分项采购。但在进行招标过程中，存在一些问题，因为对于传统的有关工程的广告等，政府都有一些成熟的模式，但是对于会展牵涉的各种工程、展览场馆场地、现场管理、招商招展宣传推广等，在政府采购的体系里面没有。在这个阶段，财政部门的采购中心（政府）就希望我们做一些需要配合的工作，代表发包方做出一个完整系统的需求用户数。①

随着市场化进程的不断推进，以及大量中小型专业化的会展企业的出现，政府主导型会展项目中的大量业务被层层外包出去。这些业务既包括一部分主导业务，如招展招商、宣传推广、相关活动等，更包括大部分后勤业务，如餐饮、清洁、礼仪、翻译、接待、住宿、物流、旅游等。由此，产生了许多民营会展公司。对于大部分中小型民营会展公司来说，要想独立申办大型会展项目，无论是在资金还是在声誉及申办手续上都存在困难。这些中小型民营公司更多地需要通过承包大型会展项目的部分业务来生存。也正是由于存在大量的外包业务，因此上海、天津、贵州等地已经将会展纳入政府集中采购目录中。但是，对于会展采购目前许多地方还没有提出采购人需将会展的服务与实施剥离开来等详细管理要求。因此，这种政府采购还存在如下问题没有解决：会展作为一项服务类采购内容，究竟该如何进行采购操作？什么样的会展服务可以全权外包，什么样的项目又该将策划与实施分开？因此，还需要在实践中，进一步根据会展项目的特性，通过细化制度，完善外包本身，以保证外包的持续有效性。

三、特许经营

政府确保消费者能够得到服务或产品，并为此向生产者付费。典

①姜淮.政府主导型展会市场化可借鉴国企改革模式[EB/OL].中国经济网，2015-9-17.http://news.hexun.com/2015-09-17/179188847.html.

型的做法：政府指定一个私人企业作为供应商，消费者购买其产品或服务，通常会有某种价格管制。

在会展领域中，最常见的做法是将其纪念品、吉祥物、产品和服务特许经营。事实上，随着中国会展业的不断发展，必然会出现越来越多的品牌公司和品牌项目，在这种情况下，公司特许连锁加盟、品牌项目连锁加盟的方式也会越来越多。表 6.3 比较了特许经营和政府采购。

表 6.3　特许经营和政府采购比较分析

比较方式	特许经营	政府采购
领域	公共基础设施、会展项目	公共基础设施、会展项目
私人部门行为	经营行为	提供服务
政府行为	行政权力让渡	政府经济行为
收费方式	经费性收费	行政事业收费
付费主体	使用者	政府付费
法律	行政诉讼或复议	民事法律和民事诉讼

四、公私伙伴关系

公私合作制（Public-Private Partnerships，简称为 PPP），国内也译作"公私伙伴关系"。PPP 模式通常是指公共部门与私人部门为提供公共服务（主要是公用性基础设施建设）而通过正式的协议建立起来的一种长期合作伙伴关系，其中公共部门与私人部门互相取长补短，共担风险、共享收益。典型的操作形式包括：（1）服务协议；（2）运营与维护协议；（3）租赁/购买—建设—经营（LBO/BBO）——民营企业从政府手中租用或收购基础设施，在特许权下改造、扩建并经营该基础设施；它可以根据特许权向用户收取费用，同时向政府交纳一定的特许费；（4）建设—转让—经营（BTO）——民营企业投资兴建新的基础设施，建成后把所有权移交给公共部门，然后可以经营该基础设施 20～40 年，在此期间向用户收取费用。 BOT 与 BTO 类似，不同在于：基础设施的所有权在民营部门经营 20～40 年后才转移给公共部门。（5）建设—拥有—经营（BOO）——民营部门在永久性的特许权下，投资兴建，拥有并经营基础设施。一般说来，对于已有的设施可以通过服务协议和运营与维护协议方式进行。对于需要新建的设施可以通过 BTO、BOT、BOO 方式进行。对于已有设施的扩建可以通过 LBO、BOO、扩建后经营项目整体移交方式进行。

改革开放以来，随着外资不断涌入中国，出现了一批中外合资项目。在 20 世纪 80 年代初期，深圳沙角 B 电厂、广州白天鹅饭店和北京国际饭店就是通过 PPP 方式建设。其中，2000 年通过 BOT 方式的深圳沙角 B 电厂项目在特许经营 15 年后被成功移交给政府。1994 年至 2002 年是我国 PPP 发展的第二阶段。1995 年 8 月国家计委、电力部、交通部联合下发了《关于试办外商投资特许权项目审批管理有关问题的通知》，为试点项目的实施提供了法律依据。1997 年大岳咨询联合国家计委投资司副司长戴公兴，结合北京 BOT 课题研究成果和国家计委 BOT 试点项目经验编写出版了《BOT 项目运作手册》。2003 年至 2012 年是我国 PPP 发展的第三个阶段。2004 年，建设部一马当先，颁布并实施了《市政公用事业特许经营管理办法》，将特许经营的概念正式引入市政公用事业，并在城市供水、污水处理及燃气供应等领域发起大规模的项目实践。各地方政府也以此为模板，先后出台了大量地方性法规、政府规章及政策性文件，用于引导和规范各自行政辖区范围以内的特许经营项目开发。2012 年以后是中国 PPP 发展的一个新阶段。十八大提出要"允许社会资本通过特许经营等方式参与城市基础设施投资和运营"。中共十八届三中全会决定允许社会资本通过特许经营等方式参与城市基础设施投资和运营。2014 年 5 月，财政部政府和社会资本合作（PPP）工作领导小组正式设立。特许经营立法工作重新启动，《基础设施和公用事业特许经营管理办法（征求意见稿）》已于 2015 年 1 月公开征求意见。财政部在 2014 年 12 月批准成立了政府和社会资本合作（PPP）中心，并下发了首批 30 个 PPP 合作示范项目名单和操作指南。国家发改委同期下发了关于开展政府和社会资本合作的指导意见和通用合同指南。第一批项目总投资 1800 亿元。2015 年 9 月 29 日，财政部公布了第二批 PPP 合作示范项目名单，共 206 项，总投资 6589 亿元。

从金融市场的角度来看，PPP 项目融资不再是传统的信用融资，而是以项目前景为基础的项目融资。项目未来收益是主要保障，借款人接受收益监管和项目资产抵押、质押，融资方具有更全面的尽职调查义务和项目参与权。通过成立特殊目的公司（SPV），实现了项目和投融资主体之间的风险隔离。SPV 是政府与社会资本组成的一个特殊目的机构，共同承担风险，全过程合作，期满后移交给政府。在实践中，大部分是国有控股公司。PPP 模式以政府与私人部门间的特许权协议为基础，公共部门通过特许权安排掌握项目主动权，并有效借助私人部门的专业能力，同时实现向私人资本的风险分散；私人部门对项目评估、决策、投融资、建设和运营全程参与，其获益途径可以来自于项目运营和特许权，也可以是其他附带收益，如税收优惠、沿线优先开发权、其他业务牌照等。

除了通过使用者收费获取收益外，PPP 盈利还存在如下模式[①]。

（1）捆绑私人产品，配补收益来源。一是政府以对 PPP 项目公司进行补偿的方式，将基础设施或公用事业项目（地铁、隧道、环境治理等）周边一定数量的资源（如土地、旅游、矿产）的开发权出让给 PPP 项目公司，以捆绑的方式提高项目公司的整体盈利能力，以确保项目投资者获取合理回报，调动投资者的积极性。二是授权提供配套服务，拓展盈利链条。例如，英国国家医疗卫生服务体系（NHS）与百威斯特公司（Bywest）合作的西米德尔塞克斯大学医院（West Middlesex University Hospital）项目，百威斯特公司负责其投融资与建设，西米德尔塞克斯大学医院基金会负责该项目的运营管理，为了补偿与回报百威斯特公司的建设投入，将该医院运营期间的配套服务项目全部交由百威斯特

---

① 杜亚灵，尹贻林.基于典型归类的 PPP 项目盈利模式创新与发展研究[J].工程管理学报，2015（5）：88.

公司负责，包括餐饮、搬运、安全、保洁、维护和物品供给，服务周期或从 35 年延长至 60 年，服务费由英国政府支付。三是开发副产品，增加收益来源。PPP 项目公司在提供政府需求的公共产品或服务时，可以附带生产出更具经营性的副产品（如广告、建筑作品知识产权的授权使用），以此弥补主产品项目财务上的不可行，如北京市丰台区郭庄子和昌平区回龙观限价房项目中增配的商品房开发。又如，梅州将 PPP 模式运用于公厕项目运作中，形成五种模式：一是"公厕+店铺"模式，以"店"养厕；二是"公厕+饭店"模式，把公厕与饭店融为一体；三是"公厕+办公楼"模式，集公厕与办公楼为一体；四是"公厕+垃圾中转站"模式，把公厕与垃圾中转站合二为一；五是"公厕+老人活动室"模式，把公厕与老人活动室合为一体。具体策划方案既可由公共部门主动提出，也可由社会资本策划提出、公共部门审核批准。

（2）冠名公共产品，增值社会资本声誉资本。例如：丰田汽车公司捐赠 350 万元人民币在天津建造过街天桥，命名为"丰田桥"，虽然丰田桥无法产生任何直接现金收益，但丰田汽车公司通过得到该桥的冠名权，收获了巨大的隐性声誉收益。

（3）通过分摊建设投资、打包运作、管理和技术创新等方式降低成本。

在实践中，PPP 模式存在三个主要问题：（1）尽管在本质上 PPP 是政府和社会资本之间的平等合作，但是在实践中在具体项目运作及投资过程中政府依然处于强势和优势地位，拥有裁判员和运动员的双重角色，因此政府存在失信违约和权力干预的问题。（2）PPP 项目时间跨度往往大于政府官员任期，在缺乏稳定法律和有效法治环境下，PPP 项目运行存在不确定性。（3）存在国有资产流失、寻租等腐败风险。

会展产业所具有的公益性和商业性的双重经济属性，具备借力 PPP 的双重属性。事实上，我国许多大型会展中心的建设就是通过 PPP 模式建设而成。

在会展领域，PPP 可以应用于场馆和政府主导型项目经营之中。在实践中，场馆建设和经营领域已经被较为广泛的运用。以下是三个具有代表性的案例。

最为著名的案例是国家体育场馆（鸟巢）的建设。国家体育场馆融资方式包括股权融资与债务融资两种。股权融资占项目总投资的1/3，北京市政府和投标联合体之出资人按 51%:49%的比例出资。债务融资占项目总投资的 2/3，其中，外部融资由北京市政府和投标联合体以出资人按 51%:49%的比例协助解决或者提供资金支持，剩余部分由流动负债解决。整个鸟巢的投融资和建设是由北京市政府和投资联合体共同出资的国家体育场项目公司完成。2003 年 8 月 9 日，中国中信集团联合体作为项目法人合作方招标的中标方与北京市政府草签了《特许权协议》，与北京市政府和北京奥组委草签了《国家体育场协议》，并与北京市国有资产经营有限责任公司签订了《合作经营合同》。协议规定：国家体育场有限责任公司经营期限自 2003 年 12 月 17 日至 2038 年 12 月 31 日。届时国家体育场将被无偿移交给北京市政府，并确保所有设备实施处于良好运行状态且能够操作国际大型赛事。同时，中信联合体将依托被授予国家体育场 30 年的运营权，期间政府不参与任何分红。

在国际上也有许多会展场馆是通过 PPP 方式建设和运营。例如，澳大利亚维多利亚州政府决定在亚拉河畔现有的墨尔本展览中心旁边，建设一个世界级的会议中心，维多利亚州政府通过招标确定由 Plenary Group 为首的承包联合体（简称"Plenary 联合体"）作为社会资本，负责该项目的开发、设计和建设，并且授予 Plenary 联合体长达 25 年的特许期，为了提高该项目的可经营性，公私双方制订了会议中心周边区域的扩充性商业开发计划，包括在新墨尔本会展中心附近建设办公区、住宅区、零售专区以及一个五星级的希尔顿酒店，并翻修码头上一艘名叫波利伍德赛德的老帆船，将其货棚改造成餐厅，从而通过经济乘数效应显著增加了项目效益。

香港会议展览中心第一期工程（旧翼）在 1984 年开始筹建，由政府提供土地，通过香港贸易发展局委托香港新世界集团出资建设和日后的管理。建有会展场馆，其中会议和展览可租用面积 2.6 万平方米，另外建有 2 栋配套酒店和 1 栋服务式住宅及办公楼，这些附属配套物业归发展商。会展场馆部分产权属政府所有，由贸发局代为业主，并继续委托发展商属下的会议展览中心管理公司经营和管理，以企业形式独立核算，每年按实际营业额的 5%上缴贸发局。协议期限为 40 年。会议展览中心第二期（新翼），由政府提供土地和负责全部投资，工程费用 48 亿港元（未计土地费用）。展馆落成后仍由贸发局做业主，继续委托新世界集团属下的原会议展览中心管理公司经营管理，并仍以每年营业额的 5%（每几年上调一次，上限为 10%）上缴贸发局。合约期限为 20 年。上述展馆贸发局虽是业主，但其办展仍然按市场价格向场馆管理公司租场付费。场馆管理公司不能举办展览，也不能承担和控制展览设计、摊位搭建等工程。场馆管理公司只能负责场馆的出租和维修、展场的饮食服务等。其他的服务工程如摊位安装、展品运输等由办展单位通过市场如招标、合约承包等方式选择，判给社会上各种专业服务公司。

第四节 政府主导型会展项目市场化中的政府责任

通过市场化融资、民营化、合同外包、特许经营、公私伙伴关系等方式可以推动政府主导型会展项目市场化，但是由此并非说政府没有责任。

（1）进一步清理政府主导型会展项目，可以考虑将一部分产权清晰的会展项目交由政府主导的城市场馆公司运作，推动集场馆和项目经营于一体的大型会展集团的出现。

（2）政府将会展具体经营委托给专业公司或社会团体（企业）经营，需要承担考量企业资质和实力的责任，需要保证委托过程中的公正性、透明性，需要保证委托过程中不存在腐败，需要确保委托合同内容和执行的有效性。政府需要改变监管行为方式，既要保证受托方的经营权，又要保证监管自身走行政干预的老路，还要保证受托方经营行为不出偏差，符合委托方目标。因此，政府需要对受托方绩效进行考评，并创新委托和监管方式。

（3）市场化区别对待。对于一些政治和社会功能性强的会展项目，可以仍由政府主导。这类项目包括：①诸如奥运会、世博会、世界杯、国家庆典、国家祭祀等具有重大国际影响力且政治展示功能强的项目，可以由政府主导并采用市场化手段予以经营；②诸如东盟博览会、东北亚博览会、中国—亚欧博览会等属于国家发展战略的展会项目可以由政府主导并采用市场化手段予以经营；③诸如 APEC、亚欧峰会、G20、上海组织等具有外交和国际政治沟通性的会议可以由政府主导；④对于有助于推动区域重大发展战略或产业的会展项目，政府可以采取扶一把的策略，即先由政府主导，再逐渐通过市场化的方式退出。此外，政府还可以通过会展扶植政策，对纳入扶持目录的项目予以补贴。市场化区别对待除了要根据会展项目本身特性，还要根据会展业自身发展情况。对于一些会展市场主体还比较弱，会展基础设施也比较弱的二三线城市，政府可以采用扶一把的策略，推动当地发展。为此，需要设立政府主导型会展项目门槛以及高规格的政府决策程序。

（4）基于中国会展发展自身是建立在政府主导的路径基础上，政府在推动市场化的过程中，需要承担培育市场主体的职责。一是要推动会展市场化发展的政策保障体系建立；二是要推动会展市场化发展的市场保障体系建立；三是要通过整合会展国有企业，推动会展国有企业规模化和市场化经营，推动现有国家会展资源的企业化运作；四是推动民营企业发展，鼓励多元主体在会展市场中的竞争，并通过完善法律和保障体系及推动法治建设，为民营企业赢得公平竞争的环境；五是通过公私伙伴关系等促进国有企业、民营企业及社会资本合作，将中国会展项目和企业做大做强。

（5）推动政府在会展经济发展中的规划责任。各级政府需要承担会展经济发展的中长期规划制定和落实的责任，将政府主导型项目明确纳入政府年度计划并予以规范管理。对于政府主导型会展项目需要以高标准要求，尤其是在社会责任和环境标准方面要以身作则。在2015 年国务院发布的《关于进一步促进展览业改革发展的若干意见》中提到要完善行业诚信体系。在政府主导型展会中要建立展览场馆、办展机构和参展企业的展览业信用体系，包括信用档案和违法违规单位信息披露制度。会展业失信行为包括：①违反法律法规，如违反消费者权益保护法律的内容提供劣质产品，违反知识产权保护法，在专利、商标和著作等方面侵权；②违反契约精神和合同规定，造成缔约责任，给对方造成损失；③违反交易惯例，给对方造成损失；④违反场馆、消防、公共安全、参展承诺和要求等方面规定。政府主导型会展要在绿色采购、节能降耗方面做出示范。我国已经成为世界制造业中心和采购中心。对于一个组织来说，绿色供应链管理包括三个内容，即绿色采购、组织内部绿色管理和绿色营销。其中，绿色采购通过源头予以控制。由于会展是各产业的展示平台，因此在会展过程中推行绿色采购和节能环保理念和措施，对于各产业推行相关理念和措施具有示范带动作用。这也是现代政府也应承担的责任。

（6）改革会展教育体制，推动学校教育、行业培训教育的发展，为会展业市场化发展提供专业人才。

小　结

相对于政府主导型场馆项目建设的市场化来说，政府主导型会展项目的市场化手段和力度上都有所滞后。其中一个重要原因是，中国在20世纪90年代经营城市等理念的影响下，已经在公共基础设施方面广泛运用BOT和BTO等市场化手段，积累了大量的经验。因此当进入21世纪以后各地大量兴建场馆时，公私伙伴关系被广泛运用到场馆建设之中。由于现有的政府主导型项目和场馆往往由一个事业单位或行政单位或公司运作，所以经营规模效应很低。反过来，影响了对会展项目的再投入和再发展并难以多元化发展。政府需要通过逐步减少支持、直接清理、外包、民营化等方式减少直接举办和经营会展项目。并借此机会以城市为基础，培养一批规模化、品牌化、集场馆经营和项目经营于一体的大型会展企业。同时，培育一大批具有创新活力、专业化能力强的中小会展服务企业。

第七章

会展法律、政策及政府职能

第一节 会展法律

一、会展国际规则和法律

（一）会展国际规则

会展国际规则包括一般服务贸易规则、会展国际类公约。一般服务贸易规则包括 WTO 服务贸易规则、服务贸易总协定（GATS）、与知识产权相关（TRIPS）以及其他双边或多边服务贸易协议。国际会展类公约包括以下几种。

1. 展览类

1925 年国际博览会联盟（UIF）颁布的《国际博览会公约》；国际展览局（BIE）1928 年颁布的《国际展览会公约及其下属 16 项规定》；国际展览管理协会（IAEM）颁布的《国际博览管理公约》；贸易博览会国家参加组织者展会协会 1955 年颁布的《贸易博览会国家参加组织者公约》。

2. 会议类

国际协会联盟（UIA）1951 年颁布的国际协会联盟章程；国际会

议协会（ICCA）1963 年颁布的《国际会议协会公约》；国际专业会议组织者协会（IAPO）1968 年颁布的《国际专业会议组织者协会行为守则》；会议专业工作者国际联盟（MPI）颁布的《会议专业工作者协议》。

3. 会展服务类

国际场馆经理协会（ISMC）1924 年颁布的《国际场馆经理协议》；国际展览服务联合会（IFES）1964 年颁布的《国际展览服务协议》；国际展览运输（ISMC）1996 年颁布的《国际展览馆管理公约》；世界场馆管理委员会 1997 年颁布的《世界场馆管理公约》；国际信用评估与监督协会 2007 年颁布的《ICE8000 国际信用监督体系会展名称注册与保护规则》。

4. 奖励旅游类

奖励旅游管理协会 1955 年颁布的《奖励旅游管理公约》。

5. 体育赛事活动类

1894 年 6 月《奥林匹克宪章》在巴黎国际体育会议上正式通过。现行版本是 2014 年 12 月 8 日在摩纳哥召开的国际奥委会第 127 次全会上通过的新宪章。它已经远远超越了一个国际体育组织宪章的范畴，实际上对各个国家的体育运动立法都有巨大的示范和借鉴作用。2003年《世界反兴奋剂条例》通过，并于 2004 年生效。2014 年 11 月 12日至 15 日,在南非约翰内斯堡举行的第四届世界反兴奋剂大会上再次修订。1983 年 3 月，在印度新德里召开的国际奥委会第 86 届全会上，《国际体育仲裁庭章程》被国际奥委会正式批准，国际仲裁庭（CAS）正式成立。1994 年通过了《体育仲裁法典》作为 CAS 的基本法律。

（二）相关国家和地区会展法律

除了相关国家的一般法律外，相关国家和地区会展法律主要涉及会展行业准入、举办程序、事后评估及总结以及会展业管理制度。在市场经济发达国家，会展市场准入政策一般都很宽松。例如，在英国，任何商业机构与贸易组织不需要经过特殊审批程序即可进入，对于会展公司的注册也与普通公司无异。

二、国内会展法律

我国会展法律体系包括通用型的法律法规和专门性的法律法规。通用型法律是各个领域通用的调整一些基础社会关系的法律法规。如民法、商法、刑法等。表7.1列出了和会展类关系密切的通用型法律。

表7.1 会展通用法律

法律制度种类	名称	颁布机构	颁布时间
企业法律	中华人民共和国公司法	全国人大或人大常委会	2005
	中华人民共和国合伙企业法		2006
	中华人民共和国个人独资企业法		1999
	中华人民共和国中外合资企业法		2001
	中华人民共和国中外合作企业法		2000
	中华人民共和国外资企业法		2000
合同法律	中华人民共和国合同法		1999
广告法律	中华人民共和国广告法		1994
知识产权法律	中华人民共和国著作权法		2001
	中华人民共和国专利法		2008
	中华人民共和国商标法		2001
市场秩序管理法律	中华人民共和国反不正当竞争法		1993
	中华人民共和国产品质量法		2000
出入境管理法律	中华人民共和国出境入境管理法		2012
进出口管理法律	中华人民共和国海关法		2000
	中华人民共和国进出口商品检验法		2002
	中华人民共和国国境卫生检疫法		2007

法律制度种类	名称	颁布机构	颁布时间
交通运输管理法律	中华人民共和国航空法	全国人大或人大常委会	2000
	中华人民共和国铁路法		1990
	中华人民共和国海运条例	国务院	2001
	中华人民共和国海运条例细则	交通部	2002
	中华人民共和国国内水路货物运输规则	交通部	2000
保险法律	中华人民共和国保险法	人大常委会	1995
消费者权益保护法律	中华人民共和国消费者权益保护法	人大常委会	1993
消防法律	中华人民共和国消防法	人大常委会	2008
仲裁与诉讼法律	中华人民共和国仲裁法	人大常委会	1995

资料来源：剧宇宏. 我国会展业可持续发展研究[M]. 北京：中国法律出版社，2014：05—206.

除了上述通用型法律，还有一类法律和会展活动密切相关，需要单独予以特别关注，即公共安全类法律法规，具体又包括常态类和非常态类公共安全法律法规。常态类公共安全主要涉及道路交通和公共场所安全（如表 7.2 所示）。随着我国会展业和公共场所建设的不断发展，我国有必要在全国层面出台公共场所安全法，尤其是对在公共场所举办会展活动做出严格的规定。同时，通过法律明确各方权利、义务和责任。

表7.2 常态类公共安全法律法规

类型	法律法规
道路交通安全	《中华人民共和国道路交通安全法》（2003 年颁布）；《城市道路管理条例》（1996 年颁布）；《中华人民共和国公路法》（1997 年颁布）；《中华人民共和国道路交通安全法实施条例》（2004 年颁布）；《铁路运输安全保护条例》
公共场所安全	还没有专门公共场所安全法。《中华人民共和国治安管理处罚条例》《南京市公共场所治安管理条例》和《福建省公共场所治安管理办法》

非常态类公共安全法律涉及重大突发性事件的预防和处理（如表7.3 所示）。2003 年"非典"事件之后，我国开始着手建立国家应急管理体系。《中华人民共和国突发事件应对法》（以下简称《突发事件应对法》）由中华人民共和国第十届全国人民代表大会常务委员会第二十九次会议于 2007 年 8 月 30 日通过，自 2007 年 11 月 1 日起施行。国家建立统一领导、综合协调、分类管理、分级负责、属地管理为主的应急管理体制。根据该法规定，国务院在总理领导下研究、决定和部署特别重大突发事件的应对工作；根据实际需要，设立国家突发事件应急指挥机构，负责突发事件应对工作；必要时，国务院可以派出工作组指导有关工作。县级以上地方各级人民政府设立由本级人民政府主要负责人、相关部门负责人、驻当地中国人民解放军和中国人民武装警察部队有关负责人组成的突发事件应急指挥机构，统一领导、协调本级人民政府各有关部门和下级人民政府开展突发事件应对工作；根据实际需要，设立相关类别突发事件应急指挥机构，组织、协调、指挥突发事件应对工作。根据《突发事件应对法》第十七条，国家建立健全突发事件应急预案体系。国务院制定国家突发事件总体应急预案，组织制定国家突发事件专项应急预案；国务院有关部门根据各自的职责和国务院相关应急预案，制定国家突发事件部门应急预案。地方各级人民政府和县级以上地方各级人民政府有关部门根据有关法律、法规、规章、上级人民政府及其有关部门的应急预案以及本地区

的实际情况，制定相应的突发事件应急预案。

表7.3　非常态类公共安全法律法规

类型	法律法规
公共安全基本法	《中华人民共和国突发事件应对法》
重大突发性自然灾害应急法	《中华人民共和国防震减灾法》《中华人民共和国防洪法》《台风应急条例》
重大突发性工业事故及灾难性事故应急法	《中华人民共和国消防法》《核电厂核事故应急条例和处理规定》
重大突发性公共卫生事件应急法	《突发公共卫生事件应急条例》《传染病防治法》《传染病防治法实施办法》
重大突发性政治危机应急法	《戒严法》《民族区域自治法》

　　全国突发公共事件应急预案体系包括：（1）突发公共事件总体应急预案。总体应急预案是全国应急预案体系的总纲，是国务院应对特别重大突发公共事件的规范性文件。（2）突发公共事件专项应急预案。专项应急预案主要是国务院及其有关部门为应对某一类型或某几种类型突发公共事件而制定的应急预案。（3）突发公共事件部门应急预案。部门应急预案是国务院有关部门根据总体应急预案、专项应急预案和部门职责为应对突发公共事件制定的预案。（4）突发公共事件地方应急预案。其具体包括：省级人民政府的突发公共事件总体应急预案、专项应急预案和部门应急预案；各市（地）、县（市）人民政府及其基层政权组织的突发公共事件应急预案。上述预案在省级人民政府的领导下，按照分类管理、分级负责的原则，由地方人民政府及其有关部门分别制定。（5）企事业单位根据有关法律法规制定的应急预案。（6）为举办大型会展和文化体育等重大活动，主办单位应当制定应急预案。
　　一个完善的应急预案首先是一种体制设计，解决应急管理主体的问题，通常包括指挥主体、协调主体、行动主体。通过事先规定各主体的权责，确保一旦事件发生各主体立即各司其职，按照权责采取行动。其次是机制设计，解决的是应急响应程序的问题，包括预防和准备机制、监测和预警机制、救援和处置机制等。在我国，根据预测分析结果，对可能发生和可以预警的突发公共事件进行预警。预警级别依据突发公共事件可能造成的危害程度、紧急程度和发展势态，一般划分为四级：Ⅰ级（特别严重）、Ⅱ级（严重）、Ⅲ级（较重）和Ⅳ级（一般），依次用红色、橙色、黄色和蓝色表示。应急处置一般包括信息报告、先期处置、应急响应和应急取消的程序。例如，根据国家突发公共事件总体应急预案的规定，其应急处置流程要求规定如下：（1）信息报告。特别重大或者重大突发公共事件发生后，各地区、各部门要立即报告，最迟不得超过 4 小时，同时通报有关地区和部门。应急处置过程中，要及时续报有关情况。（2）先期处置。突发公共事件发生后，事发地的省级人民政府或者国务院有关部门在报告特别重大、重大突发公共事件信息的同时，要根据职责和规定的权限启动相关应急预案，及时、有效地进行处置，控制事态。（3）应急响应。对于先期处置未能有效控制事态的特别重大突发公共事件，要及时启动相关预案，由国务院相关应急指挥机构或国务院工作组统一指挥或指导有关地区、部门开展处置工作。（4）应急取消。特别重大突发公共事件应急处置工作结束，或者相关危险因素消除后，现场应急指挥机构予以撤销。预案机制设计还需要格外注意恢复与重建事项的安排，包括善后处置、调查与评估和恢复重建。最后是法制设计，对应急响应主体之间的权责关系、应急响应程序、应急保障等进行明确的法律界定。

根据国家法律要求，大型会展和文化体育等重大活动，主办单位应当制定应急预案。应急预案的编写除了要适用《中华人民共和国突发事件应对法》外，还要适用《国家安全生产事故灾难应急预案》《国家突发公共事件总体应急预案》以及省一级和市一级的《突发公共事件总体应急预案》的要求。

目前，我国还没有针对会展业的专门法，国务院及其相关部门制定了一些法规，主要涉及：

（1）会展项目管理类。其主要有：国务院关于批转中国国际贸促会、对外经贸部、外交部《关于出国举办经济贸易若干问题的规定》《关于接待外国来华贸易与技术展览会若干问题的规定》的通知（1982年）；原对外经贸部1988年通过的《关于举办来华经济技术展览会审批规定》；原对外经贸部1995年通过的《关于赴港澳地区举办经贸活动的审批办法》；电子工业部通过的《国内展览管理暂行办法》；原对外经贸部1995年通过的《关于对出国（境）招商活动加强管理的通知》；建设部1997年通过的《建设部展览管理规定》；国家工商管理局1998年通过的《商品展销会管理办法》；环保部1999年通过的《环境保护展览会管理办法》；国务院2001年通过的《关于出国举办经济贸易展览会审批管理工作有关问题函》；中国国际贸易促进委员会、原对外贸易经济合作部2001年通过的《出国举办经济贸易展览会审批管理办法》；科学技术部、外交部、海关总署、国家工商行政管理总局2001年通过的《国际科学技术会议与展览管理暂行办法》；信息产业部2001年通过的《展览管理暂行规定》；国家中医药管理局2002年通过的《中医药国际科学技术会议与展览管理细则》；中国商业联合会2003年通过的《中国商业联合会会展活动管理暂行办法》；中国国际贸易促进委员会、外交部、商务部、公安部、海关总署2003年通过的《关于进一步加强出国举办经济贸易展览会有关管理事宜的通知》。

（2）知识产权保护类。其主要有：国务院2004年通过的《保护知识产权专项行动方案》；国家知识产权局2005年通过的《国家知识产权局展会管理办法》；商务部、国家工商总局、国家版权局、国家知识产权局2006年通过的《展会知识产权保护办法》。

根据《展会知识产权保护办法》第三条至第五条规定了主办方和参展方的权利和义务。第三条规定，展会管理部门应加强对展会期间知识产权保护的协调、监督、检查，维护展会的正常交易秩序。第四条规定，展会主办方应当依法维护知识产权权利人的合法权益。展会主办方在招商招展时，应加强对参展方有关知识产权的保护和对参展项目（包括展品、展板及相关宣传资料等）的知识产权状况的审查。在展会期间，展会主办方应当积极配合知识产权行政管理部门的知识产权保护工作。展会主办方可通过与参展方签订参展期间知识产权保护条款或合同的形式，加强展会知识产权保护工作。第五条规定，参展方应当合法参展，不得侵犯他人知识产权，并应对知识产权行政管理部门或司法部门的调查予以配合。

第六条至第十五条是关于投诉处理的规定。第六条规定，展会时间在三天以上（含三天），展会管理部门认为有必要的，展会主办方应在展会期间设立知识产权投诉机构。设立投诉机构的，展会举办地知识产权行政管理部门应当派员进驻，并依法对侵权案件进行处理。未设立投诉机构的，展会举办地知识产权行政管理部门应当加强对展会知识产权保护的指导、监督和有关案件的处理，展会主办方应当将展会举办地的相关知识产权行政管理部门的联系人、联系方式等在展会场馆的显著位置予以公示。第七条规定，展会知识产权投诉机构应由展会主办方、展会管理部门、专利、商标、版权等知识产权行政管理部门的人员组成，其职责包括：①接受知识产权权利人的投诉，暂停涉嫌侵犯知识产权的展品在展会期间展出；②将有关投诉材料移交相关知识产权行政管理部门；③协调和督促投诉的处理；④对展会知识产权保护信息进行统计和分析；⑤其他相关事项。第八条规定，知识产权权利人可以向展会知识产权投诉机构投诉也可直接向知识产权行政管理部门投诉。权利人向投诉机构投诉的，应当提交以下材料：①合法有效的知识产权权属证明：涉及专利的，应当提交专利证书、专利公告文本、专利权人的身份证明、专利法律状态证明；涉及商标的，应当提交商标注册证明文件，并由投诉人签章确认，商标权利人身份证明；涉及著作权的，应当提交著作权权利证明、著作权人身份证明；②涉嫌侵权当事人的基本信息；③涉嫌侵权的理由和证据；④委托代理人投诉的，应提交授权委托书。第十一条规定，展会知识产权投诉机构在收到符合本办法第八条规定的投诉材料后，应于二十四小时内将其移交有关知识产权行政管理部门。第十二条规定，地方知识产权行政管理部门受理投诉或者处理请求的，应当通知展会主办方，并及时通知被投诉人或者被请求人。第十三条规定，在处理侵犯知识产权的投诉或者请求程序中，地方知识产权行政管理部门可以根据展会的展期指定被投诉人或者被请求人的答辩期限。

第十六条至第十八条是关于展会期间专利保护的规定。第十六条规定，展会投诉机构需要地方知识产权局协助的，地方知识产权局应当积极配合，参与展会知识产权保护工作。地方知识产权局在展会期间的工作可以包括：①接受展会投诉机构移交的关于涉嫌侵犯专利权的投诉，依照专利法律法规的有关规定进行处理；②受理展出项目涉嫌侵犯专利权的专利侵权纠纷处理请求，依照专利法第五十七条的规定进行处理；③受理展出项目涉嫌假冒他人专利和冒充专利的举报，或者依职权查处展出项目中假冒他人专利和冒充专利的行为，依据专利法第五十八条和第五十九条的规定进行处罚。第十七条规定，有下列情形之一的，地方知识产权局对侵犯专利权的投诉或者处理请求不予受理：①投诉人或者请求人已经向人民法院提起专利侵权诉讼的；②专利权正处于无效宣告请求程序之中的；③专利权存在权属纠纷，正处于人民法院的审理程序或者管理专利工作的部门的调解程序之中的；④专利权已经终止，专利权人正在办理权利恢复的。第十八条规定，地方知识产权局在通知被投诉人或者被请求人时，可以即行调查取证，查阅、复制与案件有关的文件，询问当事人，采用拍照、摄像等方式进行现场勘验，也可以抽样取证。地方知识产权局收集证据应当制作笔录，由承办人员、被调查取证的当事人签名盖章。被调查取证的当事人拒绝签名盖章的，应当在笔录上注明原因；有其他人在现场的，也可同时由其他人签名。

第十九条至第二十一条是关于展会期间商标权保护的规定。第十九条规定，展会投诉机构需要地方工商行政管理部门协助的，地方工商行政管理部门应当积极配合，参与展会知识产权保护工作。地方工商行政管理部门在展会期间的工作可以包括：①接受展会投诉机构移交的关于涉嫌侵犯商标权的投诉，依照商标法律法规的有关规定进行处理；②受理符合商标法第五十二条规定的侵犯商标专用权的投诉；③依职权查处商标违法案件。第二十条规定，有下列情形之一的，地方工商行政管理部门对侵犯商标专用权的投诉或者处理请求不予受理：①投诉人或者请求人已经向人民法院提起商标侵权诉讼的；②商标权已经无效或者被撤销的。第二十一条规定，地方工商行政管理部门决定受理后，可以根据商标法律法规等相关规定进行调查和处理。

第二十二条至第二十三条是关于展会期间著作权保护的规定。第二十二条规定，展会投诉机构需要地方著作权行政管理部门协助的，地方著作权行政管理部门应当积极配合，参与展会知识产权保护工作。地方著作权行政管理部门在展会期间的工作可以包括：①接受展会投诉机构移交的关于涉嫌侵犯著作权的投诉，依照著作权法律法规的有关规定进行处理；②受理符合著作权法第四十七条规定的侵犯著作权的投诉，根据著作权法的有关规定进行处罚。第二十三条规定，地方著作权行政管理部门在受理投诉或请求后，可以采取以下手段收集证据：①查阅、复制与涉嫌侵权行为有关的文件档案、账簿和其他书面材料；②对涉嫌侵权复制品进行抽样取证；③对涉嫌侵权复制品进行登记保存。

第二十四条至第三十二条是关于法律责任的规定。第二十五条规定，对涉嫌侵犯发明或者实用新型专利权的处理请求，地方知识产权局认定侵权成立的，应当依据专利法第十一条第一款关于禁止许诺销售行为的规定以及专利法第五十七条关于责令侵权人立即停止侵权行为的规定做出处理决定，责令被请求人从展会上撤出侵权展品，销毁介绍侵权展品的宣传材料，更换介绍侵权项目的展板。对涉嫌侵犯外观设计专利权的处理请求，被请求人在展会上销售其展品，地方知识产权局认定侵权成立的，应当依据专利法第十一条第二款关于禁止销售行为的规定以及第五十七条关于责令侵权人立即停止侵权行为的规定做出处理决定，责令被请求人从展会上撤出侵权展品。第二十六条规定，在展会期间假冒他人专利或以非专利产品冒充专利产品，以非专利方法冒充专利方法的，地方知识产权局应当依据专利法第五十八条和第五十九条规定进行处罚。第二十七条规定，对有关商标案件的处理请求，地方工商行政管理部门认定侵权成立的，应当根据《商标法》《商标法实施条例》等相关规定进行处罚。第二十八条规定，对侵犯著作权及相关权利的处理请求，地方著作权行政管理部门认定侵权成立的，应当根据著作权法第四十七条的规定进行处罚，没收、销毁侵权展品及介绍侵权展品的宣传材料，更换介绍展出项目的展板。第三十一条规定，参展方侵权成立的，展会管理部门可依法对有关参展方予以公告；参展方连续两次以上侵权行为成立的，展会主办方应禁止有关参展方参加下一届展会。第三十二条规定，主办方对展会知识产权保护不力的，展会管理部门应对主办方给予警告，并视情节依法对其再次举办相关展会的申请不予批准。

（3）办展企业类。原对外经济贸易部2001年通过的《关于审核境内举办对外经济技术展览会主办单位资格的通知》；原国家经济贸易委员会2002年通过的《专业性展览会等级的划分及评定》；商务部2004年通过的《设立外商投资会议展览公司暂行规定》；商务部2007年通过《设立外商投资会议展览公司暂行规定补充规定》；商务部2008年通过的《中国境内对外经济技术展览会评估标准和认证办法》。

按照《设立外商投资会议展览公司暂行规定》第五条规定，允许外国投资者根据本规定，在中国境内以外商独资的形式设立外商投资会议展览公司或与中国的公司、企业或其他经济组织（以下简称中国投资者）按照平等互利的原则在中国境内以合资、合作的形式设立外商投资会议展览公司。第六条规定，申请设立外商投资会议展览公司的外国投资者应有主办国际博览会、专业展览会或国际会议的经历和业绩。第七条规定，申请设立外商投资会议展览公司，申请者应向拟设立公司所在地省级商务主管部门报送以下文件：①投资者签署的设立外商投资会议展览公司申请书；投资者签署的外商投资会议展览公司合同和章程（以独资形式设立外商投资会议展览公司的仅需报送章程）；②投资者的注册登记证明（复印件）、法定代表人证明（复印件）、董事会成员委派书和银行资信证明；③工商行政管理机构出具的拟设立外商投资会议展览公司名称预先核准通知书（复印件）；④外国投资者已主办过国际博览会、国际专业展览会或国际会议的证明文件。第八条规定，省级商务主管部门应当自收到本规定第七条规定的全部文件之日起30日内决定批准或不批准。决定批准的，向申请者颁发《外商投资企业批准证书》；决定不批准的，应当说明理由，并告知申请人享有依法申请行政复议或者提起行政诉讼的权利。第九条规定，申请人应自收到颁发的《外商投资企业批准证书》之后起一个月内，按照国家有关规定，向工商行政管理机关申请办理登记手续。

（4）展品进出类。海关总署1997年通过的《海关对进口展览品监管办法》；海关总署2007年通过的《海关暂时进出境货物管理办法》；海关总署2011年通过的《参加国际展览入境展览物品报检指南》。

根据《海关对进口展览品监督办法》第二条规定，进口展览品（以下简称展览品）包括下列货物、物品：①在展览会中展示或示范的货物、物品；②为示范展出的机器或器具所需用的物品；③展览者设置临时展台的建筑材料及装饰材料；④供展览品做示范宣传用的电影片、幻灯片、录像带、录音带、说明书、广告等。第三条规定，展览品属海关同意的暂时进口货物，进口时免领进口许可证、免交进口关税和其他税费。第四条规定，进口展览品应当接受海关监管，按照本办法的规定办理海关手续。第五条规定，接待来华举办展览会的单位，应当将有关的批准文件，事先抄送展出地海关，并向展出地海关办理备案手续。海关派员进驻展览场所执行监管任务时，展览会的主办单位或承办单位应当提供办公场所和必需的办公设备，并向海关支付费用。第六条规定，展览品自进境之日起六个月内复运出境。如需延长复运出境期限应报经主管海关批准，延长期限最长不超过六个月。举办为期半年以上的展览会，应由主办单位或其代理人事先报海关总署审核。第十条规定，展览会主办单位或其代理人应当于展览品开箱前通知海关，以备海关到场查验。海关对展览品进行查验时，展览品所有人或其代理人应当在场，并负责搬移、开拆、重新封货包装等协助查验的工作。第十一条规定，展览会期间展出或使用的印刷品、音像制品及其他海关认为需要审查的物品，应经过海关审查同意后，方能展出或使用。对我国政治、经济、文化、道德有害的以及侵犯知识产权的印刷品和音像制品，不得展出或使用，并由海关根据情况予以没收、退运出境或责令展出单位更改后使用。

《参加国际展览入境展览物品报检指南》规定的报检范围包括参加国际展览的入境展览物品及其包装材料、运输工具等。对报检要求规定如下：展览物品入境前或入境时，货主或其代理人应持有关证单向检验检疫机构报检，检验检疫机构根据有关规定出具《入境货物通关单》。入境展品不必进行品质检验。入境展览物品运抵存放地后，检验检疫人员实施现场检疫，对入境的集装箱进行检疫处理，并按有关规定对入境物进行取样。经现场检疫合格或检疫处理合格的展览物品，可以进入展馆展出，展览期间接受检验检疫机构的监管。经检疫不合格又无有效处理方法的做退运或销毁处理。入境展览物品在展览期间必须接受检验检疫人员的监督管理，仅供用于展览，未经许可不得改作他用。展览会结束后，所有入境展览物品须在检验检疫人员监管下由货主或其代理人退运、留购或销毁处理。留购的展览物品，其性质已由展品变为货物，报检人应重新办理报检手续。重新报检的要求和同类入境货物报检要求一致。检验检疫机构按标准进行检验，对合格的货物予以放行。退运的展览物品，需出具官方检疫证书的应在出境前向检验检疫机构报检，经检疫或除害处理合格后，出具有关证书，准予出境。报检应提供的单据规定如下：报检时，应填写《入境货物报检单》并提供外贸合同（或参展函电）、发票、担、提（运）单等有关证单。来自美国、日本、韩国和欧盟的展览物品入境时，报检人应按有关木质包装的规定提交相应检疫处理证书或声明。需进行检疫审批的动植物及其产品，应提供相应的检疫审批手续。入境展览物为旧机电产品的应按旧机电产品备案手续办理相关证明。

（5）环保标准类。由商务部流通中心牵头与灵通展览系统股份有限公司等业内龙头企业共同起草的《国内贸易行业标准会展业节能降耗工作规范》于2015年3月正式实施。《工作规范》对会展主管单位、举办方、参展商和中介组织节能降耗工作提出了要求。

其中，对于举办单位的要求如下：①会展活动举办单位在会展活动筹备阶段要尽量减少纸质宣传材料的用量，采用低能耗的设施设备，适时向参与会展活动的单位和人员提出绿色参展、绿色参会等方面的倡议和要求；在自身所负责和所控制的展台搭建范围内，要尽可能带头使用节约降耗的器材（譬如：可重复使用的展具、道具、材料等）；在会展活动实施阶段要与会展场馆方密切配合，合理控制现场空调温度和水电用量；在会展活动结束阶段要特别防止对各种使用过的器材、物品、材料任意丢弃；在会展项目总结评估时，要认真分析节能降耗情况，提出今后改进措施。②会展活动举办单位在举办会展活动过程中，始终要向参展商、观众、与会者、会展服务商等方面的人员进行节能降耗的宣传和管控，包括提出切实可行的具体要求，采取切实可行的引导措施等。譬如，在涉及参展商、观众、与会者、会展服务商的相关文件（合同、协议、办法、规定、通知、提示等）中，提出具有引导性或约束性的要求；对使用可重复展具搭建的展台予以优惠价格；对超量消耗与遗弃的参展商另行收取费用等。上述措施的实施应当得到有关会展主管部门的实际支持。③会展活动举办单位要与会展场馆方等单位密切合作，共同做好现场的环境保护和节能降耗工作；现场提供的饮品、食品和一次性使用品都要供应适度、服务到位、有效管理。

随着会展业的发展，一些地方出台了地方会展业管理法规。主要有：①会展业管理类。上海 2005 年通过了《上海展览业管理办法》，2015 年进行了修正。南宁 2008 年制定了《南宁市会展业管理办法》，2015 年废止。2008 年石家庄市政府常务会议通过了《石家庄市会展业管理办法》，同年还有《南宁市会展业管理办法》获得通过。2011 年贵阳市政府通过了《贵阳市会展业管理暂行办法》。2013 年西安市人大代表常务委员会通过了《西安市会展业促进条例》。2014 年青岛制定了《青岛市会展业管理暂行办法》。南京 2015 年通过了《南京市会展管理办法》。②会展知识产权类。北京 2008 年制定了《北京市展会知识产权保护办法》。

《上海展览业管理办法》包括总则、招展与办展、监管和协调、法律责任和附则五个方面的内容。其中第五条涉及展览业规划与发展统筹单位，第七条明确了主办单位，第八条对举办国际展览进行了规定。第五条规定，上海市对外经济贸易委员会（以下简称市外经贸委）负责对本市展览业的规范与发展进行统筹规划与协调。经济、工商、科技、教育、公安、旅游、知识产权等有关行政管理部门按照各自职责，做好展览业相关管理工作。第七条规定，按规定应当由市外经贸委、市科学技术委员会（以下简称市科委）或者市教育委员会（以下简称市教委）等有关行政管理部门审查的国际性展览项目（以下简称国际展览），申请办理项目审查手续的单位为主办单位；无须申请办理项目审查手续的展览，发布招展信息的单位为主办单位。第八条规定，未经市外经贸委、市科委或者市教委等有关行政管理部门审查，不得擅自举办国际展览。

《北京市展会知识产权保护办法》共二十六条。其中，第十条对知识产权行政管理部门进驻条件进行了规定，举办时间在三天以上，且具有下列情形之一的展会，知识产权行政管理部门应当进驻：①政府和政府部门主办的展会；②展出面积在两万平方米以上的展会；③在国际或者国内具有重大影响的展会。主办方应当为知识产权行政管理部门进驻展会开展工作提供必要的便利条件。第八条规定，参展方应当合法参展，配合主办方在展前对参展项目知识产权状况进行的审查工作，不得侵犯他人的知识产权。参展项目依法应当具有相关权利证明的，参展方应当携带相关的权利证明参展；对参展项目标注知识产权标记、标识的，应当按照有关规定标注。第九条规定，主办方与参展方应当在参展合同中约定双方知识产权保护的权利、义务和相关内容。知识产权保护的内容应当包括：①参展方对参展项目不侵犯他人知识产权的承诺；②知识产权投诉处理程序和解决方式；③参展项目涉嫌侵权的，应当采取遮盖、撤展等处理措施。市知识产权局应当会同市工商行政管理、市版权等行政管理部门制定展会知识产权保护的合同示范文本，并向社会公布。第十八条规定，主办方在展会举办期间应当履行下列职责：①接受知识产权侵权投诉，协调解决侵权纠纷；②提供知识产权保护法律和相关专业技术方面的宣传咨询服务；③在显著位置公示知识产权行政管理部门的受案范围和联系方式，并公布主办方或者投诉机构的服务事项、投诉地点和联系方式；④应知识产权权利人或者利害关系人的合理要求，出具相关事实证明；⑤主办方应当履行的其他职责。

第二节 会展产业政策

一、产业政策概述

（一）产业政策内涵

所谓产业政策是国家通过规划、调整、保护、扶持、限制等方式规范产业组织，优化产业结构，推进产业结构和布局合理化而形成的政策。德国和日本是世界产业政策先驱。德国经济学家李斯特在 1841 年《政治经济学的国民体系》中阐述了产业保护的思想。1870 年工部省的设立，是明治政府开始有组织地执行产业技术政策的标志。工部省的核心职能是引进海外先进技术，它不仅被授权掌管明治政府的官营事业，还负责聘请外国技师和培养本国技术人才。1886 年（明治 18 年），日本政府颁布了长达 30 卷的《兴业意见书》，首次系统地提出了扶植和鼓励各产业发展的政策措施，其目标是加快工业化步伐。1970 年日本通产省代表在经济与合作组织（OECD）大会上做的题为《日本的产业政策》的演讲，第一次在国际社会提出产业政策概念及做法。1973 年，日本成立产业政策局。我国在七五计划中正式采用产业政策这一提法。

（二）产业政策类型

根据功能定位的不同，产业政策可分为产业组织政策、产业结构政策、产业布局政策和产业技术政策。根据政策的对象领域的不同，产业政策还可以分为农业政策、能源政策、对外贸易政策、金融政策、环保政策、中小企业政策。根据政策目标的不同，还可以对产业政策进行细分，如产业结构政策就可以细分为战略产业扶植政策、衰退产业调整政策、新兴技术产业化政策。

（三）产业政策目标与手段

1. 产业政策目标

产业政策目标包括：①实现经济振兴和经济赶超。这是许多后发国家经济发展主要目标，为此需要形成对一个国家或地区最有利的产业结构形态，选择和扶植战略产业。②实现产业结构合理化和高度化。为此需要强化产业发展所需要的基础设施，建设产业发展园，组织衰退产业转移，协调经济发展和环境保护的关系，协调经济发展和社会发展的关系。③增强本国产业的国际竞争力。为此需要跟踪世界新兴技术发展趋势，增加对新兴技术研究开发和成果转化，加强国家技术创新基地整合和投入，鼓励中小企业技术创新。

2. 产业政策手段

产业政策手段主要包括：①直接干预。它包括政府以配额制、许可证制、审批制、政府直接投资经营等方式进行干预。②间接诱导。它主要是指通过提供行政指导、信息服务、税收减免、融资支持、财政补贴、关税保护、出口退税等方式进行。③法律规制。它是指以立法方式来严格规范企业行为、政策执行机构的工作程序、政策目标与措施。

二、国外会展产业政策

英美等市场化程度高的国家很少有国家级会展产业政策，但是许多城市会通过会议与观光局这类机构为会展提供推广、协调等方面的服务。一些城市政府在会展场馆方面有一定的资金投入。德国 1974 年成立了会议局，负责德国会议、旅游市场的推广、协调和服务工作。德国许多大型场馆是地方政府投资建立的，并且一些大型会展公司的大股东是地方政府。总体而言，这些国家会展产业政策的重心在地方政府，主张通过完善的城市会展产业发展系统支撑会展业自由发展，地方政府（尤其是城市）在提供推广、协调、安保、知识产权保护等方面提供支持。一些城市政府主张将会展和旅游结合在一起进行推广和支持，主张对会展和旅游进行整体营销。

在亚洲国家，旅游业的政府主导型模式脱胎于日本和东亚"四小龙"所创造的"东亚奇迹",即政府主导型经济发展体制,其实施的核心在于正确发挥政府对旅游市场的干预作用。就会展产业政策而言,新加坡和韩国最具代表性。新加坡这方面前面已经有所介绍,在这里主要介绍韩国会展产业政策。韩国的会议业比较发达,韩国政府通过一系列的会议产业政策促进旅游业发展,并努力将韩国打造成世界上屈指可数的会议举办地之一。韩国 2003 年修正的《国际会议培育法》将首尔、釜山、大邱和济州道选定为国际会议扶植发展城市。韩国政府将 2012 年定为"韩国会议年"。文化体育观光部和韩国观光公社向国际会议、大型会议、奖励旅游参加单位和主办单位提供各种服务和优惠政策,具体政策如下:①会议中心和酒店将提供最多优惠 10%的会场租赁费用、最多优惠 40%的房费,并为指定顾客免费提供客房更新和欢迎礼物。对符合条件的团体安排事先考察旅游来进行实地考察,对国际会议及大型会议主办单位提供特别的优惠,参加人员可利用大韩航空和亚航的航班。对符合条件的活动,还提供传统演出门票、纪念品、旅游商品等奖励。要获得迎接韩国会议年所提供的优惠,大型会议应满足国际联合协会的会议标准,而参加奖励旅游或企业会议的外国人数量应超过 100 人;2012—2015 年之间举行的活动应在 2012 年内将举办地定为韩国;亚洲地区参加人数超过 500 人,或者外国参加人数超过 1000 人的活动,可以获得机票优惠。②对 MICE 参加人员的支持政策。韩国观光公社和地方自治政府努力帮助 MICE 参加人员顺利入境。根据参加人数规模提供价值不等的优惠。如参加人数 10～49 人,提供纪念品;参加人数 50～99 人:每人最多提供价值 1 万韩元的优惠(纪念品、旅游活动、入境欢迎活动);参加人数 100～999 人:每人最多提供价值 1.5 万韩元的优惠。③对申办国际会议的支持政策。对支持申办国际会议的团体提供如下服务:介绍在韩国申办国际会议的过程并进行协商;协助填写在韩国申办国际会议的建议书,发送协助选择举办地的信函;准备实地考察等。对已经决定在韩国举行国际会议的,协助海外宣传援助(包括宣传片、纪念品制作、宣传手册、地图、指南等)。④奖励旅游项目支持政策。支持项目包括纪念品、演出、旅游景点优惠、团队体验活动(如古宫、三星公司参观、泡菜制作、跆拳道体验、韩服试穿等）。2013 年，韩国旅游发展局公布了针对中国会奖旅游市场的优惠政策。对千人以上的大型会展团队，提供包括表演、观光景点优惠、团队体验活动等。⑤由政府对会展业进行整体营销。韩国旅游发展局内设会展局、韩国观光社内设奖励旅游展览组，各地的会奖旅游也由政府出面进行整体营销。①

三、我国会展产业政策

（一）国家会展产业政策

产业政策主要体现在政府规划和具体产业促进发展政策已经散见于其他政策之中的相关规定。2011 年，商务部出台了全国性的会展业纲领文件《关于"十二五"期间促进会展业发展的指导意见》，这也是我国会展行业发展的第一个中长期指导性文件。地方将会展业纳入地方五年计划（规划）的时间则更早。北京、上海、广州、深圳等城市在"十一五"期间就将会展业纳入地方五年计划。2015 年 4 月，国务院发布《关于进一步促进展览业改革发展的若干意见》。此《意见》由商务部牵头起草，经国家发改委、教育部、中国贸促会等 12 个部门会签后上报国务院，以国务院的名义发出文件。内容包括总体要求、改革体制、创新发展、优化环境等 5 部分 22 条内容。到了"十二五"时期，大部分省市都将会展业纳入了五年规划。

除了上述系统性会展产业规划和改革政策，还有一些涉及会展业发展政策散见于如下文件之中。

1. 国民经济行业分类

2002 年 10 月起执行的国家标准《国民经济行业分类》（GB/T 4754—2002）规定，会议展览服务业属于租赁和商务服务业（门类）、商务服务业（大类）、其他商务服务业（中类）、会议展览服务业（小类），代码：L7491。2011 年 11 月起执行的国家标准《国民经济行业分类》

---

①智然. 国际城市会展业发展理论与实践案例分析：首尔. 载于王春雷，王晶.国际城市会展业发展理论与实践[M].北京：中国旅游出版社，2014：161—164.

（GB/T 4754—2011）规定，"会议展览服务业"的行业代码改为 L7292。2004 年 2 月，国家统计局《关于印发文化及相关产业分类的通知》（国统字〔2004〕24 号）规定，"会议及展览服务"属于"文化及相关产业"中的"广告和会展服务"类别。其包括大型活动文化商务服务：文艺晚会策划、组织活动，运动会策划、组织活动，大型庆典策划、组织活动，艺术与模特大赛策划、组织活动，艺术节与电影节等策划、组织活动，展览与博览会策划、组织活动等，行业代码也用 L7491。

2. 服务产业政策类文件

2001 年 11 月，中国政府签署的《加入世贸组织议定书》附件九中规定，中国会议展览服务业属于完全对外开放领域。2006 年 3 月，全国两会通过《中华人民共和国国民经济和社会发展第十一个五年规划纲要》，在第四篇"加快发展服务业"、第十六章"拓展生产性服务业"、第五节"规范发展商务服务业"中规定，推动广告业发展，合理规划展馆布局，发展会展业。2007 年 3 月，《国务院关于加快发展服务业的若干意见》（国发〔2007〕7 号）指出，规范发展法律咨询、广告会展等商务服务业。2011 年 3 月，全国两会通过《中华人民共和国国民经济和社会发展第十二个五年规划纲要》，在第四篇"营造环境推动服务业大发展"、第十五章"加快发展生产性服务业"、第四节"规范提升商务服务业"中规定，促进广告、会展业健康发展。2015 年 2 月，国务院办公厅《关于加快发展服务贸易的若干意见》（国发〔2015〕8 号）指出，支持企业赴境外参加服务贸易重点展会。积极培育服务贸易交流合作平台，形成以中国（北京）国际服务贸易交易会为龙头、以各类专业性展会论坛为支撑的服务贸易会展格局，鼓励其他投资贸易类展会增设服务贸易展区。

3. 文化产业政策类文件

2011 年 11 月，中共十七届六中全会《中共中央关于深化文化体制改革推动社会主义文化大发展大繁荣若干重大问题的决定》指出，发展壮大出版发行、演艺、会展等传统文化产业，加快发展文化创意、数字出版、移动多媒体、动漫游戏等新兴文化产业。2014 年 3 月，国务院《关于加快发展对外文化贸易的意见》（国发〔2014〕13 号）指出，推动文化产品和服务出口交易平台建设，支持文化企业参加境内外重要国际性文化展会。2015 年 1 月，中央办公厅、国务院办公厅《关于加快构建现代公共文化服务体系的意见》指出，积极发展与公共文化服务相关联的教育培训、演艺会展等产业，引导和支持各类文化企业开发公共文化产品和服务，满足人民群众多层次的文化消费需求。

4. 廉政建设类文件

2011 年 2 月，财政部、外交部《关于严格控制在华举办国际会议的通知》（财行〔2011〕2 号）规定，严格执行中央和省（部）两级审批制度，效果不明显的应及时调整或清理。不得在同一时间或短时间内举办主题相同或类似的国际会议。要统筹考虑会议规模、经费开支和预期效果，确保取得实效。不得竞相抬高国内外会议代表的规格，不得相互攀比。按照会议标准制定经费预算，我方负担的经费应纳入部门预算管理。经常举办国际会议的城市，应当实行会议定点管理。外方参会人员除特邀代表外，其他人员往返路费及食宿费一律自理。2011 年 2 月，中纪委、监察部、财政部、国务院纠风办联合下发通知，要求对党政机关举办庆典、研讨会、论坛活动进行调查清理摸底。2012 年 12 月，中共中央政治局通过《关于改进工作作风密切联系群众的八项规定》，其中涉及会展活动的要求是：精简会议活动，切实改进会风，严格控制以中央名义召开的各类全国性会议和举行的重大活动，不开泛泛部署工作和提要求的会，未经中央批准一律不出席各类剪彩、奠基活动和庆祝会、纪念会、表彰会、博览会、研讨会及各类论坛；提高会议实效，开短会、讲短话，力戒空话、套话。2013 年 7 月，中共中央办公厅、国务院办公厅发出通知，要求对各级政府举办的展览会、论坛、庆典活动进行清理整顿，提出精简压缩的意见，进行上报。2013 年 8 月，中共中央宣传部、财政部、文化部、国家审计署、国家新闻出版广电总局联合发出通知，要求各地各部门要把制止豪华铺张、提倡节俭办晚会和节庆演出，作为落实中央关于改进工作作风、密切联系群众的八项规定的重要举措，作为开展党的群众路线教育实践活动、整治"四风"的重要抓手，切实抓好，使文艺晚会进一步规范，奢华之风、铺张浪费现象明显扭转。

5. 流通消费政策类文件

2008 年 12 月,《国务院办公厅关于搞活流通消费的意见》(国办发〔2008〕134 号)指出,努力发展节假日和会展消费。

6. 旅游业政策类文件

2009 年 12 月,《国务院关于加快发展旅游业的意见》(国发〔2009〕41 号)指出,以大型国际展会、重要文化活动和体育赛事为平台,培育新的旅游消费热点,特别要抓住举办 2010 年上海世界博览会的机遇,扩大旅游消费。

7. 农业政策文件

2010 年 1 月,《中共中央国务院关于加大城乡统筹发展力度进一步夯实农村农业发展基础的若干意见》(中发〔2010〕1 号)指出,发展农业会展经济,支持农产品营销。2012 年 1 月,《中共中央国务院关于加快推进农业科技创新持续增强农产品供给保障能力的若干意见》(中发〔2012〕1 号)指出,举办多形式、多层次的农产品展销活动,培育具有全国性和地方特色的农产品展会品牌。

8. 具体展会规定性文件

2012 年 2 月,《国务院关于加快贵州省经济和社会发展的若干意见》(国发〔2012〕2 号)指出,支持贵州举办国际酒类博览会。2014 年 2 月,中央外事办公室对十二个国家级、国际性、大型论坛和博览会项目的间隔期做出规定:每年举办的有博鳌亚洲论坛、世界经济论坛夏季年会、中国—东盟博览会,逢单年举办的有中国—东北亚博览会、中国—阿拉伯博览会、中国—南亚博览会、中国中部投资贸易洽谈会,逢双年举办的有中国(北京)国际服务贸易博览会、中国—俄罗斯博览会、中国西部博览会、中国国际投资贸易洽谈会、中国—亚欧博览会。2015 年 3 月,国家发改委、外交部、商务部联合发布的《推动共建丝绸之路经济带和 21 世纪海上丝绸之路的愿景与行动》指出,继续发挥沿线各国区域、次区域相关国际论坛、展会以及博鳌亚洲论坛、中国—东盟博览会、中国—亚欧博览会等平台的建设性作用。支持沿线国家地方、民间挖掘"一带一路"历史文化遗产,联合举办专项投资、贸易、文化交流活动,办好丝绸之路(敦煌)国际文化博览会、丝绸之路国际电影节和图书展，倡议建立"一带一路"国际高峰论坛。

《关于进一步促进展览业改革发展的若干意见》包括总体要求、改革管理体制、推动创新发展、优化市场环境、强化政策引导五个方面。在总体要求中，提出了坚持深化改革、坚持科学发展、坚持市场导向的原则，确定了到2020年，基本建成结构优化、功能完善、基础扎实、布局合理、发展均衡的展览业体系的发展目标。在推动创新中，提出要加强信息化进程、提升组织化水平、健全展览产业链、完善场馆管理运营体制、深化国际交流合作方面的创新。在优化市场环境，提出要完善展览标准体系、完善行业诚信体系、加强知识产权保护和打击侵权和假冒伪劣。

在改革管理体制中，政府提出如下四个方面的体制改革：（1）加快简政放权。改革行政审批管理模式，按照属地化原则，履行法定程序后，逐步将能够下放的对外经济技术展览会行政审批权限下放至举办地省级商务主管部门，并适时将审批制调整为备案制。运用互联网等现代信息技术，推行网上备案核准，提高行政许可效率和便利化水平。（2）理顺管理体制。建立商务主管部门牵头，发展改革、教育、科技、公安、财政、税务、工商、海关、质检、统计、知识产权、贸促等部门和单位共同参与的部际联席会议制度，统筹协调，分工协作。加强展览业发展战略、规划、政策、标准等制订和实施，加强事中事后监管，健全公共服务体系。（3）推进市场化进程。严格规范各级政府办展行为，减少财政出资和行政参与，逐步加大政府向社会购买服务的力度，建立政府办展退出机制。放宽市场准入条件，着力培育市场主体，加强专业化分工，拓展展览业市场空间。（4）发挥中介组织作用。按照社会化、市场化、专业化原则，积极发展规范运作、独立公正的专业化行业组织。鼓励行业组织开展展览业发展规律和趋势研究，并充分发挥贸促机构等经贸组织的功能与作用，向企业提供经济信息、市场预测、技术指导、法律咨询、人员培训等服务，提高行业自律水平。

在强化政策引导方面，政府提出如下政策引导：（1）优化展览业布局。按照国民经济结构调整和区域协调发展战略需要，科学规划行业区域布局，推动建设一批具有世界影响力的国际展览城市和展览场馆。定期发布引导支持展览会目录，科学确立重点展会定位，鼓励产业特色鲜明、区域特点显著的重点展会发展，培育一批品牌展会。（2）落实财税政策。按照政府引导、市场化运作原则，通过优化公共服务，支持中小企业参加重点展会，鼓励展览机构到境外办展参展。落实小微企业增值税和营业税优惠政策，对属于《国务院关于推进文化创意和设计服务与相关产业融合发展的若干意见》（国发〔2014〕10号）税收政策范围的创意和设计费用，执行税前加计扣除政策，促进展览企业及相关配套服务企业健康发展。（3）改善金融保险服务。鼓励商业银行、保险、信托等金融机构在现有业务范围内，按照风险可控、商业可持续原则，创新适合展览业发展特点的金融产品和信贷模式，推动开展展会知识产权质押等多种方式融资，进一步拓宽办展机构、展览服务企业和参展企业的融资渠道。完善融资性担保体系，加大担保机构对展览业企业的融资担保支持力度。（4）提高便利化水平。进一步优化展品出入境监管方式方法，提高展品出入境通关效率。引导、培育展览业重点企业成为海关高信用企业，适用海关通关便利措施。简化符合我国出入境检验检疫要求的展品通关手续，依法规范未获得检验检疫准入展品的管理。（5）健全行业统计制度。以国民经济行业分类为基础，建立和完善展览业统计监测分析体系，构建以展览数量、展出面积及展览业经营状况为主要内容的统计指标体系，建设以展馆、办展机构和展览服务企业为主要对象的统计调查渠道，综合运用统计调查和行政记录等多种方式采集数据，完善监测分析制度，建立综合性信息发布平台。（6）加强人才体系建设。鼓励职业院校、本科高校按照市场需求设置专业课程，深化教育教学改革，培养适应展览业发展需要的技能型、应用型和复合型专门人才。创新人才培养机制，鼓励中介机构、行业协会与相关院校和培训机构联合培养、培训展览专门人才。探索形成展览业从业人员分类管理机制，研究促进展览专业人才队伍建设的措施办法，鼓励展览人才发展，全面提升从业人员整体水平。

（二）地方会展产业发展政策

大连是国内最早将会展业作为经济增长点和发展重点的城市。这一提法最早于 1996 年。七年之后，中国有 23 个城市将发展会展业写入本地《政府工作报告》。在 2009 年全国 34 个省级政府工作报告和有关施政规划中，有 21 个将会展经济作为重点工作。同年通过的《文化产业振兴规划》，明确将文化会展界定为重点产业。

大连、广州等城市是国内比较早出台会展发展政策的城市。大连市政府 2008 年印发了《"十一五"期间大连市会展业发展指导目录》。根据该《目录》，如下七项会展项目受到支持：（1）符合该市"一个中心，四个基地"战略任务的会议展览项目。（2）有利于参展商转移生产、跨国经营、技术转让、配套服务等多种需求，有利于扩大开放、招商引资，有利于推进我市工业园区发展的会议展览项目。（3）国家部委在大连市举办的规模在 1 万平方米以上的全国性展览项目和相关会议。（4）与国外著名展览公司联合举办的规模在 1 万平方米以上的展览项目和相关会议。（5）跨国展览公司将国际品牌的展览会移植大连市的展览项目和相关会议。（6）具有地方特色、专业化强、办展历史超过 10 届、规模在 2 万平方米以上的展览项目。（7）能够展示新技术、新产品、新工艺，传播新信息、新知识、新观念的新兴展览项目和相关会议。这些展览项目和相关会议，将优先列入全市会展计划，展馆优先签订租场合同，优先提供宣传支持，优先提供展览发展基金的补贴支持。

2009 年 9 月，广州市海珠区率先推出《海珠区扶持会展业发展的若干意见》，这是目前国内首个区县级行政机构对会展业发展所做的最大程度的支持。同年 11 月，广州市政府通过了《关于促进广州市会展业加快发展的若干意见》。该《意见》包括指导思想、基本原则、发展目标、主要措施。其主要措施包括：

1. 着力打造会展功能集聚区

一是重点培育琶洲国际商务会展核心功能区。其包括发挥中国进出口商品交易会的龙头带动作用，引进更多国际国内品牌会展落户琶洲，把琶洲地区打造成广州市举办国际性、综合性和大型专业展的主要承接地；高起点规划建设嵌入或环绕展馆周边的商务办公楼、酒店宾馆、文化娱乐等配套设施，提升琶洲地区商务办公功能，成为广州市商务会展集聚中心。二是着力提升流花会展区功能。其包括充分挖掘流花地区会展发展潜力，利用流花地区商流、物流、人流和信息流集聚，展馆资源、配套酒店、餐饮、高端商贸市场集聚的优势，重点发展中小型专业展、消费展和巡回展，打造以流花展贸中心为核心的区域中小型专业会展集聚区和广州市中小型会展成长发展的重要培育孵化地。三是积极打造白云新城会议功能区。其包括依托白云山西麓，围绕白云国际会议中心和白云新城的建设，统筹规划文化、体育、商贸、娱乐等配套设施，重点发展会议、论坛、文化与学术交流等会议型会展，重点打造国际会议活动聚集区。四是紧密结合新的城市功能定位，根据不同区域特色和产业定位，发展各具特色的会展业。

2. 培育会展龙头企业和品牌会展

一是做强做大会展龙头企业。其包括落实商务部与广东省推进内外贸发展的合作协议，发挥中国（广州）对外贸易中心的拉动作用，支持会展龙头企业通过收购、兼并、联合、参股、控股等形式，跨地区、跨行业组建大型国际展览集团，打造具备较强竞争力的会展领军企业，扶持一批服务水平高、经营规模大、核心竞争力强的专业会展企业，打造为珠三角产业优化调整升级的会展服务平台。二是着力培育新兴会展企业。其包括支持企业创办展览项目，培育一批有潜力的中小型会展企业向规模化、专业化、品牌化方向发展壮大；引导中小型会展企业建立同业战略联盟，加强与展览场馆、商会、行业协会的合作，推动联合办展、共创品牌；鼓励各专业园区、专业市场、企业集团和自然人等投资组建有发展前景的会展经营公司和服务公司。三是重点扶持品牌会展。其包括按代表地区产业发展方向具备综合性、聚集行业精粹体现专业性和连续多届办展拥有持续性的原则，每年滚动确定一批重点会展品牌目录进行扶持发展；鼓励按照区域特色、产业链条特色，发展各类特色会展，努力打造具有行业特色和地方特色的专业展览品牌；对 5 万平方米以上、已连续举办多届的展览提供工商登记、立项审批等优先服务；鼓励中小会展企业以项目为中心加强联合，培育更多的 2 万～5 万平方米的专业品牌展，使之成为支撑广州市展览业的中坚力量；力争在 5 年内培育 2～3 个具有国际水平、4～5 个位于亚洲前列、15 个左右位于全国前列的专业品牌展览。

3. 加强会展业对外交流与合作

其包括推动会展业国际交流、加强会展业穗港澳台合作、引入国外会展龙头企业落户、引进和承办大型国际会议。

4. 推动完善会展产业链条

一是大力拓展会展题材。其包括加强与国家级行业协会的合作，争取各大商会、行业协会的行业展览移植广州；做强做大广州博览会、广州国际汽车展、广州国际设计周、中国（广州）国际机械装备制造业博览会等特色品牌展览；争取引进国际知名电子信息展、海洋工程和石油化工等制造业展览会；培育物流、金融、信息、创意与设计、旅游、广告等现代服务业展览会；填补能源、新材料、生物医药等专业展的空白；结合广州巨大的消费市场和珠三角巨大的货源生成量，做大纺织服装、美容美发、家居用品、酒店用品、家具建材、皮具和礼品等消费类展览，培育壮大与广州市产业结构调整方向和国家中心城市功能定位相适应、有利于进一步增强广州市聚集产业发展要素能力的各种题材会展。二是积极发展会展关联产业。其包括大力促进展业与旅游产业、休闲产业、文化产业、科技产业的融合，延伸会展产业链条，促进会展物流、保税仓储、电子商务等生产性服务业和酒店、餐饮、零售、交通等生活性服务业发展；鼓励发展为会展业配套的广告、策划、礼仪、会计、咨询、法律、公证、通关等服务业，逐步形成以专业会展公司、社团组织为主体，以各类专业服务组织为配套的会展市场体系。三是促进会展业信息化发展。其包括充分利用现代信息技术发展"网上会展"和会展电子商务，因地制宜、因业制宜举办特色会展，加强虚拟会展与实体会展的互动和配合，开发国内外协作网络资源，打造"永不落幕的展览会"。

5. 做强会展公共支撑体系

其包括加强公共服务平台建设、加强城市会展品牌推广力度、加强会展专业人才培训和引进、加强行业自律、加强会展业统计。

6. 加强政府扶持与服务

一是加强组织领导。市会展业管理领导小组全面负责全市会展业组织、规划、指导、协调和管理工作，审定扶持会展业发展资金年度使用计划，研究解决全市会展业发展中遇到的重大问题。市经贸委负责全市会展业的统筹协调、宏观规划、综合管理和引导促进，承担市会展业管理领导小组的日常工作。会展业集聚的区、县级市要加强会展业有关管理机构的建设和力量配置。二是强化政策引导和资金扶持。其包括研究制定并组织实施《广州市展会管理条例》《广州市会展业发展规划（2010—2015 年）》和《广州市展会知识产权保护办法》。加强依法管理，明确会展准入、资质、报关、展装、广告、知识产权、消防安全、卫生防疫等行业管理规范，逐步建立健全事前把关、事中和事后监控的全程监管模式；设立扶持会展发展资金，制定资金管理办法。三是提升政府服务效能。其包括加强口岸、海关、税务、检验检疫、工商、公安、交通、城管等部门协调，精简会展有关审批事项，优化办事程序，在琶洲会展综合服务区中预留国际展览品监管功能区域，做好有关国际展览品监管、保税功能区域的规划和建设协调工作，完善国际展览品通关、监管、检验快捷服务系统；充分发挥市、区两级城市管理等执法队伍的作用，加强展览期间场馆治安及周边环境的整治，在符合有关规定的前提下，对重点支持的大型会展举办期间，展览馆周边的广告、灯饰设置给予快速审批和绿色通道待遇，在城区主要出入口及突出位置设立广州会展专题的大型户外电子广告牌，营造会展整体氛围；进一步完善专业展馆周边的公交路网，保证会展交通便利。

2010 年 10 月 18 日广州市出台了《广州市会展业发展专项资金管理试行办法》。该《办法》对资金使用的具体内容及标准规定如下：（1）对以广州为会展目的地进行整体推广或促进广州市会展业发展的主题宣传（包括广告、杂志等宣传媒介）的设计、制作、推广等费用给予适当补助，原则上不超过专项资金规模的 30%；（2）对新创办（即首届举办）的、现时广州没有同行业及同类题材的、展览面积达 5000平方米以上（含 5000 平方米）的专业展，按 3 天实际场租的 50%给予补助，每个项目补助最高不超过 40 万元。(3)对现有 8000 至 20000 平方米（含 20000 平方米）展览面积的展会，比上年（届）展览面积增长达 20%以上，增加部分面积按 3 天实际场租的 40%给予补助；对现有 20000 平方米以上至 50000 平方米（含 50000 平方米）展览面积的展会，比上年（届）展览面积增长达 20%以上，增加部分面积按 3 天实际场租的 30%给予补助；对现有 50000 平方米以上展览面积的展会，比上年（届）展览面积增长达 20%以上，增加部分面积按 3 天实际场租的 20%给予补助；以上三项奖励每个项目补助最高不超过 30 万元。(4)对从省外、境外引进落户我市的全国性或国际性优质展会，根据展览的规模和影响力给予首年一次性的奖励，其中，对落户的 8000 至 20000 平方米（含 20000 平方米）展览面积的展会，一次性奖励 20 万元；对落户的 20000 平方米以上至 50000 平方米（含 50000 平方米）展览面积的展会，一次性奖励 30 万元；对落户的 50000 平方米以上展览面积的展会，一次性奖励 40 万元。第二年起按本条第（三）项标准执行（如同时符合本条第（二）项标准的，只能申请其中一项）。(5)对专业化程度高、在我市连续举办 10 年以上（含 10 年）并不少于 10 届（含 10 届）的展会给予一次性奖励。其中，对申请当年规模在 100000 平方米以下（含 100000 平方米）展览面积的展会，一次性奖励 10 万元；对申请当年规模在 100000 平方米以上展览面积的展会，一次性奖励 15 万元（如符合条件可同时申请本条第（三）项补助）。(6)市政府决定在本专项资金给予支持的其他会展项目和工作事宜。

其他城市在 2010 年前后两三年也纷纷出台了补贴政策，主要有：(1)上海浦东。在浦东主办三次以上品牌展会，就有机会获最高 100 万元的政府补贴。(2)海口市 2010 年计划安排会展业专项资金 300 万。(3)昆明市现有会展以上一年（届）展会面积为基数，每增加 1000 平方米的资助 5000 元，最高不超过 10 万元。(4)杭州市每年会展业专项资金为 500 万元。(5)郑州市每年预算安排会展发展专项资金 1500 万元。(6)东莞市 2007 年起每年有 2000 万元会展扶持资金。(7)义乌市每年 1000 万元会展业发展专项资金。(8)2011 年

6月开始设立2000万专项资金。

2011年天津市出台了《天津市促进会展业发展办法》。该《办法》由总则、招展和办展、鼓励和扶持、法律责任和附则构成。其中，鼓励和扶持部分主要规定如下：（1）市人民政府对下列事项进行资助和奖励：会展项目、企业、场馆和相关配套服务机构的发展；会展人才的培养和引进；会展宣传和招商推介。（2）市和区县人民政府对下列活动给予支持：举办国际性、全国性或者大型会展；设立会展企业总部或者地区总部；投资大型会展场馆建设；其他符合本市会展业政策的活动。（3）市商务主管部门应当编制会展业发展指导目录，明确本市会展行业发展重点和引导方向。（4）鼓励国内外知名会展企业来本市办展，对本市重点发展的会展项目，在项目培育期内给予重点支持。鼓励会展项目扩大办展规模，对本市重点发展的会展项目扩大办展规模给予重点支持。（5）建立品牌会展名录，对经市会展行业协会评选列入名录的会展优先宣传，并给予宣传费用资助。鼓励国内外品牌会展来本市办展。鼓励品牌会展进行商标注册保护，申报驰名商标和著名商标。（6）鼓励国内外各类投资主体和机构通过独资、合资、合作、参股等形式在本市设立会展企业。（7）鼓励会展项目和会展企业加入国际展览业协会，取得国际认证。对取得国际展览业协会相关认证的会展项目和会展企业，给予认证费和会员费资助。（8）鼓励国内外各类投资主体和机构投资会展场馆建设。鼓励专业管理公司和会展企业参与会展场馆经营。会展场馆实行工业用水、用电、用气、用热价格。（9）对符合本市需求的高级会展人才，按照本市相关规定享受户籍迁入、子女入学等优惠政策。（10）鼓励发展会议服务、会展信息技术服务、展台搭建、广告、策划、物流等会展配套服务机构，对本市重点发展的会展配套服务机构给予支持。

2012年，北京市商委和财政局出台了《关于促进北京市商业会展业发展的通知》。该《通知》涉及引进国际大型展会、培育品牌展会、公共服务平台建设及宣传推介、优化会展环境、申请要求。其中，引进国际大型展会规定如下：鼓励引进具有国际影响力的展会，对新引进的国际展会，并满足下列条件，在京办展的前三届，每届给予主办方不超过 50%的场租费用支持、最高不超过 500 万元。具体条件如下：（1）每届展览面积不低于 3 万平方米。（2）每届展览参展商不低于 500 家，其中国际参展商（含港、澳、台地区）租用展览面积占总展览面积的比例不低于 30%。培育品牌展会规定如下：（1）依托北京市优越的政治、经济、科技及文化等条件，培育一批规模较大、国际影响力较强、符合北京产业发展政策的首都品牌展会。商务部门结合北京产业发展现状，定期发布《北京引导支持品牌展会名录》（以下简称名录，支持、引导的展会项目的征集、评审等有关事宜另行通知），对名录中的品牌展会，并满足下列条件，每届给予主办方不超过 100 万元奖励资金。具体条件如下：已在北京市连续举办两届；展览面积不低于 2 万平方米；展览参展商不低于 300 家，其中国际参展商（含港、澳、台地区）租用展览面积占总展览面积的比例不低于 30%。（2）引导具有发展潜力的同类同质展会进行整合，合理配置展会资源，扩大展会的规模和提升品牌效应。凡在京分别连续举办过两届以上、展览面积在 5000 平方米以上的同类同质展会，整合后展出面积超过整合前最大面积 50%的，给予整合主办单位不超过 100 万元的奖励资金。

2013 年湖南省出台了《湖南省会展业发展规划（2013—2020）》。该《规划》提出，力争到 2020 年，将湖南建设成会展产业大省，将长株潭地区建设成中部会展业核心城市区，将长沙建设成全国一流的会展城市，将张家界建设成中国会议、奖励旅游最佳目的地，洞庭湖区、大湘南及大湘西板块的会展业协同发展；初步建立功能明确、重点突出、布局合理的场馆体系；会展活动品牌化、国际化和市场化水平明显提升；会展企业综合实力、竞争力明显提升；以地方区域性会展为基础，以国家级和国际性会展为龙头的会展业发展格局基本形成的总体目标。

2014 年 8 月 7 日，河南省出台了《河南省促进会展业发展暂行办法》，共 44 条。主要涉及总则、登记和规范、促进和扶持、责任和处罚及附罚。其中，促进和扶持主要包括如下内容：（1）省级商务主管部门应当编制会展业发展指导目录，明确本省会展业发展重点和引导方向。（2）引导和鼓励社会资本投资兴办专业会展公司，鼓励新建、组建会展集团公司。依托产业、区位、资源、市场等优势培育实力雄厚、诚信度高、竞争力强的大型会展公司或者会展集团公司。（3）鼓励和扶持举办有特色、有影响、有规模、时代主题明确的会展，积极承办全国性、国际性和知名专业性会展。（4）引导本省有产业支撑、发展潜力的重要会展向品牌化、专业化、国际化发展，鼓励品牌会展进行商标注册保护，申报驰名商标和著名商标。（5）促进会展业开放合作，引进国内外知名会展企业和配套服务企业，鼓励国内外知名会展组织或者机构在我省设立分支机构，鼓励国内外知名会展企业来本省办展，支持会展企业与国际知名会展企业的合资合作。鼓励省内会展企业参加省外、境外会展活动，促进交流与合作。（6）建立重点引导支持展会目录，对经省级商务主管部门组织评选列入重点引导支持展会目录的项目，在展会宣传、推介等方面给予一定的资助，引导新闻媒体积极宣传报道。（7）鼓励会展项目和会展企业加入国际展览业协会，取得国际认证。对取得国际展览业协会相关认证的会展项目和会展企业给予支持。（8）建立会展业专业人才培训基地，培养会展业市场策划、营销、服务与管理人才。鼓励引进符合本省需求的高级会展人才。（9）各级商务主管部门应当积极协调金融机构为会展企业提供信贷支持，并在融资、结算等方面提供便利和服务；积极协调海关、出入境检验检疫等部门为涉外会展的人员和参展货物提供便捷的通关和出入境检验检疫服务。（10）鼓励发展会议服务、会展信息技术服务、展台搭建、广告、策划、物流等会展配套服务机构，对本省重点发展的会展配套服务机构给予支持，推动建立行业配套、产业联动、运行高效的会展业服务体系。（11）扶持发展会展业公共服务平台。建设河南会展业指南网，为会展活动和办展企业提供信息和宣传服务。鼓励企业构建会展业电子商务平台，以线上"虚拟展会"与线下"实体展会"虚实互补组合方式，拓展会展业发展空间。（12）鼓励支持专业研究机构、大专院校开展会展业的科学理论研究和应用性技术创新研究，提出符合河南省实际的会展业发展规划和政策措施建议。

第三节 会展管理的政府职能

一、我国政府职能转变的基本历史

　　政府职能是指政府在依法对国家政治、经济和社会公共事务进行管理时应承担的职责和所具有的功能。经过社会主义改造，我国实现了集体的国家所有制，实行计划经济，强化了政府在社会经济管理中直接和微观管理职能，即"全能型政府职能"。它具有如下特点[1]：（1）经济组织单位化、行政化，政企不分。企业嵌入党政群组织，高度高层化、行政化和单位化，直接接受党政组织指令行事。（2）党政组织职能部门实施"对口设置"，党的一元化领导特征明显，企业高度组织化和动员化。企业也要进行政治运动，接受政治动员。（3）政府一方面对企业实行统一计划、统收统支；另一方面又对企业实行统负盈亏、统购统销。企业作为独立的责任主体和利润主体的特征不明显。（4）政府通过各经济部门、按照行政层级运用行政手段来配置社会资源。市场在资源配置中的作用被排斥。1954 年 2 月，中共中央下发了《关于建立与充实各级计划机构的指示》。该《指示》规定，中央人民政府所属各经济部门和文教部门，必须建立和健全计划机构，并把计划机构逐级建立到基层工作部门和基本企业单位。到年底，全国自上而下严密、系统的计划组织管理体系建成。

　　改革开放以来，我国先后对政府机构进行了多次调整，对政府职

---

　　[1]也有学者将我国改革前的"全能主义"行政体制概括为六个方面的特征：①政府万能与社会萎缩；②政府职能过度膨胀；③政府职能结构不合理，包括经济职能过强、社会职能过弱，微观管理功能过强、宏观管理功能过弱，社会管制功能过强、社会服务功能过弱；④机构臃肿、部门林立、部门之间缺乏有效的协调；⑤行政机关工作人员队伍庞大，人浮于事；⑥权力过分集中。参见石佑启，杨治坤，黄新波.论行政体制改革与行政法治[M].北京：北京大学出版社，2009：51.还可参见唐铁汉.中国行政管理体制改革战略研究[M].北京:国家行政学院出版社，2009：21.

能进行了调整。1982 年 3 月 8 日，第五届全国人大常委会第 22 次会议通过了《全国人民代表大会常务委员会关于国务院机构改革问题的决议》，原则批准了国务院机构改革初步方案。此次改革以提高政府工作效率，实行干部年轻化为内容，走的是精简化的方向。通过改革，国务院原有副总理 13 人减为 2 人。国务院部门从 100 个减为 61 个，其中国务院部委由 52 个减为 42 个，直属机构由 43 个减为 15 个，办公机构由 5 个减为 3 个。国务院人员编制从 5.1 万人减为 3 万人，领导职数减少了 67%。[①]

到 1988 年，国务院设部委 45 个、直属机构 22 个、办事机构 4 个、由部委归口管理的国家局 14 个、非常设机构 82 个，工作人员总数 5 万余人。政府直接管理部门仍然很多，政企不分现象仍然突出，部门相互扯皮和效率不高问题突出。在这种情况下，根据党的十三大精神，1988 年 4 月 9 日，第七届全国人民代表大会第一次会议通过了《关于国务院机构改革方案的决定》。该《决定》要求按照政企分开的原则，把直接管理企业的职能转移出去，把直接管钱、管物的职能放下去，把决策、咨询、调节、监督和信息等职能加强起来。这次重点改革专业经济管理部门、撤销专业部委组建公司，完善或新建了一些综合和行业管理机构。此次改革以简政放权，搞活企业为内容。改革主要走的是精简化方向。此次改革撤销了煤炭工业部、石油工业部、核工业部等 4 个部门。部委由原有的 45 个减为 41 个，直属机构从 22 个减为 19 个，非常设机构从 75 个减到 44 个。机构改革后的国务院人员编制比原来减少了 9700 多人。

1993 年 3 月 22 日，第八届全国人大一次会议审议通过了《关于国务院机构改革方案的决定》。这是改革开放以来第三次机构改革。国务院组成部门设置 41 个（含国务院办公厅），直属机构和办事机构 18 个，共设置 59 个，比原有 86 个减少了 27 个，非常设机构由 85 个减少到 26 个，人员精减了 20%左右。此次改革以转变职能，政企分开，

---

① 石佑启，杨治坤，黄新波.论行政体制改革与行政法治[M].北京：北京大学出版社，2009：46.

理顺关系，精兵简政为主要内容。

根据党的十五大精神，1998 年 3 月 10 日，第九届全国人大第一次会议通过了《关于国务院机构改革方案的决定》，开展了改革开放以来规模最大的　次行政管理体制改革。改革的特点在于精简机构和人员规模，力度很大，经过改革，除国务院办公厅外，国务院组成部门由 40 个减少为 29 个，人员从 3.2 万多人减为 1.67 万多人，减幅为 47.8%。①此次改革，以进一步转变政府职能，优化政府组织结构为主要内容，体现了分权化、市场化的方向特征。在政府职能转变上，强调要转变政府职能，实现政企分开，把政府职能切实转变到宏观调控、社会管理和公共服务方面来。

2003 年 3 月 10 日，第十届全国人大第一次会议通过了《关于国务院机构改革方案的决定》。这次没有对机构数量和人员规模做大的调整，但明确机构改革的关键是转变政府职能，适应社会主义市场经济体制。坚持政企分开、精简、统一、效能和依法行政的原则，形成行为规范、运转协调、公正透明、廉洁高效的行政管理体制。此次改革以政府职能应集中于经济调节、市场监管、社会管理和公共服务为内容，体现了使政府管理经济的体制适应世界贸易组织规则的要求来定位与调整的国际化方向特征。

2008 年实行了大部制改革。改革的主要任务是围绕转变政府职能和理顺部门职责关系，探索实行职能有机统一的大部门体制。建设部、交通部、信息产业部、人事部、劳动保障部、国防科工委等被撤销。重新组建的部门有住房和城乡建设部、交通运输部、工业和信息化部、人力资源和社会保障部、环境保护部。除国务院办公厅外，国务院组成部门设置 27 个，较之前减少 1 个。此次改革以深化行政管理体制改革，完善政府的公共服务职能为内容的政府机构改革体现了服务化的方向特征。

2012 年 11 月，党的十八大报告要求"稳步推进大部门制改革，健全部门职责体系"。4 个月后的 2013 年 3 月 14 日，十二届全国人大

---

① 石杰琳.中西方政府体制比较研究[M].北京：人民出版社，2011：202.

一次会议表决通过了《关于国务院机构改革和职能转变方案的决定》。新一轮机构改革和政府职能转变的大幕正式拉开。加入"决策、执行、监督"分立的意图，对"三权"进行厘清、分立归属，而不仅仅是简单地把职能相近、业务雷同部门合并或拆减。这次国务院机构改革，重点围绕转变职能和理顺职责关系，实行铁路政企分开，整合加强卫生和计划生育、食品药品、新闻出版和广播电影电视、海洋、能源管理机构……通过拆分、合并、扩权，国务院正部级机构减少4个，改革后，除国务院办公厅外，国务院设置组成部门减少为25个，直属机构15个，直属特殊机构1个，办公机构4个，直属事业单位13个。其中，组成部门包括外交部、国防部、国家发展和改革委员会、教育部、科学技术部、工业和信息化部、民族事务委员会、公安部、国家安全部、监察部、民政部、司法部、财政部、人力资源和社会保障部、国土资源部、环境保护部、住房和城乡建设部、交通运输部、水利部、农业部、商务部、文化部、卫生和计划委员会、中国人民银行和审计署。其中，监察部与中共中央纪律检查委员会机关合署办公，机构列入国务院序列，编制列入中共中央直属机构。教育部对外保留国家语言文字工作委员会牌子。工业和信息化部对外保留国家航天局、国家原子能机构牌子。环境保护部对外保留国家核安全局牌子。国务院直属机构有海关总署、税务总局、工商行政管理总局、质量监督检验检疫总局、新闻出版广电总局、国家体育总局、安全生产监督管理总局、食品药品监督管理总局、统计局、林业局、知识产权局、旅游局、林业局、宗教事务局、国务院参事室、国家机关事务管理局。需要说明的是，国家预防腐败局列入国务院直属机构序列，在监察部加挂牌子。国家新闻出版广电总局加挂国家版权局牌子。国有资产监督管理委员会是国务院直属特殊机构。国务院侨务办公室、港澳事务办公室、法制办公室和研究室是国务院办公机构。其中，需要特别说明的是，国务院台湾事务办公室与中共中央台湾工作办公室、国务院新闻办公室与中共中央对外宣传办公室、国务院防范和处理邪教问题办公室与中央防范和处理邪教问题领导小组办公室，一个机构两块牌子，列入中共中央直属机构序列。国务院直属事业单位包括新华通讯社、中国科学院、中国社会科学院、中国工程院、国务院发展研究中心、国家行政学院、中国地震局、中国气象局、中国银行监督管理委员会、中国证券监督管理委员会、中国保险监督委员会、全国社会保障基金理事委员会、国家自然科学基金委员会。

2013 年政府机构改革和政府职能转变方案不仅明确了政府职能转变的总的原则和方向，更重要的是明确了职能转变的路径和突破口，即行政审批制度改革。主要有：（1）减少和下放投资项目审批，最大限度缩小审批、核准、备案范围，切实落实企业和个人投资自主权。（2）减少和下放生产经营活动审批事项，按照行政审批制度改革原则，最大限度地减少对生产经营活动和产品物品的许可，最大限度地减少对各类机构及其活动的认定等非许可审批。（3）减少资质资格许可和认定，对不符合《行政许可法》规定的，一律予以取消；按规定需要对企业事业单位和个人进行水平评价的，改由有关行业协会、学会具体认定。除法律、行政法规或国务院有明确规定的外，其他达标、评比、评估和相关检查活动一律予以取消。（4）减少行政事业性收费，取消不合法不合理的行政事业性收费和政府性基金项目，降低收费标准，建立健全政府非税收入管理制度。（5）逐步改革工商登记制度，对按照法律、行政法规和国务院决定需要取得前置许可的事项，除涉及国家安全、公民生命财产安全等外，不再实行先主管部门审批、再工商登记的制度，商事主体向工商部门申请登记，取得营业执照后即可从事一般生产经营活动；对从事需要许可的生产经营活动，持营业执照和有关材料向主管部门申请许可。即将"先证后照"改为"先照后证"。将注册资本实缴登记制改为认缴登记制，并放宽工商登记等其他条件。为严格控制新设行政审批项目，防止边减边增，今后一般不新设许可，因特殊需要确需新设的，必须严格遵守《行政许可法》的规定，加强合法性、必要性和合理性审查论证，同时抓紧规范非许可审批项目的设定和实施。

2014 年、2015 年的第一次国务院常务会议，都研究了简政放权。2014 年共开了 40 次常务会议，有 21 次部署了"简政放权"。2013 年和 2014 年下放和取消的行政审批事项超过 700 项，2015 年国务院总理李克强提出要再取消200项以上。

总体说来，经过政府机构及职能的上述改革，政府的类型大致完成了由全能型政府向有限型政府（1982年、1988年、1993年、1998年）的转变；由管制型政府向服务型政府（2003年、2008年）的转变。其中，1982年、1988年、1993年政府机构改革的内容是在技术层面上，注重的是政府机构本身的结构与数量的调整，重心在精简机构。[①]1998年、2003年、2008年、2013年改革内容上升到政治层面，注重政府职能转变，政府体制改革及政府转型。经过1982年、1988年、1993年，特别是1998年的政府机构改革，政府职能逐渐沿着市场化方向前进，完成了由政治职能为重心向经济职能为重心的职能转变。在1988年、1993年、1998年的改革中，政府职能转变主要集中体现在政府职能的地方化，即权力下放方面。1998年、2003年、2008年、2013年的政府机构改革中，政府职能转变主要体现在政府职能外化，即政府职能向社会组织及国际组织的职能让渡。在1998年、2003年、2008年、2013年的政府机构改革中注重政府职能由直接的管理到间接管理，职能转变的重点是弱化政府直接管理的职能。

二、政府会展管理政府职能转变

（一）会展管理运行体制

由于会展活动涉及的领域广、管理部门多，因此对于如何设立政府会展管理机构一直是一个问题。目前国务院及各省基本上还没有明确成立专门的管理机构，通常的做法是由一个牵头部门会同相关部门制定相关政策。为深入贯彻落实《国务院关于进一步促进展览业改革发展的若干意见》（国发〔2015〕15号），加强部门和单位间有关工作的统筹协调，促进展览业更好地服务于国民经济和社会发展全局，经国务院同意，建立促进展览业改革发展部际联席会议（以下简称联席

---

①何颖，教军章.中国政府机构改革30年回顾[EB/OL].中国改革论坛网，2010-04-22. http://www.chinareform.org.cn/gov/system/Forward/201004/t20100422_8480.htm。

会议）制度。联席会议由商务部、发展改革委、教育部、科技部、公安部、财政部、海关总署、税务总局、工商总局、质检总局、新闻出版广电总局（版权局）、统计局、知识产权局、贸促会 14 个部门和单位组成，商务部为联席会议牵头单位。商务部主要负责同志担任联席会议召集人，分管负责同志担任副召集人，其他成员单位有关负责同志为联席会议成员。联席会议成员因工作变动需要调整的，由所在单位提出，联席会议确定。联席会议根据工作需要定期或不定期召开会议，由召集人或副召集人主持。联席会议以纪要形式明确会议议定事项，经与会部门和单位同意后，印发给有关方面并抄报国务院。重大事项按程序报批。联席会议主要职责是：统筹协调和深入推进促进展览业改革发展的主要工作任务，促进展览业向市场化、专业化、国际化、品牌化、信息化方向发展；加强展览业发展战略、规划、政策、标准等制订和实施；加快简政放权，发挥中介组织作用，加强事中事后监管，推动展览业创新发展；落实财税、金融保险等方面政策，优化展览业布局，提高便利化水平；加强统计监测和信息共享，健全公共服务体系，提高服务水平；对各地区、各部门促进展览业改革发展工作进行指导、督查和总结；完成国务院交办的其他事项。联席会议设立办公室于商务部，承担联席会议日常工作。联席会议设联络员，由各成员单位有关司局负责同志担任。联席会议办公室定期向成员单位收集工作进展情况，汇总后向各成员单位通报。按照中国政治体制运作一般规律，各级政府也将建立类似联席会议机制。2016 年 1 月 19日，江西省政府批复同意建立由江西省商务厅牵头的促进江西省展览业改革发展联席会议（以下简称联席会议）制度。联席会议制度明确了江西省商务厅作为全省展览业管理的牵头部门，省发改委、省工信委、省教育厅、省科技厅、省公安厅、省财政厅、省文化厅、省旅发委、省国税局、省地税局、省新闻出版广电局、省统计局、省工商局、省质量技术监督局、南昌海关、省知识产权局、省贸促会等 18 个部门和单位作为成员单位。联席会议制度建立后，江西省商务厅将进一步理顺全省会展业管理体制，制定加快全省展览业改革发展的实施意见，启动《全省会展业"十三五"发展规划》编制工作，建立省会展业统计制度,加快推进江西省会展业的改革与发展。

但是在城市这一级政府已经设立了会展经济管理部门。常见的做法有如下两种:

1. 由商务委员会负责会展业发展的总体指导和协调推进

在上海商务委员会职责表述中,有一条关于促进会展业发展的职责:促进会展业发展,加强行业管理,优化会展业发展环境,建立会展业经济指标统计体系和信用评价体系;推进会展与相关产业的融合发展,放大会展业的拉动效应,形成服务经济新的增长点。2012年5月23日,上海市会展业促进中心成立,为上海市商务委员会直属部门。上海市会展业促进中心主要的职能部门有两个,一是管理协调部,主要负责上海市会展业纠纷协调、档期协调和现场评估。二是政策研究部,主要负责组织新展可行性评估会、参与会展业政策法规制定等工作。天津商务委员会下设会展经济处。这种组织体制往往是明确由商务委员会作为会展产业发展政策规划的牵头机构。在实践中,一般会由一名副市长分管会展产业发展事务。

2. 成立会展办公室

这里存在两种情况,一是会展办作为受一级政府相对独立领导的日常办公机构。例如,义乌市人民政府会展管理办公室为主管全市会展工作的市人民政府正科级派出机构。长沙市设立了会展工作管理办公室,由一名主任、三名副主任、一名纪检组长、一名处长构成领导组织。二是作为会展经济领导小组的日常办公机构。例如,重庆市政府会展业发展领导小组负责全市会展经济发展的组织领导,统筹协调解决全市会展业发展的重大问题,领导小组下设办公室。办公室设在市商委,与市政府会展办公室合署办公。南京市会展办设在市贸促会,作为南京市会展经济领导小组的日常办公机构。厦门成立了厦门市旅游会展产业发展领导小组(以下简称"领导小组")。领导小组下设办公室,设在市旅游局,承担领导小组日常工作和全市重大会展活动综合协调保障工作,由市旅游局孔曙光局长兼任办公室主任,领导小组设联络员,由各成员单位主要对口处室负责人担任。

重庆市会展业领导小组的职责为负责全市重大会展活动归口统筹

和事前备案，负责长江上游地区"会展之都"建设工作，承担会展行业管理工作并拟定会展业发展规划和政策措施，负责市内、本市外出、外地来渝举办的大型展会的统筹和协调，指导会展品牌和企业培育。建立领导小组联席会议制度，将会展工作纳入市级相关部门和区县政府的年度目标考核体系，对会展工作成效显著的单位给予表彰奖励。会展办公室的职责包括：（1）贯彻执行国家有关会展工作的方针政策，拟订促进全市会展业发展的政策措施和管理办法并组织实施。（2）拟订全市会展行业发展规划和年度会展工作计划并组织实施。（3）管理、指导全市会展工作，负责展会的备案登记工作；负责市内、本市外出、外地来渝举办的大型展会的统筹和协调工作。（4）配合有关部门指导会展设施建设和营运活动，参与会展业配套服务体系建设工作。（5）负责全市会展经济的宣传、推介和有关活动资料的收集、整理、归档、发布工作；培训会展人才。（6）负责会展工作领导小组办公室的日常工作，监督管理会展专项资金的使用。（7）指导、监督商贸流通各类促销活动。（8）完成市政府交办的其他事项。

南京市会展经济领导小组成员由市委宣传部、市发改委、市经信委、市科委、市公安局、市财政局、市统计局、市工商局、市食药监局、市投促委（口岸办）、市城管局、市商务局、市旅游委、市卫生局、市贸促会（会展办）、江北新区管委会、河西新城管委会、南部新城管委会、金陵海关、南京出入境检验检疫局、玄武区政府、建邺区政府、江宁区政府、南京国际展览中心、南京国际博览中心等部门领导成员构成，负责全市会展业发展的总体指导和协调推进。以 2012 年南京市成立的会展领导小组为例，构成如下。

组长：李琦（副市长），副组长：钱建宁（市政府副秘书长）、尹文（市贸促会党组书记）、王颖婕（市贸促会会长）。成员：王德生（市委宣传部副部长，市政府办公厅副主任）、沈琪（市发改委副主任）、叶荣生（市经信委副主任）、蔡伯圣（市科委副主任）、葛孝先（市公安局副局长）、王之熙（市工商局副局长）、李宜武（市城管局副局长）、郝建（市投促委副主任、市开发区协调管理办公室主任）、张雁宁（市商务局局长助理）、金卫东（市旅游局副局长）、许民生（市卫生局副局长）、夏鸣（市贸促会副会长）、李彤（南京海关监管通关处副处长）、艾峰（南京出入境检验检疫局副局长）、夏晓燕（建邺区区委常委）、张连春（玄武区副区长）、张建（南京南泰国展中心总经理）、张庆瑄（南京国际博览中心总经理）。

厦门市旅游会展产业发展领导小组设组长、常务副组长、副组长和成员。该领导小组成立于 2015 年。小组组长为市长裴金佳，常委副组长为副市长倪超，副组长是市政府办公厅副主任王跃平、旅游局局长孔曙光、市旅游局副局长及市会展局局长王琼文。其成员包括名区区长和各管委会主任、市贸促会会长以及厦门海关、出入境检验检疫局、海事局、宣传部、台办、文明办、发改委、经信局、卫计委、教育局、民宗局、公安局、民政局、财政局、人社局、规划委、国土房产局、环保局、建设局、交通运输局、农业局、水利局、海洋渔业局、商务局、文广新局、外侨办、国资委、市场监管局、质监局、体育局、安监局、统计局、市政园林局、港口局、城市管理行政执法局、知识产权局、气象局一名正职或副职行政首长（如局长或副局长）。此外，还有厦门火车站站长、厦门翔业集团总经理、厦门航空有限公司总经理。

由于将会展和旅游放在一起进行规划和管理，所以厦门旅游会展产业发展领导小组的职责表述有所不同：（1）贯彻落实市委、市政府关于旅游会展产业发展的决策部署；（2）提出促进全市旅游会展产业发展战略和总体目标，研究制定促进旅游会展产业改革发展的政策和措施；（3）建立旅游会展产业发展形势研究分析制度和产业运行通报制度，协调解决全市旅游会展产业改革发展中的重大问题；（4）指导全市旅游会展产业发展总体规划的制订和实施，加强对全市旅游会展产业政策、重点项目的指导与协调，检查督促扶持旅游会展产业发展政策措施的贯彻落实；（5）制定实施旅游会展产业发展目标管理和考核评价制度，对推进旅游会展业发展目标任务进行考核；（6）统筹指导全市旅游市场监管，提升旅游市场治理能力；（7）完成市委、市政府交办的其他事项。此外，厦门旅游会展产业领导小组还建立了工作机制，包括：（1）统筹协调机制。每年年初召开全市旅游会展产业发展工作会议，各成员单位参加，部署全市旅游会展产业发展工作。平常定期或不定期召开工作协调会或专题会议，分析全市旅游会展产业发展形势，协调解决旅游会展产业推进过程中遇到的困难和问题。（2）责任分工机制。领导小组办公室根据旅游会展产业发展的需要，按照旅游会展业发展指标体系的相关要求，拟订各成员单位年度旅游会展产业发展任务，下达给各成员单位。各成员单位每年初要对工作任务进行细化、量化，明确时间推进表和完成时限，并及时报送市旅游会展产业办公室备案。（3）工作推进机制。各成员单位要结合旅游会展产业发展年度工作任务，认真履行职责，加强沟通联系，主动搞好服务协调，共同推动工作，形成工作合力。涉及多个单位，需要多个部门配合的工作，由市旅游会展产业发展委员会办公室负责协调相关成员单位，加强沟通。各成员单位要主动负责，做好工作衔接。（4）工作交流机制。一般每个季度召开 1 次全体成员单位或部分成员单位专题会议，交流全市旅游会展产业运行情况，分析预测发展趋势，及时提出对策和措施，以及收集在工作推进中需提交协调会或专题会议研究决定的困难和问题。（5）跟踪考核机制。领导小组办公室每季度对各成员单位主办的重要工作、重点项目进行一次督促检查，并视情况予以通报。对列入市旅游会展产业发展指标体系的工作任务，实行年度绩效目标管理，对各成员单位推进工作情况进行年度的考核排名，考核结果报送市效能办作为各成员单位年度绩效考核的一项指标内容。（6）工作报告机制。各成员单位要及时向领导小组办公室报送工作开展情况，原则上每年 3 月 15 日前报送全年工作计划，6 月 25 日、12 月 25 日前报送半年、全年工作任务完成情况，领导小组办公室负责汇总后将工作总结上报市政府。

（二）会展管理政府职能运行存在的问题

随着中国政府职能的整体转型，政府在会展管理活动中的职能也开始转向经济调节、市场监管、社会管理和公共服务层面。但是，由于会展产业作为一种新兴产业，对于如何发展会展业以及如何界定政府职能仍在探索之中。具体说来，存在如下问题：

1. 管理和服务意识错位

对于会展发展存在受招商引资、政绩和形象工程动机驱动，在场馆和项目建设方面存在盲目扩张的问题。政府在服务意识方面不强，会展企业在办理相关手续方面存在脸难看、事难办的情况。政府在公共安全、知识产权保护等方面的服务意识还有待强化。

2. 缺乏全国和区域间的会展管理与协调机构

目前我国缺乏全国层面的会展经济发展主管机构、缺乏全国层面的会展行业协会。省一级会展经济发展主管机构也不明确，省级政府之间缺乏区域间会展协调机构。由此政府内部及政府间职能不清，存在干预重叠、相互扯皮等管理不畅问题，并导致重复办展现象突出。自十八大以来，我国推动了简政放权，一部分展会活动审批下放，甚至一些非国际性展会活动取消了审批。这本是一件好事，但是由于各地方间审批权和程序不统一，会展活动管理部门之间管理和协调机构改革滞后，导致场馆方、公安、消防出于风险规避仍倾向于政府批文，而主办方没有批文的尴尬局面。同时，也出现了因监管不到位而导致的骗展、闹展、仿展、虚假宣传、展会雷同等问题。

3. 政府监管和公共服务能力不足

会展涉及公安、消防、知识产权、海关、工商、税务、宣传等多政府部门，需要在公共安全、市场监督（反不正当竞争、反虚假宣传）、知识产权等方面由相关政府部门提供政府监管和公共服务。政府主导型会展项目涉及的政府部门更多，并需要层级间政府协同，因此更需要通过协同治理实现监督有效、公共服务供给充分。在实践中，一些政府部门内部缺乏专门针对会展管理的人员和机构，相关培训也不充分，导致相应监管和公共供给不到位。

4. 场馆建设产能过剩，场馆经营状况欠佳

根据 2015 年《中国展览行业发展报告》，中国大陆已经建成的场馆面积超过 800 万平方米，成为世界第一大会展场馆国家。据 2013 年统计，场馆经营收入为 163.45 亿元，三项费用总额为 262.36 亿元，收入只占三项费用的 62.30%。2014 年，经营收入增加到 213.30 亿元，增长 30.50%；三项费用总额为 359.20 亿元，增长 36.91%，经营收入占三项费用的比例降低到 59.38%。

5. 在会展产业规划方面，从产业链、产业集聚、产业融合等方面进行规划的意识与手段不够

目前，我国会展项目分散、会展产业链拓展与开发、产业融合水平低，缺乏品牌会展项目和品牌会展运作公司，缺乏国际竞争力。

（三）完善政府管理职能对策

由于会展具有人员高聚集性、辐射性、联动性、暂时性，涉及多部门甚至多区域的管理，因此会展业对协同发展具有很高的要求。有效的会展管理从本质上说，涉及组织网络的整体建设、不同组织间的协同治理。相应地，政府也需要从网络治理和协同治理的角度完善其政府管理职能。

1. 完善会展经济发展管理体制

如前所述，我国许多城市一级政府建立了会展经济发展管理体制，但是各地管理体制并不相同，还需要进一步通过改革与实践确立更为明确的管理体制。会展需要协同政府各部门、各区域政府进行共同管理，因此需要加强组织领导，并具有健全的工作和协同机制。目前看来，领导小组加会展办体制有助于协同政府内部各部门进行共同治理。但是，这一体制还需要从主体责任、责任追究、工作机制等方面予以细化。具体说来，需要建立统筹协调机制、工作推进、责任分解、工作交流、绩效考核和责任追究机制。同时，知识产权、公安部门、交通运输、海关、检验检疫、工商、税务等部门要建立相应的工作机制。对于一级二线会展城市，建议公安部门、知识产权局在其内部成立会展处并建立明确的会展工作机制。比如，公安部门对于会展中心、会展期间的警力设置要有一套明确的工作机制。国务院、省一级政府需要尽快建立会展经济发展规划和协调部门。对于会展经济带地区，需要推动区域间政府协同发展机制的建立。同时，需要推动全国性的会展行业协会建立，强化行业自律。只有上述经济管理体制建立到位，才能够保证政策体系、市场化建议措施、会展产业链和经济带布局方面的全国一盘棋，避免国内会展发展无序的状态。

2. 推动各级政府会展规划和会展管理法规建设，提高会展法治水平

目前，我国一部分地区出台了展览业管理办法，但是其他地区还

缺乏相应的管理办法。同时，国家层面的展览管理办法也没有出台。同样，对于会议管理的标准和管理办法也普遍缺乏。在会展国际仲裁等方面也缺乏有效的机制和话语权。目前，中国会展在数量、规模等方面的指标已经有多项处于世界前列。会展法治水平落后将成为制约中国会展经济发展的重要瓶颈，需要尽快改变这种局面。

3. 完善会展业的保障体系

完善各级政府的会展发展战略、扶植政策的研究和组织落实；完善有助于会展业发展的产业政策、税收政策、财政和金融保险政策；建立融资性担保和推动融资市场化改革；优化展品出入境监管方式，优化出入境检验检疫手续；优化会展期间和会展场所交通管理；完善大型会展活动综合治理和专项治理水平。

4. 加快会展市场化发展的保障体系建设

市场化发展的保障体系除了有效的政府管理机制、法治体系外，还包括行业标准体系、统计体系、诚信体系、知识产权保护体系、人才培养体系、研发和评价体系。这些体系的建设需要政府、行业协会、中介组织、研究机构等多种力量才能够完成。缺乏这些保障体系的建设，会展发展就会存在高不确定和高风险性。当会展发展存在高不确定和高风险性时，对政府主导就会更加依赖，市场化进程就会受到影响。

5. 建立会展公共安全预警和分级管理体制

根据会展规模、性质，对会展公共安全进行评级，形成有效的预警机制。根据这种评价和预警进行分级管理。目前，我国已经建立了公共安全应急预案体系。但是并没有针对会展项目进行细化。对于一个城市来说，在一定时期内的会展项目是可知的，因此需要城市政府根据年度会展项目进行评价、建立预警机制，并在此基础上进行分级管理。

6. 推动会展市场主体建设，推动会展品牌建设

鼓励多种资金进入会展市场，鼓励多种性质的企业进入会展市场，鼓励公私合作，推动会展市场主体多元化发展；定期发布引导和支持展会目录，鼓励产业特色鲜明、区域特点明显、展会效果和影响力显著的展会发展，培育一批品牌展会；鼓励创新、深化合作，推动融合

发展，改变项目分散化经营，培植一批中国会展的龙头航母企业或非赢利性组织。企业集团化可以通过：（1）股权并购形式，包括从原来的股东处直接受让目标企业或展会股权，也包括对既有的会展企业直接增资扩股；（2）合资公司模式；（3）场馆公司与会展经营公司并购组建大型会展经营集团或场馆公司通过拓展自办展形成综合会展经营公司；（4）委托经营模式。委托方因自身经营管理能力有限，进而委托第三方对其进行经营管理，双方签订委托管理协议，受让方在约定的范围和期限内进行经营管理，除获得固定报酬外，也按经营效果量化考核。（5）资产并购模式。它是指并购方直接购买目标企业或展会的关键资产。（6）品牌展会移植模式。原展会主办方在移植地寻找当地合作方，以契约的方式约定展会运作方式。

7. 清理和规范政府主导型会展项目，推动展会市场化

各级政府、各政府部门原则上不再由政府主办新的会展项目，对既有的政府主导型会展项目进行清理和规范，并推动既有项目经营市场化。一是可以将既有的项目委托专业的公司经营和管理，实现市场化经营；二是对社会政治功能不强的既有会展项目通过逐步减少投入的方式推向市场；三是对于仍需要由政府主导的项目进行整合，打包给大型国有会展经营集团或非赢利性组织（具有官方背景）经营；四是推动会展行政性单位向国有企业或具有官方背景的非赢利性组织转型。

8. 借鉴国际通行做法，推动会展尤其是会议和旅游业的整体营销

如前所述许多欧美城市将会展和旅游放在一起进行整体营销。例如，世界会议名城维也纳早在1969年就成立了维也纳会议局。该局是在维也纳市政府和商会的支持下成立，有11位会议专家，负责如下服务的提供：（1）为会议策划人员推介、联系会议场地并协助做出合理的选择；（2）为会议策划人员制作竞标书或进行竞标陈述提供相应的帮助，以充分说明维也纳是最适合的举办地。（3）协助会议策划人员与当地的会议中心、目的地管理公司（DMC）等服务供应商之间保持良好的沟通，并能预留所需的酒店服务。（4）为7、8月以及从11月到次年3月在维也纳举办的国际性的协会会议提供一定的财务支持，此举的目的是平衡维也纳会议的淡、旺季。（5）根据会议策划人员的

要求，安排酒店、会议场地等现场考察。（6）提供各种广告和宣传推广资料。（7）通过维也纳会议日历来推广某次会议和活动，并能与会议的官方网站建立链接。（8）所有工作人员随时准备回答会议组织者的其他任何问题并乐意提供帮助。在营销方面，维也纳旅游局首先是把会议和奖励旅游宣传纳入城市的整体营销框架中，利用广告宣传、直接邮寄、组织推介会等手段营销维也纳作为国际最受欢迎会议目的地的优势条件和各种服务。维也纳旅游局下设有专门的游客服务、人事和财务部。①

上海是我国将会展与旅游进行整体营销的较早城市。1984 年 8 月上海旅游推广服务公司成立，1990 年 8 月改名为"上海旅游宣传中心"，主要从事旅游推广事业。2003 年改为"上海旅游会展推广中心"。目前，我国大部分城市在会展旅游整体推介方面还需要借鉴国际做法予以完善。

小　结

综上所述，无论是会展法律法规，还是产业政策侧重于展览业甚至是管理机构的设置都侧重于展览业，对于会议业重视程度有待加强。目前，我国存在多部门制定会展行政法规的现象，地方行政法规制定进度和水平不一，迫切需要进一步明确各部门以及中央和地方在会展法律制定方面的权限。为此，首先需要起草一部《全国会展业管理办法》。由于会展活动自身涉及领域范围广，因人员集聚而导致了交通、治安等方面的压力和风险大，因此会展业的良性运转不仅取决于会展法律法规自身的完善程度，而且还依赖于和会展相关的通用型法律的完善程度。更重要的是依赖于整个国家和相关城市的法治水平。根据中国政法大学法治政府研究院发布《中国法治政府评估报告（2014）》，

---

①薛莹.国际城市会展业发展理论与实践案例分析：维也纳.载于王春雷，王晶.国际城市会展业发展理论与实践[M].北京：中国旅游出版社，2014：76—77.

当前我国地方法治政府建设的总体水平不高。100 个市级政府中，有 52 个城市所得总分在及格线以下，过半数的市级政府的法治水平处于不及格的状态。该报告显示，100 个市级政府中，总分排名前十的城市分别为广州、北京、佛山、厦门、成都、上海、长沙、南宁、苏州、珠海。[①]这些城市也是我国会展业和市场化程度高的城市。地方政府法治水平不高，增加了办展的风险，从而导致各方对市场化办展的信心不足，由此反过来增加了对政府主导型办展的依赖。

在会展产业政策方面，各级政府基本上将会展业纳入了五年规划。国务院出台了《关于进一步促进展览业改革发展的若干意见》，有的省一级政府已经根据国务院的《意见》出台相应的改革发展文件。事实上，一些会展业发展早的城市一级的政府较早地出台了相关的政策文件。未来的会展产业政策除了继续出台相关的激励性政策外，还需要强化培育市场主体、品牌会展和会展教育与培训等方面的措施。同时在打造会展产业链及产业集聚，推动会展产业融合方面需要有所措施。更重要的，是完善会展管理的组织体制，推动城市会展整体营销能力。

在行业管理方面，国内许多城市包括不少三线城市已经成立了会展行业协会，但是全国层面的会展行业协会仍未成立。更重要的是，现有的会展行业协会体系还不够完善，展览协会相对会议、奖励旅游和节事来说，要更完善。既有行业协会的治理结构和治理水平也有待提高。

---

①刑世伟.过半市级政府法治水平不及格 广州北京佛山排前三[N].新京报，2014-12-26.

第八章

结 论

　　在会展产业化之前，会议、仪式和节事活动、集市等存在的历史几乎和人类的历史一样长。因此，在会展的经济价值在工业化、商品化浪潮的冲击下而被充分开发之前，会展的政治和社会价值（功能）就已经存在，其成本也被各类组织内在化。会展作为各类组织及组织间开展活动的特殊的活动形态和组织自身的发展密切相关。在价值和组织日益多元化，组织形态日益复杂化、全球化和网络化的当下，会展的功能也日益多元化，会展自身的组织形态也日益复杂化。

　　中国革命的过程不仅是实现民族—国家建构的过程，也是一个对中国社会进行组织化再造的过程。中国共产党作为马列主义政党，遵循民主集中制，以群众路线为根本政治路线，属于"整体党"，在中国革命的过程中肩负了民族—国家建构和组织化再造的任务。经由社会主义改造和一系列的政治运动，中国形成了强大的国家主导能力，形成了国家主导型工业化模式。改革开放以前，我国逐渐改变计划经济体制，推行社会主义市场经济体制改革。而整个过程也是在国家主导下进行的。这一过程体现在产业中，就是产业自身具有政府主导的特性。尽管产业推进的时间次序有先有后，但是几乎所有的产业都是由政府主导型向市场主导型转变。在长期的计划经济时期，中国已经积累了对国家产业进行宏观规划的经验，作为后发国家，中国长期以来强调通过国家战略实现经济发展的总体方向的把控。通过国家战略、政府年度及中长期规划以及产业政策推进我国产业发展仍是我国政府在产业发展中采用的基本手段。当然，通过培育市场主体、推进市场秩序和发挥市场机制的作用来促进产业发展是改革的另一个方向。在这一过程中，政府主导的具体形态也与政府和市场力量的不同也有所不同。但是，在一定时期，这种具体形态又具有一定的共性。因此，探讨政府主导运作形态及市场化进程是一个复杂的问题。

相对于其他产业来说，会展作为一个产业和一种经济形态在世界产业发展史也属于一种新兴产业。在改革开放以前，会议更多地是作为一种解决问题、进行政治沟通和协商的工作，而展览更多地是先进人物展示、党政军群政绩展示、爱国主义展示和教育、工业化和经济建设成就展示的工具。少数的出国展和来华展则具有一定的交流与学习的功能。改革开放以来，在经济建设为中心的指导思想下，会展为出口服务、为招商引资服务的导向也很明显。随着中国成为世界制造大国，成为世界各国最为重要的贸易伙伴国家，展览作为推动中国商品出口的重要渠道，越来越受到重视，在这一巨大市场的推动下，中国展览业受到各部委、地方政府的重视，由部委、地方政府举办的大型展会也自20世纪90年代以来得以飞速发展。由政府推动的大型展馆建设也如火如荼地进行。这也使得中国政府主导型会展也具有双重含义，即政府主导会展业和政府主导会展项目。从制度产生的角度说，政府主导型会展自身作为一种制度形态的产生既和中国特有的惯性相关，也和中国特有的制度性需求相关，还和会展固有的产业特性相关。作为一种跨界产业和平台经济，会展产业具有拉动和外部效应明显、前期投入大和回收周期慢、公共安全压力大等特点，因此在其发展之初，需要政府承担更多的责任。尤其是，在市场化程度低和法治化水平相对低的情况下，由政府举办大投入、高风险的会展活动能够获得各方更多的信任。当然，在缺乏有效治理经验的情况下，由政府自身主办会展也能够获得政府自身的信任。当然，如同市场治理存在失灵一样，政府主导也会存在失灵。因此，在现代治理理念下，政府主导型会展不仅仅是简单地市场化转向，更重要的是要向由政府、市场、非政府组织等多种组织类型之间的协同治理的有效网络治理形态的转变。

秉承这一信念，我们在第二章从组织演变的历史角度分析了会展发展的历史以及会展所具有的政治经济功能。第三章在探讨会展一般组织过程的基础上，着重探讨了我国政府主导型会展的组织模式及组织化政策工具。第四章探讨了会展主体的基础上着重分析了会展组织网络。第五章探讨了会展产业链及产业融合。第六章再从市场组织机制的角度探讨了我国政府主导型会展项目市场化的问题。第七章分析了国际和我国会展法律法规和产业政策，关注的视角重点在国家、中央、地方、城市政府这些组织层面。

通过上述研究，形成如下结论性观点：

（1）不同类型的会展具有不同的政治经济和社会功能，会展也是政府、市场组织、非政府组织进行活动的特殊组织形态，因此它们都是现代会展产业的需求者。无论如何市场化，政府及公益性组织都会存在大量会展活动的需求，当然一部分会展活动可以通过组织的内在化甚至内在市场化予以供给，一部分可以通过单纯外包或者合作供给的方式获得。

（2）中国作为后发国家，各地经济和会展自身发展水平不平衡，因此在政府主导型会展市场化转型过程中也可以根据具体情况采用不同的策略。作为会展产业政策促进发展的最为重要的主体，城市政府的地位非常重要。为此，城市政府需要根据本地具体发展情况、会展资源制定出最合理的会展产业促进政策。其主要内容包括城市会展管理体制、发展目标与原则、促进和扶植政策范围与手段、优化会展环境等方面的内容。会展产业规划和管理要和旅游产业、文化产业规划与管理相衔接。在整体营销上，会展要和旅游及文化业一起规划。

（3）在政府主导会展项目市场化上要有步骤、有计划进行，并和品牌会展培育、市场主体培育一起考虑与实施。对于一部分社会（政治）效益性强的会展项目，政府可以通过市场化改革降低成本，但需要通过平衡经济和社会效益（包括政治）并通过引入评价机制不断完善。

（4）会展业市场化不仅需要建立有完善的会展市场系统，而且需要有良好的法律法规和行业自律。更重要的是法治治理水平。因此，对于想定位于会展城市，尤其是国际会展城市的城市政府来说，完善整个城市的法治治理水平非常重要。当然，就会展法律法规而言，需要迫切明确各级政府、各职能部门在会展业管理中的职责并将其职责贯穿于其日常管理行为之中。还有，从全国层面清理现有的法律法规，并在此基础上完善各级法律法规也非常重要。同时，还迫切需要完善各类行业管理协会。

（5）作为一种新兴经济形态，会展产业各主体间的关系、产业链及产业融合以及会展组织网络形态及治理绩效需要各界关注与研究，无论是政府产业政策，还是业界关注的网络治理都需要以此为基础。

（6）随着中国社会政治经济的全面发展，中国在世界中的地位也日益突出，不仅需要借助会展活动发表声音，展示软实力，而且还需要通过一系列正式和非正式的组织及其会展活动形态掌握世界治理中应有的话语权。中国既要提高自身的国家治理能力，也要创建、参与创建区域性、全球性治理组织，创新全球治理组织会展活动形态。同时，中国会展业不仅要做大做强，从而吸引世界更多的组织和人员参与在中国举办的会展活动，充分发挥会展的综合功能，还要走出去。

2009 年，我国成为世界第一大出口国；2010 年，中国 GDP 超过日本，成全球第二；2012 年，我国贸易总额为 38667 亿美元，小幅超过美国的 38628.59 亿美元，成为世界贸易规模最大的国家；2013 年，中国货物进出口总额为 4.16 万亿美元，其中出口额 2.21 万亿美元，进口额 1.95 万亿美元。尽管中国经济存在外资成分大、人均 GDP 低、环境成本大等问题，但是庞大的市场、经济总量和贸易量还是为中国会展业未来的发展提供了强大的支持。截至 2010 年底，全国 78.7 万户行政事业单位国有资产为 119741 亿元。[1]截至 2012 年底，全国民营企业数量为 1085.72 万户，注册资本 31.1 万亿元，实现营业收入 20.1 万亿元，而归属于国资委的中央企业数量为 120 家，资产总额 31.2 万亿元，实现营业收入 22.5 万亿元。[2]自 2013 年以来推进的政府第七次

①席斯，常溪.行政事业单位资产 12 万亿 账外收入要进预算[N].经济观察报，2012-7-9.
②吴晓波.中国国企应如何生存[N].财经新报，2013-3-12.

政府机构改革和简政放权进一步激发了中小企业发展的活力。据工商总局 2016 年 1 月 13 日发布数据显示，2015 年全国新登记企业 443.9 万户，同比增长 21.6%，平均每天新登记企业 1.2 万户，创历史新高。2012 年中国有 27.1 万个，民办非企业 22.5 万个。[①]除了事业单位、企业、社会组织，还有党政机构和军队。如此庞大的组织机构，必然会产生对会展活动的需求。随着中国反腐败力度的加大，以及对政府主导型会展的清理，会展市场的结构将发生变化，政府市场的结构相对要降低。这对许多依赖于政府主导型展会的会展运营组织来说，尤其是依赖于某一政府主导型会展项目的会展运营组织来说是一种挑战。然而，同时这也是中国会展业并购重组，走向规模化、多元化和品牌化经营的机会。无论是会展国有企业还是民营企业，都将在未来的市场化改革中获得机会。

---

①成慧.去年全国新登记企业同比增 21.6%平均每天新登记企业 1.2 万户[N].人民日报，2016-1-14.

参考文献

中文著作

[1]白文刚.中国古代政治传播研究[M].北京：中国社会科学出版社，2014.

[2]戴光全.重大事件对城市发展及城市旅游的影响研究：以昆明世博园艺博览会为例[M].北京：中国旅游出版社，2005.

[3]冯尔康.宗族制度、谱牒学和家谱的学术价值[M].北京：中华书局，1997.

[4]郭牧.会展与区域经济的发展：以中国义乌国际小商品博览会为例[M].北京：中央编译出版社，2008.

[5]龚维刚、杨顺勇.上海会展业发展报告2014[M].北京：经济日报出版社，2015.

[6]郭英之，王云龙.会展概论[M].北京：旅游教育出版社，2009.

[7]何本方，岳庆平.中国宫廷知识词典[M].北京：中国国际广播出版社，1990.

[8]胡泓媛.中国会展经济发展及知识产权保护[M].北京：知识产权出版社，2015.

[9]彭兰，高钢.中国互联网新闻传播结构、功能、效果研究[M].北京：高等教育出版社，2011.

[10]叶凯.中国城市会展经济系统建构与城市发展[M].哈尔滨：哈

尔滨工业大学出版社，2013.

[11]王方华，过聚荣.中国会展经济发展报告（2009）[M].北京：社会科学文献出版社，2009.

[12]过聚荣.中国会展经济发展报告（2010）[M].北京：社会科学文献出版社，2010.

[13]过聚荣.中国会展经济发展报告（2013）[M].北京：社会科学文献出版社，2013.

[14]何光沪.多元化的上帝观:20世纪西方宗教哲学概览[M].北京：中国人民大学出版社，2010.

[15]剧宇宏.我国会展业可持续发展研究[M].北京：中国法制出版社，2014.

[16]施昌奎.会展经济运营管理模式研究：以"新国展"为例[M].北京：中国社会科学出版社，2008.

[17]石杰琳.中西方政府体制比较研究[M].北京：人民出版社，2011.

[18]石佑启，杨治坤，黄新波.论行政体制改革与行政法治[M].北京：北京大学出版社，2009.

[19]孙祥和.政府主导下的专业市场升级：一个来自义乌的样本[M].北京：中国人民大学出版社，2012.

[20]王春雷.国际城市会展业发展理论与实践[M].北京：中国旅游出版社，2014.

[21]王春雷.中国会展业发展十讲[M].北京：中国旅游出版社，2014.

[22]王朝辉.重大事件对大都市旅游发展的影响[M].北京：科学出版社，2013.

[23]王小强.会展法律法规[M].北京：电子工业出版社，2008.

[24]王俊豪.产业经济学[M].北京：高等教育出版社，2008.

[25]李勇军.会展策划[M].北京：机械工业出版社，2015.

[26]李勇军.公共政策[M].北京：机械工业出版社，2013.

[27]李剑泉，季永青.会展政策与法规[M].大连：东北财经大学出版社，2012.

[28]刘大可，陈刚，王起静.会展经济理论与实务[M].北京：首都

经贸大学出版社，2006.

[29]刘大可，王起静.会展活动概论[M].北京：清华大学出版社，2004.

[30]刘松萍.会展、经济与城市发展：关于中国"广交会"的综合研究[M].北京：中央编译出版社，2008.

[31]刘洋.理论与经验：会展视角下的北京城市品牌传播[M].北京：北京联合出版公司，2015.

[32]刘烨.马斯洛的人本哲学[M].海拉尔：内蒙古文化出版社，2008.

[33]刘吉发，金栋昌.西部地区政府主导型文化管理模式建构研究：基于国际"多元治理"模式的比较[M].北京：中国人民大学出版社，2016.

[34]沈丹阳.城市、政府与中国会展经济[M].北京：中国商务出版社，2008.

[35]熊元斌.旅游业、政府主导与公共营销[M].武汉：武汉大学出版社，2008.

[36]应丽君.政府主导型展会发展报告（2010）[M].北京：人民日报出版社，2010.

[37]曾武佳.现代会展与区域经济发展[M].成都：四川大学出版社，2008.

[38]赵旭东.公司法学[M].北京：高等教育出版社，2012.

[39]张万春.我国会展争议解决研究[M].北京：经济日报出版社，2015.

[40]张玉敏.中国及海外会展概览（2010—2011）[M].北京：经济日报出版社，2010.

[41]周苏平.中国古代丧葬习俗[M].西安：陕西人民出版社，2004.

[42]中国全史编委会.中国全史（第1册）[M].长春：吉林大学出版社，2011.

[43]清史稿[M].北京：中华书局，1977.

[44]史记[M].北京：中华书局，1959.

[45]〔美〕大卫·科泽.仪式、政治与权力[M].王海洲，译.南京：江苏人民出版社，2015.

[46]〔美〕约瑟夫·奈.软实力[M].马娟娟,译.北京:中信出版社,2013.

[47]〔德〕马克思·韦伯.新教伦理与资本主义精神[M].上海:三联书店,1987.

[48]〔美〕米尔恰·伊利亚德.宗教思想史[M].晏可佳、姚蓓琴、吴晓群,译.上海:上海社科院出版社,2011.

[49]〔美〕赫希曼.经济发展战略[M].曹征海,潘照东,译.北京:经济科学出版社,1991.

[50]乔治·弗雷德里克森.公共行政的精神[M].张成福,译.北京:中国人民大学出版社,2004.

[51]〔古罗马〕塔西陀.日耳曼尼亚志[M].马雍,付正元,译.北京:商务印书馆,1962.

[52]〔美〕保罗·康纳顿.社会如何记忆[M].纳日碧力戈,译.上海:上海人民出版社,2000.

中文论文

[53]冯新舟,何自力.中国模式中的市场和政府关系:政府主导下的社会主义市场经济[J].马克思主义研究,2015(11).

[54]张曙光.市场化及其测度——兼评《中国经济体制市场化体制研究》[J].经济研究,2010(10).

[55]魏然.产业链的理论渊源与研究现状综述[J].技术经济与管理研究,2010(6).

[56]林学军.战略性新兴产业的发展和形成模式研究[J].中国软科学,2012(2).

[57]包洪涛,马庆胜.论西方政能理论对我国转变政府经济职能的启示[J].军事经济学院学报,1999(1).

[58]中国行政管理学会.中国政府效能建设报告[J].中国行政管理,2012(2).

[59]姚尚建.国内责任政府研究的历史和现状[J].学术交流,2006(4).

[60]井敏.内服务型政府研究的四种角度[J].新视野，2006（3）.

[61]魏爱云.服务型政府：政府改革的目标选择——专访北京大学政治发展与政府管理研究所所长、教授谢庆奎[J].人民论坛，2006（5）.

[62]冯玉军.中国法治改革三十年述评[J].甘肃政法学院学报，2010（1）.

[63]袁曙宏，杨伟东.我国法治建设三十年回顾与前瞻——关于中国法治历程、作用和发展趋势的思考[J].中国法学，2009（1）.

[64]罗秋菊，保继刚.展览会主题定位与终端客户效益感知——以东莞两个典型展览会定性分析为例[J].旅游科学，2006，20（5）.

[65]杨顺勇，徐烜.基于层次分析法的会展项目成功度评估研究[J].上海应用技术学院学报（自然科学版），2010（1）.

[66]孙元欣.上海世博会会展期间参观者分布预测与应对[J].上海管理科学，2007（4）.

[67]许春晓，柴晓敏，付淑礼.城市居民对重大事件的感知变化研究：2006杭州世界休闲博览会期间的纵向研究[J].旅游学刊，2007（11）.

[68]马勇，陈静.会展与酒店业的服务体系互动影响研究[J].江苏商论，2008（7）.

[69]徐爱萍、楼嘉军.我国会展业发展中政府管理缺陷及原因分析[J].北京第二外国语学院学报，2008（1）.

[70]王小兵.城市会展业发展模式及政策选择[J].青岛科技大学学报，2010（3）.

[71]邬国梅.政府主导型展会的运作模式研究[J].企业经济，2009（3）.

[72]邝玉春.近年来国内关于政府对旅游发展影响研究综述与启示[J].旅游纵览，2011（3）.

[73]袁传旭.英国议会制的起源和形成[J].书屋，2013（9）.

[74]林成西.中国古代城市商业管理[J].文史杂志，2006（4）.

[75]宁凡.15—16世纪欧洲集市的转变：以尼德兰集市为例[J].史学集刊，2012（2）.

[76]陈来.殷商的祭祀宗教与西周的天命信仰[J].中原文化，2012（4）.

[77]田纪云.八十年代经济体制改革十大措施[J].炎黄春秋，2008（3）.

[78]胡平、杨杰.展览业经济拉动效应的实证研究：以上海新国际博览中心为例[J].华东师范大学学报，2006（5）.

[79]李勇军.政策动员及其在中国的转向[J].云南行政学院学报2011（3）.

[80]郭焕龙.话说社会动员机制[J].前线，2009（3）.

[81]张正义，贺佳雨.我国会展业利益相关者与分类研究[J].企业研究，2010（12）.

[82]陆海燕.社会资本：《建构网络治理的支柱》[J].理论界，2008（5）.

[83]袁雪红.三维治理：关系治理、网络治理与知识治理——知识网络组织间合作价值关系的治理研究[J].图书情报工作，2010（3）.

[84]王作军，任浩.组织间关系：演化与发展框架[J].科学学研究，2009（12）.

[85]曾昭宁，王忠.我国产业带发展现状及对策研究[J].商业时代，2008（10）.

[86]项安波，张文魁.中国产业政策的特点、评估与政策调整建议[J].中国发展观察，2013（12）.

[87]陈思融，章贵桥.民营化、逆民营化与政府规制革新[J].中国行政管理，2010（10）.

[88]杜亚灵，尹贻林.基于典型归类的 PPP 项目盈利模式创新与发展研究[J].工程管理学报，2015（5）.

[89]戴美琪，游碧珠.国内休闲农业旅游发展研究[J].湘潭大学学报，2006（7）.

[90]王健.休闲体育研究综述[J].云梦学刊，2010（1）.

[91]张玲，邬永强.广州市会展旅游业集聚过程及形成机理研究[J].地理学报，2013（2）.

[92]李勇军.展会组织网络及其治理机制：基于西方网络治理理论的探讨[J].天津商业大学学报，2012（6）.

[93]李勇军.展会组织网络的治理分析[J].商业研究，2012（2）.

[94]李勇军.会展产业价值链及其产业融合研究[J].商业研究，2016（1）.

新闻报道

[95]兰红光.习近平亲自批示改革决策过程 曾力推"有限政府"[N].新京报，2018-08-08.

[96]钱昊平.领导人座谈会的开法[N].南方周末，2015-07-30.

[97]钟向阳，王海军，皮泽红.广交会区域经济影响研究成果出炉[N].中国工业报，2009-10-15.

[98]杨敏.1956 年中国出口商品展览会[N].中国新闻周刊，2012-05-29.

[99]葛玉广.大连工业展览会：新中国展览会开篇之作[N].中国会展，2009（23）：49-51.

[100]张周来，刘良恒，李惊亚，李蒙.会展行业乱象丛生蕴藏巨大风险[N].经济参考报，2014-02-21.

[101]斐依.发达国家会展业为何长胜不衰[N].中国文化报，2013-10-19.

[102]黄勇娣.沪场馆展出能力全球居首[N].解放日报，2015-12-12.

[103]刑世伟.过半市级政府法治水平不及格 广州北京佛山排前三[N].新京报，2014-12-26.

[104]席斯，常溪.行政事业单位资产 12 万亿 账外收入要进预算[N].经济观察报，2012（577），2012-07-09.

[105]吴晓波.中国国企应如何生存[N].财经新报，2013-03-12.

[106]成慧.去年全国新登记企业同比增 21.6%平均每天新登记企业 1.2 万户[N].人民日报，2016-01-14.

英文文献

[107]Porter M. Competitive Strategy Techniques for Analyzing Industries and Competitors [M]. New York：Free Press，1980.

[108]Claude G V. Dynamic Competition and Development of New Competencies [M]. Charlotte：Information Age Publishing，2003.

[109]Crompton, J.L., Mckay, SL. Motives of Visitors Attending Festival Events.Annals of Tourism Research, 1997, 24(2).

[110]Severt,D.Wang,Y.,Chen,P.J,Breiter,D.Examing the Motivation, Percieved Performance,and Behavioral Intentions of Convention Attendees: Evidence from a Regional Conference.Tourism Management, 2007(28).

[111]Nicholson, R.E and Pearce,D.G. Why Do People Attend Events: A Comparative Analysis of Visitor Motivations at Four South Island Evetns.Journal of Travel Research, 2001(39).

[112]Crouch,G.I, & B, Ritchie. Convention Site Selection Research: A Review Conceptual Model and Propositional Framework.Journal of Convention and Exhibition Management.1997, 1(1).

[113]Bramwell,B.Strategic Planners Use and Evaluation of Convention and Visitor Bureaus.Tourism management,2001，1（22）.

[114]Gnoth,J,. A New Zealand Bets on Event Tourism.Cornell and Restaurant Administration Quarterly. 2000(1).

[115]Wang Y.C,R Daniel Fessenmaier.Identifying the Success Factors of Web- Based marketing Strategy:An Investigation of Convention and Visitors Bureaus in the United States.Journal of Travel Research, 2006,44(1).

[116]Go F M,Govers R.The Asian Perspestive:Which Convention Destinations in Asia Are the Most Competitive?Journal of Convention and Exhibition Management,1999(4).

[117]Elman R. Service Origins of the State and Civilization: The Process. WW Norton & Co,1988.

[118]Jay G. Blumler and Dennis Kavanagh. The Third Age of Political Communication: Influences and [115]Features//In Denis McQuail(Eds), Mass Communication: II, Sage Publication, 2007.

[119]Doney M P, Cannun J P. An examination of the nature of trust in buyer- seller relationships. Journal of Marketing, 1997, 61 (1).

[120]Scott R. Institutions and Organizations . Thousand Oaks CA: Sage, 1995.

附　录

天津夏季达沃斯论坛议程

表1　2014天津夏季达沃斯论坛9月10日主要议程

时间	主题	内容	嘉宾
9:00 — 10:00	基础设施建设刻不容缓	哪些模式和合作关系能够加快推动对关键基础设施的长期投资？探讨以下内容：加快建设战略基础设施，改善住房与交通水平；推动数字化基础设施的创新；构建高效的基础设施投资生态系统	Christian Jacqui，埃森兰万灵集团执行副总裁，法国；易卜拉欣·凯塔（Ibrahim Boubacar Keita），马里共和国总统；Mark Machin，加拿大养老金计划投资署亚洲总裁，香港特别行政区；Shoji Takenaka，东芝公司智能业务全球副总裁，日本。主持人，Vikram Chandra，印度
9:00 — 10:00	全球经济最新动态	在我们迈向2015年的过程中，全球经济的前景如何？	李稻葵，清华大学苏世民学者项目主任；Luis Alberto Moreno，美洲开发银行行长；西村康稔，日本内阁府副大臣；Kenneth Rogoff，哈佛大学公共政策教授、经济学教授；朱民，国际货币基金组织副总裁；主持人田薇

时间	主题	内容	嘉宾
10:30 — 11:30	消费者安全：安全优势	产品安全问题如何改变企业运营，从而有助于企业在全球市场赢得客户？将探讨以下内容：增强产品的可追溯性；加强合规体系的建设；管理环境威胁	Ashifi Gogo，Sproxil 首席执行官；林碧宝，百事大中华区主席，中国南吉硕，雀巢公司亚洲、大洋洲、非洲和中东地区执行副总裁；王铁，艺康投资有限公司高级副总裁兼大中华区总经理；吴厚刚，獐子岛集团股份有限公司董事长兼总裁；主持人 Aron Cramer
10:30 — 11:30	变局下的中国商业环境	中国的商业环境呈现出哪些新的特征？将探讨以下内容：国企改革的机遇；混合所有制结构；变局中的治理、风险与规范；双边投资协定之影响	董明珠，珠海格力电器股份有限公司董事长兼总裁；傅成玉，中国石油化工集团公司董事长；Klaus Kleinfeld，美国铝业公司董事长兼首席执行官；Mohammed H. Al Mady，沙特基础工业公司（SABIC）副董事长兼首席执行官；主持人，王波明
12:00 — 13:00	金融行业的战略转变	哪些趋势、商业模式和新兴技术正在改变金融行业？将探讨以下内容：重塑全球银行业的发展模式；数字化与产业升级；不仅局限于银行业的金融创新	Bunty Bohra，高盛首席执行官；V. S. Parthasarathy，马恒达集团首席财务官、集团首席信息官；浦晓燕，红杉资本中国基金董事总经理；主持人白瑞琪
12:00 — 13:00	数字化优势	技术发展水平正在如何重新定义全球竞争力？将探讨以下内容：供应链数字化带来的影响；科学、技术、工程与数学教育及技能的作用；推动商业成熟的各种因素	陈哲（Natarajan Chandrasekaran），塔塔咨询服务公司首席执行官兼执行董事；安睿博，SAP 全球业务总裁；美国李瑞麒（Rich Lesser），波士顿咨询集团全球首席执行官兼总裁；主持人，Bronwyn Nielsen

时间	主题	内容	嘉宾
14:00 — 15:00	地缘安全评述	哪些安全热点地区在威胁着全球经济增长？ 将探讨以下内容：中东；南中国海；东欧	Katinka Barysch，安联保险集团政治关系总监，德国；全球议程理事会欧洲专题小组理事船桥洋一，日本再建基金会主席；全球议程理事会核安全专题小组理事 Victor Halberstadt，莱顿大学经济学教授；全球议程理事会地缘经济学专题小组理事 Pavlo Klimkin，乌克兰外交部长；Moon Chung-In，延世大学政治学教授；全球议程理事会韩国专题小组理事；主持人，Espen Barth Eide
14:00 — 15:00	新兴市场将再次崛起？	新兴市场近期的反弹态势能持续下去吗？将探讨以下内容：政治不确定性；推行结构性改革的愿望；国内消费前景展望	诸立力，第一东方投资集团董事长兼首席执行官，香港特别行政区；世界经济论坛基金董事会成员 Arkady Dvorkovich，俄罗斯联邦副总理；俄罗斯事务全球议程理事会理事 Kenneth Rogoff，哈佛大学公共政策教授、经济学教授，美国；朱民，国际货币基金组织副总裁，华盛顿特区；世界经济论坛基金董事会成员 主持人，Bernard Lo，CNBC 亚洲台主持人，香港
15:45 — 16:45	网络经济的未来	哪些因素能够有助于普及和发展全球网络经济？将探讨以下内容：互联网的开放性与安全性；基础设施的质量和可及性；决策平台与原则	Anne Bouverot，全球移动通信系统协会（GSMA）总干事兼董事会成员，英国；全球议程理事会未来电信专题小组理事 Fadi Chehade，互联网名称与数字地址分配机构（ICANN）首席执行官，美国；保罗 雅各布斯（Paul E. Jacobs），高通公司董事长兼首席执行官，美国；2014 年新领军者年会导师鲁炜，国家互联网信息办公室主任，中国；Lawrence Strickling，美国商务部国家电信和信息管理局

时间	主题	内容	嘉宾
			（NTIA）通信和信息助理部长，美国；主持人 Alan Marcus，世界经济论坛美国分部资深总监、信息技术和电信行业社区主管
15:45—16:45	中国前景展望	中国的发展道路将如何影响世界？将探讨以下内容：升级产业价值链；重新审视货币政策；完善投资协定	张茵，玖龙纸业（控股）有限公司董事长；欧柏嘉（Oleg V. Deripaska），俄罗斯铝业公司首席执行官，俄罗斯；马骏，中国人民银行研究局首席经济学家；全球议程理事会全球经济失衡专题小组理事 Lord J. Adair Turner，新经济思维研究所（INET）高级研究员，英国；张晓强，中国国际经济交流中心执行副理事长，全球议程理事会中国专题小组理事；主持人吉密欧（Jamil Anderlini），《金融时报》北京分社社长，中国；全球青年领袖
17:15—17:25	2014年新领军者年会欢迎致辞		菲利普·罗斯勒，世界经济论坛执行董事、执行董事会成员；全球青年领袖
17:25—18:15	开幕全会		李克强，中国国务院总理；主持人克劳斯·施瓦布（Klaus Schwab），世界经济论坛创始人兼执行主席

表2 2014 天津夏季达沃斯论坛9月11日上午主要议程

时间	主题	内容	嘉宾
9:00 — 10:00	全球化：亚洲商业环境	世界上发展最快地区的经济体如何才能实现长期可持续增长和包容性增长？将探讨以下内容： 地区稳定面临的风险及应对之道； 共享繁荣和收入稳定增长； 不断转变的贸易和投资模式	考什克·巴苏（Kaushik Basu），世界银行首席经济学家、高级副行长，华盛顿特区；诸立力，第一东方投资集团董事长兼首席执行官，香港；世界经济论坛基金董事会成员小岛顺彦，三菱商事株式会社董事长，日本；李稻葵，清华大学苏世民学者项目主任；全球议程理事会全球经济失衡专题小组理事 Kevin Sneader，麦肯锡亚洲分公司董事长，香港； 主持人 Teymoor Nabili，亚洲新闻台执行编辑兼主播，新加坡
9:00 — 10:00	气候变化：气候政策的新环境	鉴于中国和美国再次聚焦气候变化问题,企业应该如何参与塑造新的政策环境？将探讨以下内容：新的政策与策略；企业参与塑造新的气候政策环境；展望联合国气候峰会与2014 年联合国气候变化大会	Rasmus Helveg Petersen，丹麦气候、能源与建筑大臣；Manuel Pulgar-Vidal Otalora，秘鲁环境部长；谢白曼（Feike Sijbesma），皇家帝斯曼集团董事长兼首席执行官，荷兰；解振华，国家发展和改革委员会副主任，中国；主持人琳达·岳（Linda Yueh），BBC 新闻频道"Talking Business with Linda Yueh"节目主播、首席财经记者，英国
10:15 — 11:15	技术展望：再次遭遇互联网泡沫？	根据近期对科技类企业的评估，我们正在迎来第二次机器时代，还是将再次遭遇技术泡沫？将探讨以下内容：科学突破性成果的商业可行性；基于价值进行预测还是投机？数字化革命的市场轨迹	曹大容，光速安振中国创业投资基金联合创始人兼董事总经理；全球青年领袖 Tyler Cowen，乔治梅森大学经济学教授，美国；马克斯·列夫琴（Max Levchin），HVF 公司创始人兼首席执行官，美国；2014 年新领军者年会导师；全球青年领袖主持人白佩琪，《华尔街日报》副主编，美国

时间	主题	内容	嘉宾
10:15 — 11:15	新领 军者 全会： 推动 创新 创造 价值	新领军者如何通过推动创新，共同塑造美好未来？与论坛新领军者共同探讨数据革命、21世纪的人才以及技术改善生活等话题。	Marc Freedman，Encore 公司创始人兼首席执行官，美国；社会企业家；Stéphanie Lacour，洛桑联邦理工学院工程学院副教授、Bertarelli 神经假体技术基金会主席，瑞士；青年科学家；Matsi Modise，南非黑人企业家论坛创始人兼首席执行官，南非；全球杰出青年；联合主持 Vikram Chandra，新德里电视台主播兼编辑，印度；琳达·岳（Linda Yueh），BBC 新闻频道"Talking Business with Linda Yueh"节目主播、首席财经记者，英国

后　记

　　天津商业大学自 2008 年开始在公共管理学院公共事业专业开设会展方向，并从全校选拔学生组成会展班。2010 年获得教育部批准，正式招收会展经济与管理专业的学生。2012 年开始招收会展政策与运营方面的硕士研究生。作为学校第一批从事会展专业授课的老师，我迄今已经从事会展专业本科教学工作 8 年、硕士教学工作 4 年。在此之前，我主要是从事公共管理方面的教学与研究。这 8 年多来，我和其他进入会展专业的老师一样，需要边学边教。在教学与研究过程中，我不断意识到在中国会展业发展中，政府主导对整个产业和大型会展项目的重要影响，并逐渐从自己相对擅长的公共管理视角对这一问题进行思考。大概在 4 年以前，萌发了撰写本书的念头并草拟了写作提纲。事实上，个人觉得，仅就政府主导型会展这一选题而言，现在是一个最好的写作和出版时期。这是因为一方面，中国会展业正在进入一个关键时期，国家也已经明确要市场化发展，另一方面会展界已经出版了大量的会展业发展报告，业界运作形态也日益成熟，写作所需要的素材也较充分。书中引用了大量的学界同仁的研究成果，引用了大量的会展业发展报告、业界运作案例，也引用了一些会展公司和项目官方网站方面的资料。在写作中，我尽量一一注明。在此，谨向所有人员致以诚挚的谢意。

　　感谢天津商业大学历届会展专业的学生，感谢天津商业大学公共管理学院孙钰院长，白洪文书记，李增田，关兴丽副院长，姜仁良主任以及会展系杨琪等各位老师的支持！感谢天津商业大学张立毅教授的支持!感谢我的博士生导师南开大学金东日教授、硕士生导师苏州大学钱玉英教授将我领入学术研究领域！感谢南开大学出版社编辑为本书出版所付出的辛勤劳动！感谢我所有的亲人，他们的支持、关心、爱护和鼓励是我学术道路的坚强后盾。

最后，尽管本人认真完成这一著作，但一定还存在谬误和遗漏之处，敬请各位专家、老师批评指正。

李勇军

2016 年 3 月